日本の秘史を巡る旅

——宇宙維新への扉は日本人が開く——

長堀　優

でくのぼう出版

はじめに

宇宙に和する生き方とは

日常の生活から離れ、解放感に浸れる旅先では、時として思いもかけぬ直観が降りてくることがあります。ことに、古代の史跡や歴史上重要な場所は、その場で活躍した人物のエネルギーが渦巻き、貴重な啓発を受けることが多いように感じます。

私自身、普通の旅行では辿り着くことができないような場所に幾度となく誘われ、折に触れ強いインスピレーションを受けてきました。

たとえば、古代の日本人が築き上げた、信じられないような巨石の数々は、古代人が用いていたであろうテクノロジーについて、思いを巡らせる時間を与えてくれます。このような史跡は技術ばかりではなく、日本人が大切にしてきた祈りの心をも思い起こさせてくれるのです。

写真は、拙著『日本の目覚めは世界の夜明け』で詳しくご紹介した徳島県剣山《つるぎさん》の麓にある巨石、祭祀岩《さいしいわ》（徳島県つるぎ町）です。

祭祀岩（2012年8月24日）

崖の途中に、木々の間から聳《そび》えるように露出している大きな方形の巨大な岩が見えます。深い崖を挟んだこちら側には、天寓岩《てんぐういわ》と呼ばれる巨岩が、同じように断崖に沿って屹立しています。この写真は、その天寓岩から祭祀岩を撮影したものです。

天寓岩側から眺めると、祭祀岩は、ちょうどその上に数人の人が乗って充分に座れる位の大きさがあるように見えましたが、その規模だけではなく、幾何学的に整った美しい外観にも圧倒される思いがしました。

しかし、それだけではありませんでした。その整然とした姿から、この石は自然に造られたのではない、人為的に形を調え、あの場に設置されたに違いない、との思いが頭に浮かぶや、次の瞬間に私の思考は止まったのです。

いったいこれを造らせたのは誰なのだろう？

現代のテクノロジーをもってしても、同じものをあの場所に置くことは簡単ではないはずです。

あっけにとられた私は、しばし巨石を呆然と見つめ続けました。これだけのものを作り上げるには、この場所に決して小さくはない政治的な力と文化があったことでしょう。しかし、この巨石に関する伝承やこの地域の歴史が何も残されていないのはいったいどうしたわけなのでしょうか。

この土地には、どんな人が住み、どんな社会生活が営まれていたのでしょう。彼らが築いた文化は、決してレベルの低いものではなかったはずです。

私の脳裡には、崖の向こうとこちらで舞い祝詞を捧げあう人々の光景が浮かんできました。人が容易に近づくことを許さず、断崖を登ってきたものだけが立ち入りを許されるこの場所は、かつて古代においては重要な祈りの場であり、祭祀岩、天寓岩のどちらも古代の日本人が祭祀に用いてきた巨石、つまり磐座《いわくら》であったのでしょう。

私は、この立派な祈祷所を作らしめた権威、王国への思いを馳せました。これほど立派な磐座があるにもかかわらず、なぜなにも記録が残っていないのか、この阿波の地には何かが隠されているはずだ、ふと湧いたこの一念が、これまで秘されてきた日本古代史の探求へと私を誘うことになるのです。

磐座を巡る旅を続けると、このような場所には大きな共通点があることに気づきます。山頂に置かれている磐座であればそのまま天を望むことができますし、次章に登場する神《かみ》さん山のように、もし森の中にある磐座であっても、そのすぐそばには空に向かって大きく開けた場があることが多いのです。

古代の人は、このような磐座で祈りを捧げつつ、おそらくは宇宙に心をつなげていたのでしょう。じつは、宇宙に意識を向けて日々を過ごしていたのは、この日本列島においては古代だけではないようです。

経営の神様と称された松下幸之助氏は、経営の本質を、ずばり「宇宙の理法（哲理）」と「人間把握」と語っています。

「宇宙の理法」とは、万物生成発展の法則にもとづいて、目に見えない宇宙根源の力がすべてを生かそう、発展させようと働くと考える摂理であり、人間の本質とは、この宇宙根源の力が示す方向、いうならば神様の意志を理解すること、と幸之助氏は説いたのです。

さらに幸之助氏は、宇宙根源の力には、物的法則と心的法則という二つの側面があるが、心的法則がないがしろにされ、欲望だけを追求し始めたことが大きな不幸の元だと述べています。

三〇〇〇年ほど前、時代は縄文から弥生へと移り、渡来人が増えるとともに価値観が変わり始め、持てる者と持たざる者の間には格差が生じてきました。その後は、幸之助氏が語るように、人類は欲望のままに次第に物質主義に陥り、その結果、存続が危ぶまれるまでの状況に自ら陥ってしまったのです。

じつは、稲盛和夫氏も、幸之助氏と申しあわせたように、同じような言葉を残しています。

（宇宙には）すべてのものを慈しみ、優しく育てていく愛が充満している。また言葉を換えて言いますと、この宇宙にはすべてのものを慈しみ、よい方向へと育てていこうという「宇宙の意志」があると言ってもよいのかもしれません。（…）

この宇宙と同じような善き思いを抱き、実行したときには、必ずその人の運命はよい方向へと変化していくはずです。

幸之助氏の「宇宙根源の力」と稲盛氏の「宇宙の意志」は、ほぼ重なり合う概念であり、私はその言葉の中に、この宇宙に充満するすべてのものを慈しみ、優しく育てていく愛の力を感じるのです。

宇宙の意志に和する生き方とは、競争や自然淘汰ではなく、愛に基づいた共生、助け合いです。お二人の経営の神様は、愛の精神で、日本を代表する巨大企業を創設し、発展させてきたといえます。

多くの政財界の有力者が信奉した中村天風氏も「宇宙霊」という言葉を使って、同じように「宇宙根源の力」と「宇宙の意志」について語っています。

粟粒結核《ぞくりゅうけっかく》で生死の境をさまよっていた天風氏は、重篤な体調をおして、人生の師を求め、米国、欧州を渡り歩きました。

結局、欧米で望む師と出会えなかった天風氏は、死を覚悟した帰国の途上、足止めを食ったエジプトで、ヨガの聖者カリアッパ師と運命的な出会いを果たします。そして、カリアッパ師にヨガの聖地ヒマラヤの高峰に導かれた天風氏は、厳しい心的鍛錬を続けるうちに、ついに宇宙の様相を悟るに至り、病も完治させてしまうのです。国内の移動も難しいような体力なのに、欧米、エジプト、インドと困難な旅を続けられたこと自体奇跡そのものであり、まさに天に導かれたかのようなストーリーで哲人・天風が誕生したわけです。

ヒマラヤの高地で紡ぎ出された天風哲学の極意とは、

- 人間の心で行う思考は、人生の一切を創る

- 心が積極か、消極かという態度に応じて、〝宇宙霊〟はそれに順応して働き出し、その人生を良くも悪くもする

- 人間の生命に与えられた活きる力というものは、肉体に在るのではなく、霊魂という気の中にある

となります。

ここで語られる天風哲学のキーワード「積極的」とは、

- 正しい心、勇気ある心、明るい心、朗らかな心
- 無念無想の心で病も運命も気にしない
- 苦しみや悲しみを避けず、挑戦して乗り越え、自分の力でこれを打ち砕いていくような気構え

と説かれています。

その上で、天風氏は、この世の中は、苦しいものでも悩ましいものでもない、この世は、本質的に楽しい、嬉しい、そして調和した美しい世界なのである、とくりかえし提唱したのです。

じつは、天風氏の著書は、読書が趣味という大谷翔平選手の愛読書として知られます。二〇二三年、投手としての実績を重ねながら日本人として初めてＭＬＢアメリカン・リーグのホームラン王に輝いた大谷選手は、「積極的」な前向きな心で宇宙霊と共に歩み、毎年奇跡のような偉業を達成し続けたのでしょう。

宇宙と結びつき、宇宙に和する生き方とは、かつて、宇宙と交信しながらレイライン上に数々の巨石遺跡や祈りの文化を築き上げてきた日本人が、お家芸としてきた哲学であり信条といえます。私たちは、今こそ一度絶った宇宙とのつながりを取り戻し、新しい価値観に基づいた社会の建設に取り組んでいかなければなりません。

神話を失った民族は滅びると言われますが、日本人としての矜持《きょうじ》を取り戻すことの第一歩は、古代から近代にかけ、隠され続けてきたこの国の神話や歴史を掘り起こし、日本人が大切にしてきた精神や自らの真の姿を思い出すことに尽きます。

日月神示（一二三神示）には次のような一節があります。

次の世となれば、これまでのように無理に働かなくても、楽に暮らせる嬉し嬉しの世となるのだが、臣民、今は人の手に握っているものでも叩き落として取るようになっているのだから、神も往生だぞ。神は臣民楽にしてやりたいのに、楽に慣れて自分でしたように思って、神をなきものにしたから、今度の難儀となってきたのだぞ。そこにまだ気付かんか。気が元だと申してあろうがな。早く気付かんと間に合わんぞ。

（木の巻　第五帖）

私たち日本人には、自らの気や心を宇宙につなぎ、愛が発揮する力を背に受けながら、大事を成し遂げてきた数多くの偉大な先達がいます。その先人たちの言葉を、深く理解できるＤＮＡが私たちには備わっているはずです。愛のエネルギーが必要とされるのは、人間の営みだけではありません。生物の進化も全く同様です。

これまでは、進化論が広く受け入れられてきました。そして、この説に基づいて、突然変異により遺伝子が変化し、環境の激変に耐え抜いた強い種だけが生き残り、生物の進化を促してきたと考えられてきたのです。

しかしながら、五章で取り上げる千島喜久男博士は、進化のもっとも大きな要因は突然変異ではなく共生である、自然界は共生で成り立っており、共生とは愛であると説いています。

たとえば、人類は、腸管内に共生する極く小さな微生物の力を借りなければ、食物を消化吸収することさえできません。また、豆科の植物と根粒バクテリアの関係も同様です。根粒バクテリアが空気の中の窒素を固定して植物に与え、それとひきかえに植物から栄養を貰い、根によって保護されながら共に生きているのです。

このような現実を考えるなら、生物は、強い種が生き残る弱肉強食や自然淘汰などではなく、共生によって生存し、互いに助け合いながら長きにわたって地球上で進化を遂げてきたことは明らかといえます。

生物学説用語でいう共生（Symbiosis）とは、二種以上の生物がお互いに相手方に対して利益を与えつつ、共同で生活する現象です。これまで日本人が社会生活を営む上での拠り所にしてきた相互扶助、助け合いに則った生き方は、まさにこの共生そのものといえます。

地震や津波、火山の噴火などの過酷な自然災害や戦争により、過去幾度となく全てを失う体験をしながら、そのたびに耐え抜き、粘り強く復活を遂げてきたのが私たち日本人の姿です。その原動力になったのが、相互扶助の精神でした。生物の進化と同様、社会も共生により危機を乗り越え、進化を遂げていくのです。

共生とは親和力であり、愛という力によって実現していく生命活動です。

これから目指すべきは、弱肉強食や自然淘汰ではなく、共生に基づいた行動であり、相互扶助の社会です。相手を敬い、お互いに感謝し、助け合う姿勢が世界を存亡の危機から救い、調和に導くのです。

この先、勝者の論理に基づく自由経済主義が行き詰まり、崩壊することは避けられないでしょう。その時には、破壊のあとの創造活動を、弱肉強食ではなく共生の精神により推し進め、なんとしても苦難を乗り越えて、調和に溢れた新しい社会を構築していかなければなりません。

そのとき、世界に新たな生き方を示すものは、遺伝子の中に共生、相互扶助の精神が深く刻み込まれている私たち日本人なのです。

これまで日本人は、その精神性の根源となる神話や歴史はもちろん、自立心や自尊心を育む教育まで奪われ、民族の自信や自負を喪失し、日本人として生きていく目的を失ったままです。残念ながら、国連が発表した二〇二三年版の世界幸福度ランキングでは、世界一三七カ国中、日本は四七位と先進七カ国の中では最下位です。

しかし、私たちは隠されてきた自らの姿を思いだし、自信を取り戻して行動を転換し、世界に貢献していかなければならないのです。

陰謀論的に言えば、この世をかき乱す勢力がいるとしても、所詮、すべての存在は創造主の手の内にあることを知る必要があります。つまり、不埒《ふらち》な陰謀に関わるものがいたとしても、それは我々に気づきを与えるために、大いなる存在が準備していたに違いありません。かけがえのないものは、一度失わなければその価値がわからないものです。日本人はこれまで、必要があって大切なものを奪われ、隠され、アイデンティティを見失ってきたともいえるでしょう。

孟子が残した次の言葉は、まるで現在の悩める日本人にまっすぐに向けられたかのように感じます。

天の将《まさ》に大任を是《こ》の人に降さんとするや、必ず先《ま》ず其の心志《しんし》を苦しめ、其の筋骨《きんこつ》を労せしめ、其の体膚《たいふ》を餓《う》えしめ、其の身を空乏《くうぼう》せしめ、其の為さんとする所に払乱《ふつらん》せしむ

【現代語訳】天が、その人に重大な仕事をまかせようとする場合には、必ずまず精神的にも肉体的にも苦しみを与えてどん底の生活に突き落とし、何事も思いどおりにならないような試練を与えるのである

（致知出版社ホームページより）

どのような事態が生じようとも、すべては成長や進化の糧となる試練に他なりません。聖書には〝神は真実な方です。あなたがたを耐えられない試練にあわせることはなさいません。〟（コリント人への手紙第一　十章十三節）との言葉もあります。私たちには、現状を嘆いたり、落ち込んだりしている時間はないのです。いかに厳しい状況に直面しても、自らの成長のためには不可欠な体験と受け入れることができれば、前に進む力を得ることができるはずです。心も身体と同様に、苦難を受けることで鍛えられ、成長していくのです。

私たち日本人は、今こそ民族の魂である過去の物語や神話を掘り起こし、日本人の在り方や真の姿を思い出ださなければなりません。そして、私たちが、勇気と希望をもって行動していくことが、大げさではなく地球を救うことになるのです。

本書では、超太古から現代に至るまでこの国の歴史を駆け足で巡ります。そして、従来封印されてきたテーマについて、自らの人生体験で得られた数々の啓発をもとに大胆な考察を加えています。

稿を進めるうちに私は、これまでの執筆活動を含めたすべての経験は、この本を書き記すためにあったのではないか、という深い感慨にとらわれるようになりました。いわば私の人生の集大成ともいえる一冊です。

渾身の想いを込めた本書を、日本、そして日本人を考え直すきっかけにしていただけたら、私としてはこれ以上の喜びはありません。

目次

日本の秘史を巡る旅

―宇宙維新への扉は日本人が開く―

第三章 古史古伝で語られる太古の日本

第四章 義経は北へ、そして大陸へ

第五章 千里眼事件と千島学説

～飛騨高山が生んだ二人の哲人の物語～

第一章

巨石信仰文明の謎

磐座《いわくら》からの啓発

戦後教育を受けた世代にとっては、日本は歴史も浅く、文字も中国から取り入れており、文化的には隣の国々の後塵《こうじん》を拝する遅れた後進国にすぎません。また、先の戦争ではアジアを侵略しようとした蛮国であり、若い頃は日本人として生まれたことが恥ずかしくてなりませんでした。当時憧れたのは、古い歴史を持ち、荘厳美麗な石造りの建物に囲まれたヨーロッパの国々であり、ぜひ行ってみたいと思っていました。

一九八一年の夏、大学生のときについにその夢が叶い、バックパックを担いでイギリス、フランス、スペイン、スイス、ドイツ、イタリアの六カ国を一人で周ることができたのです。最初に入国したイギリスのロンドンは、チャールズ皇太子とダイアナ妃の世紀の結婚式直前であり、街中その話題で大盛り上がりでした。

初めて目にする異国の風景は感動の連続で、大きな興奮に包まれながら眺めたバッキンガム宮殿の壮麗な衛兵交代や、風格のあるビッグベン、ウェストミンスター寺院など、長年の歴史が醸し出す美しい佇まいに私は感動で胸が一杯になりました。

こんな国と戦争するなんて日本人はなんと愚かだったのだろう、と嘆息するばかりで、帰国してからはますます日本の暮らしが貧しく思えてきました。そして、なんでヨーロッパに生まれなかったんだろう、と我が身を恨めしく感じる日々がしばらく続いたのです。

ドイツに留学した一九九三年は、日本の徳仁現天皇陛下がご成婚された年でした。ドイツのテレビでも一時間の特集番組が組まれるほどの注目を集めていました。そのようなこともあってか、上司のドクターが開いてくれたホームパーティでは、雅楽《ががく》など日本文化について聞かれる場面もあったのですが、たいしたことを語ることができず、今思えばとても恥ずかしい体験をしました。

そんな私がこの国の「幻の古代文明」に目覚めたのは、冒頭でもご紹介した二つの巨石、祭祀岩と天寓岩を見た時からでした。

その後、ＳＮＳを通じ、熊本県在住で巨石や古代文字に深い知識を有する福田和宏さんと知り合い、福田さんのご案内で、私はさまざまな巨石遺構を訪れることとなりました。そして、ペトログラフという古代岩刻文字の存在をも知ることができたのです。

宮崎県　神さん山（2021年10月24日）

私は、医学総会やセミナーなどで九州を訪れるたびに福田さんにお声がけをし、さまざまな興味深い場所に誘ってもらいました。

宮崎県延岡市の神《かみ》さん山、熊本県山鹿市の不動岩《ふどうがん》、阿蘇の押戸石《おしといし》、大分県国東半島にある明見岩《みょうけんいわ》（『日本の目覚めは世界の夜明け』に写真掲載）など、いずれも信じがたい普通ではありえないような磐座《いわくら》ばかりでした。この日本には、現代の技術をもってしても建造が難しく、理解不能な古代の磐座がヤマほどあるのです。

冒頭の写真は、高千穂神社の後藤俊彦宮司様（第三章をご参照ください）との対談の翌日、やはり福田さんに案内いただいた宮崎県の神さん山です。

延岡市街を離れ、祝子《ほうり》川に沿い、途中車もすれ違えないような細い県道を三〇分ほど走ったところに神さん山への登り口があります。そこから林道を五〇〇メートルほど登るや、いきなり二つの巨岩の間に嵌《は》まり込んだ二メートル超の美しい正三角形の岩が、目に飛び込んできたのです。

あっけにとられたのはもちろんですが、驚きはそれだけではありませんでした。高さ二四メートルと一五メートルという二つの巨岩が、それぞれを支え合うように凹面と凸面をすき間なくピタリと重ねて岩屋を形成し、その隙間に三角の岩がぴたりと嵌まり込んでいたのです。

巨石は見慣れてきたつもりでしたが、それでもこの光景には心底驚嘆しました。祝子川で幼少期を過ごした「山幸彦《やまさちひこ》」こと「ホオリノミコト」の岩屋ではないかとの言い伝えがあるそうですが、一体、誰がいつ、どうやって…不可思議な磐座と巡り合う度に浮かんでくる疑問がまた湧いてきたのです。

このような磐座は、ご神体となる山々の頂上や中腹、麓に据え置かれ、多くの場合、周囲に、神社、水源地となる井戸や池が配置されています。

磐座とは単なる自然石ではなく、神が降臨されるご神体岩であり、古代祭祀遺跡の中心として祀られてきたとされる巨石です。

磐座が山の頂上に据え置かれていれば、そのまま空を仰ぎ見ることができますし、森の中にあるこの神さん山

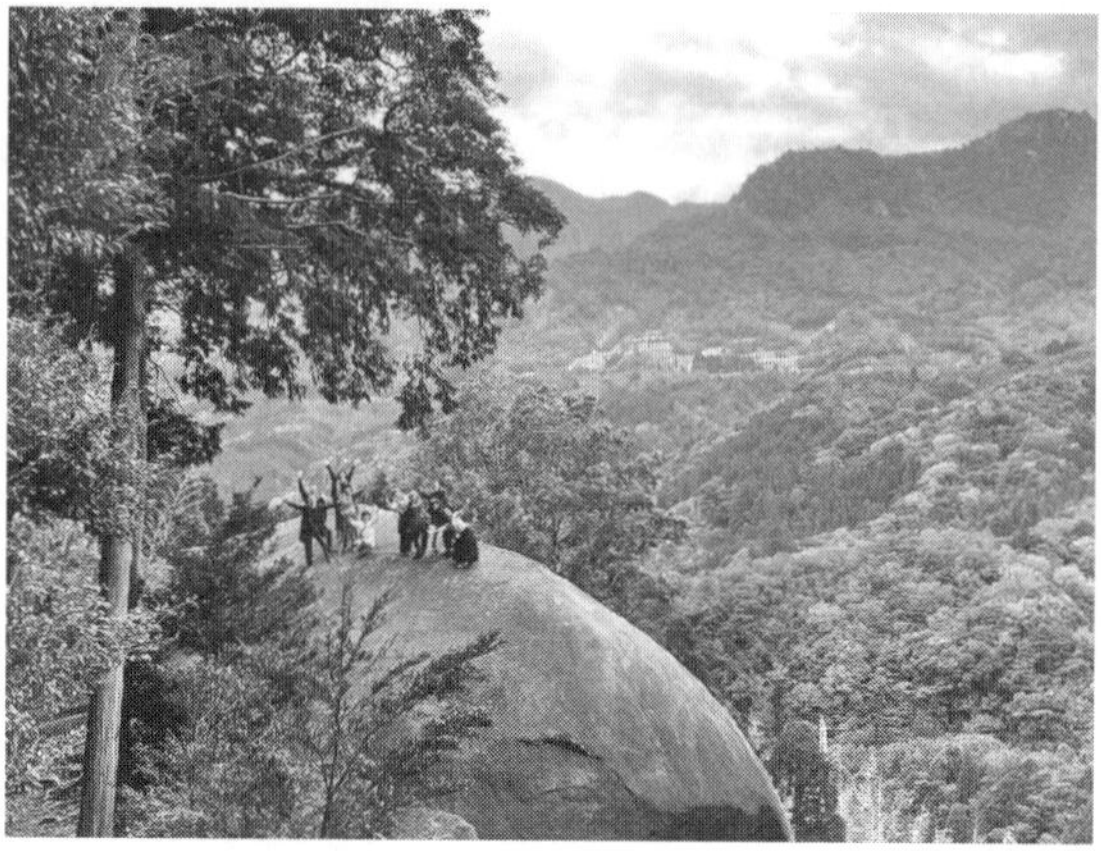
神さん山の隣に位置する巨大な一枚岩

の場合も、すぐ隣には、写真のように天を望む巨大な一枚岩がありました。この巨石の表面は磨き抜かれたようにツルツルであり、雑草も生えていません。ここに立つと、意識はまっすぐに宇宙に向かうように感じられました。

いにしえの人々は、このような場所で祭祀を行い、天とつながったのでしょう。そして、現代においてもまだ解明されていないテクノロジーを用いて、あの陰陽石と三角形の岩を配置したのかもしれません。

ちなみに、ムー大陸の象徴は三であり、三つの円や等辺三角形などが最も古い宗教的象徴でした。三は天上の象徴であり、元来一体のものとする三位一体の考えに基づき、すべて神の現れとみなされていたのです。また、三つの陸地から成っているというムー大陸の地理的条件にも由来するといわれます。

その一方、四角形は、四つの方位である東西南北と地面にある四つの隅を示し、地を表しました（『失われたムー大陸』ジェームズ・チャーチワード著）。

神さん山の三角形は、この神秘的な三を象徴しているのでしょうか。

ところで、次の写真の右側は、「神門《しんもん》メソッド」を開発された飯島敬一氏の講演会に参加した際に、私が自分で曲げたスプーンです。

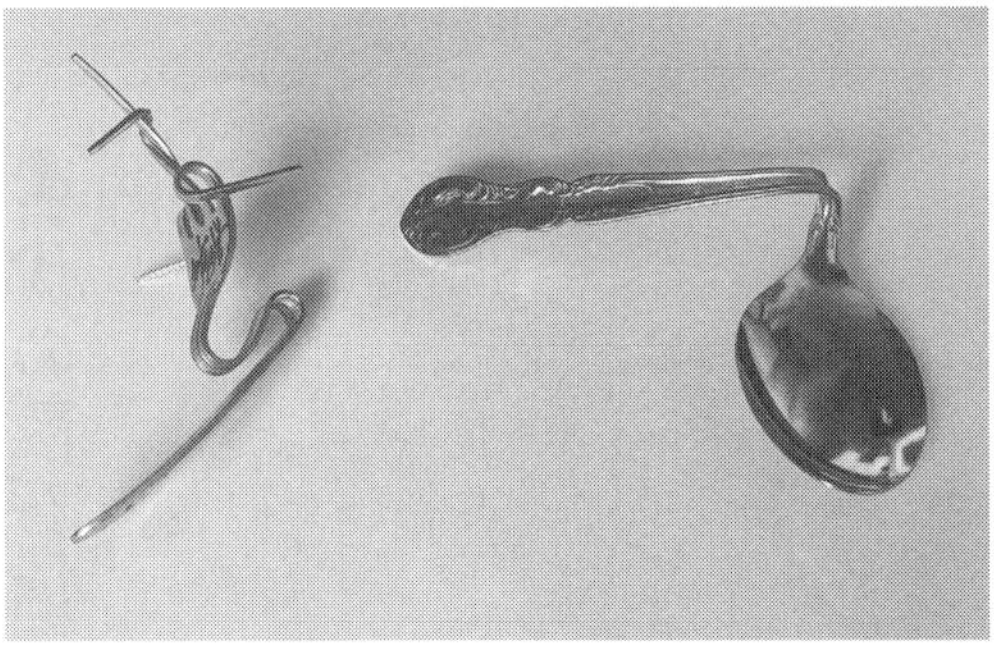

「神門メソッド」とは、外耳にある神門というツボを刺激することにより自律神経を一瞬で整え、心身のパフォーマンスを劇的に向上させる手法であり、米国の世界的企業や一流アスリート、アーティスト、医療関係者、治療家などさまざまな専門家の間で広まっています。

講演会では、飯島氏の指導により、参加者全員で「神門メソッド」を実践した直後にスプーン曲げを試してみました。今このスプーンを触ってもびくともしないのですが、そのときは私を含むほぼ全員が成功しています。とても不思議な感覚でした。

量子力学の分野においては、観測者の意識により素粒子の振る舞いが変化を起こす現象が実証されています。このスプーン曲げ体験でも、集団での変性意識の高まりがスプーンの素粒子へ何らかの働きかけを引き起こした可能性があります。私見ながら、意識の変性に伴い、物質中の素粒子は、物質と波動の間のニュートラルな状態へと導かれるのではないか、と考えています。その状態になれば、巨大な岩をスプーンのように変形させたり、動かしたり、ということが決して不可能ではなくなってくることでしょう。ちなみに左側は、長崎県にあるレストランのオーナー氏が個人的に曲げたフォークです。世の中には驚くような方がさまざまいらっしゃるものです。

人が潜在的に持つとされる超感覚、超能力については、第五章でも言及致します。

古代の巨石信仰文明

古代と超古代についての明確な定義はありませんが、私は磐座《いわくら》を巡るうちに、これらの驚くほど巨大な岩の数々に、縄文遺跡とは異質な文化を感じるようになりました。この点については、次章の黒又山の項において再び考察しますが、日本の古代はその日暮らしの無明の時代、という私の中での常識は、日本全国の磐座を訪ねるようになってからというもの、どんどん覆されていきました。そして、思考が停止するほどの衝撃を受け続けた私は、その後、古代史の世界にどっぷりとのめり込んでいくことになるのです。

二〇二一年四月二九日、日本ホリスティック医学協会前会長の降矢英成《ふるやえいせい》医師のお声がけにより、英国人医師クリスティン・ペイジ博士とのZOOM鼎談《ていだん》が行われました。

ペイジ博士は、一九七八年ロンドン大学医学部（ロイヤル・フリー・メディカルスクール）で医学博士号を取得し、病院内科で研鑽を積まれたのち、一九八四年に英国の医療サービスとしては初となる統合健康センターを設立し、ホメオパシー、カウンセリング、エネルギー医療などさまざまな代替医療を実践し、大きな成功を収め、現在は作家としても活躍されています。

今回の対談は、私が長年取り組んできた「西洋科学と東洋哲学の統合」というテーマを、外国人の医師に初めて披露する機会であり、ひそかに心に期すものがありました。私にとっては、大きなチャレンジであり、またチャンスでもあったのです。

私のプレゼンテーションに与えられた時間は三〇分でした。講演にあたっては、参加者に内容を伝える通訳に加え、ペイジ博士専門の通訳が配されるという万全の準備がなされていましたが、それでも私は、短い時間でより理解を深めていただくために拙いながら英語のキャプションをつけてみました。

しかし、それは杞憂のようでした。

量子論はペイジ博士お得意の分野であり、しかもペイジ博士は、後半の鼎談の中で量子場を「Ｋｕｕ」と表現されていました。私は知りませんでしたが、「空」という東洋的な概念は、もはや国際語になっているようです。

つまり、量子論による西洋科学と東洋哲学の統合というコンセプトは、すでに鼎談の前からお互いの共通認識になっていたわけで、これは私にとってはありがたい状況でした。

【オンライン】ホリスティック医学が目指すもの～「魂・霊性の医療」魂の視点を含めて-クリスティンペイジ

私は講演の中で、神道の真髄である「中今」に触れ、二〇一六年五月に行われた伊勢志摩サミット（第四二回先進国首脳会議）で世界の首脳が参拝した伊勢神宮に言及したところ、ペイジ博士は強い興味を示されました。

神道の真髄とも言われる「中今」という教えは、「現在・今ここ」に集中する姿勢の大切さを説いています。

「今」に集中すれば、「過去の後悔」や「未来への不安」などの煩悩から想いを離すことができます。伊勢神宮ご正殿中心の床下に建てられる心御柱《しんのみはしら》は、この「中今」の象徴とされます。

ご存知のように、ご正殿は、一四の別宮すべての社殿とともに、一二〇〇年前から二〇年ごとに建て替えられてきました。

心御柱となる木は、二〇〇年前の「過去」に丁髷《ちょんまげ》を結っていた人たちが植えたものです。そして今、二〇〇年後の「未来」を見据え、子供たちが柱となる木を植えています。

つまり、神道の「中今」は、この心御柱が象徴するように、「現在」だけではなく、「過去」「未来」をも包含した「今」でもあるのです。

ペイジ博士は、人間の心にもこの「柱」が必要だと語られました。どっしりとした中心の柱があってこそ、その周りをエネルギーが巡ることができるからです。

祈り、祭祀の場には柱が建てられており、心御柱や諏訪《すわ》神社の御柱《みはしら》大祭をみるまでもなく、古代より日本人は柱に神聖を感じてきました。神様を柱で表現したり、柱で数えることにも深い意味があることでしょう。

神道には、神の魂の「分け御霊」を誰もが内に持つとの教えがあります。宇宙の大元と結びつく「分け御霊」を意識し、心に神の存在を感じることで育まれてくる安心感、安定感こそが、ペイジ博士が語る「柱」を持つことにつながるのではないでしょうか。

しかし、ペイジ博士は、今はこの柱を失った人がとても多い、この柱を一人一人が取り戻すことが必要である、と話されました。心に柱がなければ、上っ面の情報に振り回され右往左往してしまうということにもなりかねません。

今の混沌とした時代を思うにつけ、この言葉は私の胸に強く響きました。

伊勢神宮の石段のエネルギーの話題から、ペイジ博士のお話は太古の巨石文明にまで及びます。

スコットランド生まれのペイジ博士にはケルトの血が流れています。じつは、ケルトと日本の文化は深いところでつながっているのです。

明治以来、日本の小学唱歌には、蛍の光、埴生《はにゅう》の宿、など、ケルト系の国、アイルランドやスコットランドのメロディをつけたものが多いのですが、まるで、はじめから日本語のために書かれたような美しい曲です。もともとケルトの音楽が、日本古来の音楽と同じ五音階だからとも言われますが、この五つの音階の五という数字は、本書の最後で言及する音響療法の要となる数字でもあり、たいへん興味深く感じられます。

詩人の堤江実氏は、ニュージーランドのマオリ、オーストラリアのアボリジニ、古代ヨーロッパのゲルト、ゲルマン、アンデス、マヤなど、世界には縄文と似た自然と共生する森の文明を生きた民族がたくさんいると述べています。

森の民たちは、自然のすべてに神が宿ると信じ、森に寄り添い、その恵みを分かち合って、争わず、平和に暮らしてきたのではないかと思われる人々であり、そのほとんどが多神教です。堤氏は、こうした国の言葉には、母音の響きの美しい言葉が多い、と指摘しています（『日本語の美しい音の使い方』堤江実著）。

自然と親しむ心が、母音に溢れた言葉を生み出し、自然の恵みに感謝しながら皆と仲良く穏やかに暮らす、このような生き方こそが縄文時代の営みそのものです。この縄文時代に育まれたのが、母音という美しい響きを持つ日本語でした。自然音につながり、癒しのエネルギーを発する母音あってこその日本語なのです。

母音の美しい言葉は、森の民の穏やかな性質を反映し、私たちの先祖の平穏で調和に満ちた暮らしを思い起こさせてくれます。また、主語のない日本語は、相手との共感を生みやすく、思いやりの心が育ちやすいとも言われます。この日本語こそが、日本人の優しい感性を育んできたといえるでしょう。

数々の論文や怪談話を著し、小説家、日本民族学者などとして知られるラフカディオ・ハーン（日本名：小泉八雲）にも、ケルトの末裔であるアイルランドの血が流れています。彼がここまで日本研究に没頭できたのも、同じ森の民の遺伝子のなせる技なのかもしれません。

ペイジ博士は小さい頃、ストーンヘンジでよく遊ばれたそうで、日本にもこのような巨石文明が残っていることをよくご存知でした。

私も日本の巨石巡りが大好きです、と伝えたところ、

「昔、一緒に大きな石を山に供えていたのかもしれないわね」

ペイジ博士は笑いながら私に語りかけてくださいました。

この一言は、私にとってはこれ以上ないありがたいエールであり、私はしみじみ感激しました。

ペイジ博士は、現在の混沌とした世相を、蝶になる前の蛹《さなぎ》に喩《たと》えられました。

蛹は、鞘の中ですべての組織が壊され、混沌の中から新しい蝶の身体が一から作り直されると言われます。

つまり、混沌は、ステップアップへの準備なのです。今の世相の混沌もまさに変態の前の蛹であるにちがいありません。

これまでの「生き方、考え方」、教育や経済などの「社会構造」、そして「常識」が壊され、新しい社会へと「変態」

する準備をしているともいえます。

量子論的に言うなら、混沌とした状況を、この先一つの方向に向かわせるのは、私たちの集合意識に他なりません。

これまでは見えるものに価値を置き、自然を蔑ろにしてきた結果、私たちは、地球に大きな危機を招いてしまいました。

であるなら、私たちが目指すべき先は、これまでとは真反対の価値観、つまり自然を敬い見えない存在へと向かう意識を思い起こし、これまでの物質主義に傾いた意識とのバランスを考える生き方になってくるはずです。

混沌とした時代だからこそ、今は私たちの集合意識のあり方が重要になる、あらためて私はその確信を深めました。

西洋医学と東洋哲学の統合、この方向性も間違ってはいないようです。ペイジ博士の輝くような笑顔とお言葉から、前に進む勇気と力をいただくことができ、私にとってはこの上なくありがたい時間でした。

ケルト、シュメールと日本

シュメール文明が発生する五〇〇〇年前頃には、巨石と森の文化をもつ先ケルト族は、石器の道具から金属冶金の技術を生み出し青銅器文化を築きはじめていました。

彼らは、ストーンサークルやメンヒル（立石）、ドルメン（テーブル状組石、ストーンヘンジや飛鳥の石舞台などがその例とされる）などを造り、祭壇を置いて祈りの聖所としたのです。これらは古代山岳祭祀遺跡とも表現されていますが、日本の磐座とも多くの共通点を有しています。

ケルト族は森の民であったとされますが、移動は森を抜ける川や運河を舟で移動する水上生活が主であったため、竜骨を持つ船や進行方向と逆にオールを漕ぐ方法を発明しました。

このケルトの技術は、シュメールを中心に活動していた航海と交易の民、フェニキア人の手により世界に広がっていきます。フェニキア人の航海力は、ケルト族の技術によるところが大きかったのです。

聖書研究家、そして言霊研究家として知られる高根正教氏は、宝船に乗って日本に渡ってきた恵比寿様は、旧約聖書のエブス（ＡＢＣ）人であり、航海に長けたフェニキア人を指すと説いていますが、恵比寿という言葉は、シュメール、フェニキア、ケルトなど、世界をつなぐ巨石のネットワークを築き上げた民族の姿を今に伝えているのかもしれません。

時代が下り、ＢＣ二〇〇〇年を過ぎる頃、ケルトの石工と技術者の集団はマルタ島に拠点を置き、神殿や宮殿の建設に関わるようになります。そして、次第にその重要性を認識するにつれ、秘密化していったとされます。

石工たちのアイデンティティは、建設したピラミッドの頂上石に刻まれた彼らの主神である宇宙神ベルの目玉型をしたマークでした（『超古代文明の起源』武内一忠著）。フリーメイソンの象徴ともいわれるピラミッドに浮かぶプロビデンスの目を思わせますが、じつは、彼らの一部は日本に流れ、熊本城、大阪城の石垣の建造にも関わったとされます。

熊本県阿蘇郡の押戸《おしと》石山《いし》にある頂上石（太陽石）の最上部の三角の岩に刻まれた丸い紋様は、どことなくピラミッドとプロビデンスの目を思わせます。三角形に成形されているその外観は、神さん山の三角形の磐座とも関係があるのでしょうか。

シュメールと日本との関係性については次章でも別の角度からさらに深く考察してまいりましょう。

熊本県阿蘇郡　押戸石山

押戸石山の頂上石の三角部に刻印された
目玉型の丸いペトログリフ

熊本県山鹿市　不動岩
（隣の拝殿と比較するとその驚くほどの巨大さが
理解されます。典型的なメンヒル・立岩です）

福田和宏さんに捧ぐ

私を啓発し続けてくれた福田和宏さんは、私より若かったにもかかわらず、令和四年一二月八日、急逝されました。

大切な友人であるとともに、私の心の師でもあった福田さんとのご縁がなければ、私が今ほどに古代史への興味を掻き立てられることはなかったでしょう。九州を訪ねるたびに、次はどんなところに連れて行ってもらえるんだろう、といつもワクワクした思いで必ず彼にお声がけしていました。福田さんとのご縁により、私の古代史観がどれほど深まったことか、いくら感謝してもしきれません。

魂の友を失った喪失感は、いまだに癒されることはありません。しかし、混沌の極みを迎えたこの地球を守るため、福田さんは天の仕事に加わらなければならなかったのでしょう。あちらでの仕事も忙しさを増しているに違いありません。奥様の誠子さんも、妹様の衣里子《えりこ》さん（元衆議院議員）も前を向いて歩み始めておられます。私も負けていられません。

福田さんのご冥福を心よりお祈り申し上げます。この先も、愛する地球を空から見守ってくださいますように、福田さん、心からお願い致します。

第二章

青森の華麗なる古代文化圏

三にまつわる宿縁

前章で、三はムー大陸の象徴であると述べましたが、じつは私の生まれ年は、三並びの昭和三三年です。この年には、三三三メートルの東京タワーが完成し、背番号三で知られる巨人軍の長嶋茂雄選手がデビューしています。

さらにいえば、花の中三トリオと呼ばれた三人の女性歌手（森昌子、桜田淳子、山口百恵）も同じ学年になります。まさに三に彩られた一年だったのです。

私の誕生年のシンボルとなるこの三という数字が、横浜と青森をつないでいきます。

二〇一五年八月二八日、妻と青森旅行をしたときのことでした。

私は、弘前市在住の一戸孝之さんに前もって連絡を取り、福祉活動家として知られていた佐藤初女《はつめ》さん（二〇一六年ご逝去）が主宰されていた「森のイスキア」と、自然栽培を実践しているリンゴ農園の案内をお願いしていました。

岩木山麓にある「森のイスキア」は、悩みや問題を抱え込む人たちを受け入れ、痛みを分かち合う癒しの施設です。当日、佐藤さんは東京に講演に出かけていてお留守でしたが、龍村仁監督の映画「地球交響曲第二番」で紹介された鐘楼《しょうろう》や、たくさんの野菜を丹精込めて育てている畑を一戸さんに案内してもらうことができました。

続いて私たちはリンゴ農園へと向かいました。自然栽培に取り組まれている農園主の木村秋則さんは、この日は役所に行くため不在であり、「森のイスキア」と同様に、農園だけ見学させていただく予定にしていました。

その農園には何の看板も掲げられていませんでしたが、勝手知ったる一戸さんは迷わずに車道からリンゴ園内に入り、少し走ったところで車を停めました。

車を降り、リンゴ園の奥へ向かおうとした一戸さんは、思いもかけないことに、そこで役所にいるはずの木村さんと出会ってしまいました。じつをいえば、その日に限り、なぜか役所が申請の書類を準備してくれていたとのことで、木村さんはわずか十分で用事を終えて農園に戻ってこられていたのです。

急ぎ私たちのもとに駆け寄ってきた一戸さんから、木村さんが戻っていることを知らされるや、私は即座に一戸さんが指さす方向を見やりました。すると、少し離れた場所に立つ三人の男性の姿が目に入ってきましたが、木村さんと思われる方は、二人の男性に挟まれひときわ小柄に見えました。しかし、次の瞬間、木村さんのお姿が、立っている地点からこちらへ向かって浮き上がってくるように大きくみえたのです。ほんの一瞬の出来事でしたが、これがオーラというものなのでしょうか、とても不思議な感覚にとらわれました。

そうこうするうちに、ゲストとの話を終えた木村さんが、一戸さんと連れ立って私の方へやってきてくれました。簡単に自己紹介とご挨拶をした後、反射的に私の口を突いて出たのは、三についての話でした。

その時に私たちが乗っていたレンタカーのナンバープレートの数字は、最初の二文字が「33」だったのですが、じつは、旅行前に一戸さんとの連絡に使用していた私のメールアドレス冒頭の二文字も、誕生年である「33」でした。銀河のマヤ（米国人ホセ・アグエイアス博士が創出した暦）研究者で数字に敏感な一戸さんは、私のメールアドレス冒頭の「33」を覚えていたため、即座にナンバープレートとの符合に気づきました。そのため、私たちとの待ち合わせ場所（岩木山神社境内）に現れた一戸さんが、初対面の挨拶もそこそこにまず語りかけてきたのは、「このナンバーの一致は偶然じゃないですよ。」という一言だったのです。この日の出会いには大きな意味合いがあったのでしょう。

その話を木村さんにすると「僕にとっては一三がラッキーナンバーなんだよ。一三日の金曜日には良いことばかりが起こるんだ。」ととても楽しそうに話してくれました。

私は、木村さんの優しい笑顔に誘われるように、「月の巡りの二八日に一三をかけると三六四になります。もし一年を一三カ月にして、一日を加えて修正すれば月のリズムで一年を暮らせることになります。しかし、民のリズムを乱すために一年は一二カ月とされ、一三を縁起の悪い数として遠ざけた、との話がありますよ。」と答えたところ、にっこりと笑って木村さんはうなづいてくれました。

三にまつわる話はこれで終わりではなく、じつは、さらに続いていくのです。

木村さんから「これからどこへ行くの?」と聞かれた私は「白神山地の十二湖《じゅうにこ》へ行くつもりです。」と答えたところ、木村さんは「今から出れば、二時頃に着くかな～」とつぶやいた後、思いついたように「そうそう、あそこには三三の湖があるんだよ。」とニコニコしながら教えてくれたのです。

えっ、ここにも三三がでてくるのか、私は、三、三三つながりの偶然にまたびっくりさせられました。

その後、木村さん、一戸さんにお別れした私たち夫婦は、まっすぐに十二湖に向かいましたが、到着したのはまさに、午後二時ちょうど、木村さんの〝予言〟通りでした。

十二湖は、世界遺産・白神山地の一角にあり、津軽国定公園内に点在する湖沼の総称です。入り口の看板をみると、なるほど、大小三三の湖沼が連珠のように分布している、と確かに書かれているではありませんか。展望すると大きな湖が一二見えることから十二湖と呼ばれているのだとか。木村さんの笑顔がふっと胸をよぎり、奇跡的にお会いできただけではなく、三について一緒に語り合えた幸運に感謝するばかりでした。

どこまでも三に彩られたドラマティックな一日となりました。

黒又山《くろまたやま》ピラミッド

木村さんとお会いした日の前日、十和田湖畔のホテルに到着した私は妻をホテルに残し、一人で黒又山（秋田県鹿角市）を目指しました。

ピラミッドといえば、エジプトが有名ですが、じつは、メソポタミアや環太平洋地域にも造られており、この地域を代表するのが、他ならぬこの日本なのです。日本のピラミッドは、自然と調和した美を備えもつ神々しい姿であり、その数は三〇〇〇と言われています。

前著『日本の約束』において、古代の日本は、太平洋、インド洋を超え、想像を絶するようなスケールで海外と交流し、ムーと呼ばれる巨大な文化圏を築いていたのではないか、との説があることをご紹介いたしました。

しかし、南方だけではなく、日本の北方にも、国際文化交流をしていた形跡が認められています。しかも、数々の古代遺跡が残る青森が、その文化圏の中心の一つであったと推定されているのです。

黒又山も、一九九二年四月六日に開始された東北学院大学の加藤孝教授（文学部／考古学）を団長とするグループの調査により、斜面に階段式に組まれた石の遺構が埋もれていることが判明しています。そのため、メキシコの「階段式ピラミッド」と同様、人工の山と考えられるようになりました（『神々のピラミッド「黒又山」の謎』鈴木旭著）。

加藤団長らの調査により、黒又山の頂上からは祭祀用の縄文土器が発掘され、参道からは文様や刻線の刻まれた岩がみつかっています。おそらくこの時代には天への祈りを捧げる場として使用されていたのでしょう。

大湯ストーンサークルから望む黒又山（写真左側が北西方向）（2015年8月27日）

翌年春に開始された第二次調査では、地中探索レーダーによる本格的な地下構造の分析が進められています。

二メートル近い残雪が残る斜面には、ところどころ三五度近い急峻な場所もあり、調査は難航を極めました。しかし、調査団の並々ならぬ決意と努力により、黒又山の西側は完全にテラス状の階段構造になっていることがわかり、この山が単純な三角山ではなく、階段式ピラミッドであるという驚くべき事実が明らかとなったのです。

この構造物は、山頂部から麓までの間に七段または一〇段にわたって構築されており、テラスの張り出し部分の幅は平均一〇メートルで、麓に近づくほど広くなり、高さも増していることが判明しています。

さらに山頂の地下には、南北と西の三方を粘土と礫《れき》で固められた壁状の構造物で囲まれ、東方向だけが開いた一辺が約一〇メートル四方の立方体が検知されました。

この立方体の構造は、周囲の土壌との質の違いから空洞であったと考えられ、古墳の石室とそっくりな構造であることが確認されたのです。

黒又山の周りに目を広げると、赤外線レーザービームによる測定により、極めて正確な方位方角の原理に従って神社や磐座といった祭祀遺跡がレイライン上に配置されていることもわかりました。

たとえば、黒又山北側の黒森山と、南側にある草城神社はほぼ完全な一直線上にあり、しかも、黒又山と草城神社の距離が一八〇〇メートルであったのに対し、黒又山と黒森山の距離が、ちょうどその倍の三六〇〇メートルだったのです。その上、それぞれが同じ平面上ではなく、凹凸の激しい立体面上に築かれていたことから、測量と建造には相当な困難を伴ったであろうことが推測されます。

つまり、黒又山中心の祭祀場を結ぶネットワークが、人工的であるばかりではなく、かなりの技術力を持って構築された可能性が高いと考えられるのです。

また、北と南を結ぶ南北線は、時計の反対回りに五度傾いています。

調査団が五〇〇年単位で時間を遡り、天文シミュレーションを行ったところ、現在の北極星（こぐま座α星）が西へ移動し、りゅう座のα星が天の北極に入り、紀元前二〇一一年、今から四〇〇〇年前に五度左偏した位置に停止したことが明らかとなりました。黒又山周囲では、この星に合わせてレイラインが設定されたのでしょう。

ちなみに、りゅう座のα星は、シュメールが崇めた北極星の天神アンの象徴であり、アムール川（黒龍江《こくりゅうこう》）はこのアンを指しているとされます。

天神アン（アヌ王）は、地球人創生に関わったとされる宇宙人グループ、アヌンナキ族の王と伝えられます。シュメール語で「天から降りてきたもの」を意味するアヌンナキの一族に属するエンリルとエンキは、それぞれ神社の入り口に配されている一対の狛犬、つまり、獅子と一角獣を象徴するとの説があります。もしそうであるなら、

靖國神社狛犬（一角獣）

口を開けた獅子と閉じた一角獣が発する「阿《あ》」「吽《うん》」は、そのままアンとなります。天神アン伝説は、現代日本にもその名残りを残しているということになるのでしょう。

アムール川流域は、後述のイズモ族渡来ルート、そして第四章でご紹介する義経伝説でもたいへん重要な場所になってきますので、この後も繰り返し登場します。

黒又山のすぐそばには、巨大な大湯ストーンサークルがあります。この土地の地盤を検索したところ、ストーンサークルのある場所はかつて、ジンギスカン鍋中央にある兜型の盛り上がりのような形状であったという事実が判明しています。そのため、太古においては、池の真ん中の島のようなところにストーンサークルがあったのではと推定されています。

その後、火山の噴火により、周りの池とともに埋まってしまったのですが、驚くべきは、噴火の時期です。

十和田湖は、十和田山の噴火によってできたカルデラ湖であり、今から約五万五〇〇〇年前から一万五〇〇〇年前にかけ三回起きた大きな火砕流噴火によって、直径約一一キロメートルの大カルデラが形成されたと考えられています（気象庁ＨＰ「東北地方の活火山　十和田」）。じつは、大湯のストーンサークルはこの時期に降り積もった火山灰の下から発掘されているのです。

埋まった後の層にも縄文人の生活痕があることから、ストーンサークルは、縄文時代の大湯人からさらに遡った超古代の「大湯人」が作ったのでは、と推察されています。つまり、十和田湖近辺には、超太古の時代から、祈りの文化が息づいていたと考えられるのです。

次項で言及しますが、古代に連続して起きた巨大災害により巨石信仰文明が衰退し、そのあとに縄文文明が起こってきた可能性もあります。

もしそうであるなら、いったいこの国の古代史はどこまでいってしまうのか、気が遠くなるような思いがします。

黒又山と彦島

山口県下関市にある彦島の杉田丘陵について、鈴木旭氏は、現在頂上付近に東西、南北方向の二つの横穴が確認されていることから、この丘に黒又山と同じような巨石信仰時代のピラミッドがあったのではと推定しています。

旧家の古老によれば、かつて三体の大岩があちこちに配置され、頂上から八つの平石が一直線に並べられていたとのことであり、この話も何某《なにがし》かの古代遺跡の存在を窺わせます。

彦島は、壇ノ浦合戦のとき、都落ちした平家一族の最後の拠点となった島です。

関門海峡を見渡せるという地理上の利点に加え、相応の構造物がこの地に存在した可能性も指摘されており、平家一族がおびただしい財宝を持ち込んだとの伝承も残されています。

かつて下関で日本消化器外科学会が開催された折、私は北九州空港に降り立ち、そこからバスを利用して関門海峡を渡って下関に入りました。

バスが関門橋に差し掛かるや、眼下には関門海峡を一望する雄大な眺望が広がります。

この地は、鎌倉幕府成立への流れを決定づけた壇ノ浦の戦い、そして江戸幕府滅亡のきっかけとなる小倉戦争（幕府方小倉口総督小笠原長行が、高杉晋作・山縣有朋率いる長州藩に敗北）が展開された海峡です。いうならば、武家政治の始まりとその滅亡のきっかけとなった劇的な舞台なのです。

時代の大転換を見届けてきたこの海峡が放つ巨大なエネルギーに呑み込まれそうになるのを感じながら、私は窓の外の景色を凝視し続けました。

バスが橋を通過する時間は、わずか一分にも満たなかったことでしょう。しかし、その間、あたかも時間が止まったかのように、私にはとても長く感じられたのです。

橋の真下は関門海峡の一番狭まった場所、壇之浦です。「早鞆ノ瀬戸《はやとものせと》」とも呼ばれる海の難所で、潮の流れの速さと潮流の変化で知られます。

私が橋を通過した時は正午前で、源平合戦の命運を分けたとされる潮目が東から西へと変化する時間帯でしたが、潮流はまだ東向きでとても速く見えました。

平家と源氏の雌雄をかけた源平合戦がここで行われたのは、寿永四年（一一八五年）三月二四日と伝えられます。源義経が率いる白旗の源氏勢と、平宗盛と平知盛が率いる赤旗の平家勢、両軍合わせて四〇〇〇艘ともいわれる軍船がこの海峡に集結しました。

まず東向きの潮流に乗り平家の船団が優位に立ち、戦いを有利に進めていました。しかし、昼近く潮流が西に変わりはじめるや接近戦となり、さらに義経が禁じ手とされた平家軍の舵取りを射るよう命じたことで戦局は混乱し、戦況が逆転します。

平家から源氏へ裏切るものも相次ぐなか、平家きっての武将平教経は、義経を討とうとして追い詰めましたが、義経は俗にいう「八艘飛び《はっそうとび》」で味方の船に逃れました。

敗戦を覚悟した二位の尼は、源氏が奪還を狙う三種の神器を身につけ、八歳の安徳天皇を抱いて海峡に身を投じました。しかし、後を追った帝の母建礼門院は助けられ、囚われの身となります。知盛はじめ主だった武将は、一門の最期を見届けるや次々に入水、関門海峡には、おびただしい数の平家の赤い旗印が漂い、雌雄は決したのです。

平家一門の滅亡とともに、時代は古代から中世へ、そして貴族から武士の社会へと、世の中は未曾有の変貌を遂げることになります。

武士の時代は、この時代から徳川幕府の大政奉還までの約七〇〇年間続きます。そして、その終焉も、この同じ関門海峡で勃発した馬関戦争（英仏米蘭の四カ国が下関の砲台を攻撃）を引き金に始まりました。

幾度となく日本の歴史を画する場となったこの関門海峡に接するように彦島があります。

日本の歴史において重要な意義を持つ彦島ですが、明治以来「殖産興業」の象徴となります。そして、近代化を急ぐ日本の最前線基地として、工場用地と住宅地確保のため島内の山は削られ、さらには海岸部も次々に埋め立てられ、残念ながら、もとの形がわからなくなるほど破壊されてしまったのです。

ところが、昭和も終わりに近づいた頃、杉田丘陵の遺跡に残されている大きな岩の表面に刻まれた文字が発見されました。

これらの文字は、国際岩石芸術学会連合の日本代表を務めた吉田信啓氏により、古代歴史言語学者の川崎真治氏、広島大学教授の吉川守氏、大阪外国語大学教授の井本英一氏らに送られ、鑑定されています。

その結果、驚いたことに、世界最古とされるシュメール文字であることが判明したのです。井本教授は、杉田丘陵が聖所として機能していたことは明らかでシュメールの人たちがここに神殿を築いたことは間違いないと指摘しています。

彦島の文字が極めて原始的かつ原初的であることから、世界最古の文字とされるシュメール文字のルーツが彦島に残されている可能性も否定できないのです。

それではここで、世界におけるシュメール人の足跡を追いかけてみましょう。

メソポタミア文明が本格的に発展するウルク期（BC三五〇〇年～BC三一〇〇年）には、高い城壁と運河に囲まれた神殿や広場、運河へと続く上下水道が完備され、道路も舗装された都市国家が誕生します。印章の制作と使用も始まり、後半にはくさび型文字のルーツとなる文字が登場してきました。その本格的な発展を担ったのが正体不明のシュメール人だったのです。

この時代に先立つのが、BC八〇〇〇年に遡るウバイド人による文明でした。この文明は、BC四〇〇〇年ごろに移入した民族と融合し急速な進化を遂げるのですが、流れ込んできた民族はギルガメッシュ叙事詩によれば、ディルムン・プント・マカンの三海洋民族でした。これらの民族がシュメール文明の中心となっていくのですが、その中核となったのがマドゥラを海都としていたディルムンだったのです（『超古代文明の起源』武内一忠著）。

伝説的に語られるシュメール初期王朝時代のギルガメッシュ王は、殺された盟友を生き返らせる妙薬を探し、ディルムンの島を目指します。そこは太陽の出る国で、地の果ての海を超えた仙人が住む島とされていました。

ギルガメッシュ王が太陽の昇る東へ東へと進んだのであれば、その地の果ての海の先にあるのは日本しかありません。しかも、ギルガメッシュ王が君臨した都市国家ウルク市は北緯三二度にあり日本の九州がまた北緯三二度線上にあたるのです。

ウルク市の真東にあるその島がディルムンの島であるなら、ディルムンの海都マドゥラは、転化してマツゥラ、松浦、マツラ国ともなる、インドにある船員の町マドラスも同じ語彙の地名であろう、と武内一忠氏は推測します。なにより、ギルガメッシュ王が伝説の東の日出る国を目指したという記述こそは、マドゥラが、シュメール王国に先んじて存在していた可能性を示します。

もし彦島人が、マドゥラの人々と交流があり、ディルムン族とともにメソポタミアに移動したのであれば、それぞれの地で発見された文字に共通点があったとしてもまったく不思議ではありません。

しかしながら、もし彼らが彦島の祭祀施設をそのままに日本を去っていったのだとしたら、その行動にはいかなる理由があったのでしょうか。

彦島人の身に降りかかった大災厄について、鈴木旭氏は、気候温暖化に伴う環境の大激変である「縄文海進《かいしん》」(一万九〇〇〇年前の最寒冷期後から始まり、六五〇〇年~六〇〇〇年前まで続いたとされる)を、世界の各所に残る洪水伝説に重ね合わせ、大胆な推理を進めていきます。

最後の氷河期が終わり徐々に地球が温暖化するにつれ、海面の水位が次第に上昇していきます。

日本列島が大陸と地続きであったころは、日本海は大きな湖のようなものであり、日本は大陸型の乾燥した寒冷気候に支配されていたと考えられています。しかし、海面上昇は、九州と朝鮮半島をつないでいた陸地を徐々に這い上がり、ある日ついに上昇した暖流が、堤防を決壊させるかのように怒涛の勢いで日本海に流れ込みました。

その結果として、温暖化しつつあった日本列島がますます暖かくなり、突然のように海洋性気候の支配領域にはいってしまったのです。

日本海の水位の急激な上昇とともに、水温がぐんぐん上がり、それが日本列島の気象状況を急変させ、雲が沸き立ち、広大な範囲に豪雨をもたらした、北九州の古代人たちはその光景を目の前で現認したのではないか、鈴木氏はこのように推測します。

また、海洋の変化に加え、一〇万年前から幾度となく繰り返され伝説の徐福王国を火山灰の下に埋めたとされる富士山の大噴火や、十和田山の噴火に加え、七三〇〇年前には、喜界ヶ島の火山噴火により三〇年間降灰が続いたことが喜界ヶ島トラフの形成から推測されています。

このように断続的に地球を襲った地殻や海洋の大変動が、日本をはじめ環太平洋に展開していた巨石信仰文明を滅ぼした可能性があるのです。このように考えてくると、何の記録も残されていない巨大な磐座が、日本の各所に残されている理由がみえてくるように思えます。

しかし、数々の激甚災害にもかかわらず、この列島には再び人が集まり始め、文明が復興してくるのです。ギルガメッシュ王の伝説ばかりではなく、平家の人々もペルシャ（現在のイラン。シュメールはイラク南部に相当）から渡来し、日本に帰化したのではとの推測があります。

たとえば、平清盛が建てた厳島神社の現在の社殿は、ササン朝ペルシャの国教であるゾロアスター教（拝火教）との関係を窺わせる点がいくつか挙げられています。

- 厳島神社の社殿が、ゾロアスター教の寺院と同じ北西向であり水辺に建てられていること
- 神仏分離令までは、厳島神社には、起源をゾロアスター教の海の神「アナーヒター」に有する弁財天が祀られていたこと（弁財天は、現在大願寺に移されている）

・厳島神社の高舞台で毎年元旦に行われる舞楽「抜頭《ばとう》」は「西域の胡人（ペルシャ人）」が父を殺した猛獣に復讐をする話であること

・奈良興福寺の「大乗院寺社雑事記」には、京都三条坊門に外来人が営む蔵があり、そのことごとくが平姓を名乗っているとの記述があること

などの記録が、平家とペルシャとのつながりを窺わせます。

また、祇園祭のクライマックスである山鉾《やまぼこ》の巡行では、山や鉾を鮮やかに彩る懸装《けそう》品の中にペルシャの絨毯《じゅうたん》そのものが含まれていることもよく知られた事実です。ペルシャの文化が、京都に大きな影響を与えていることは間違いありません。

ペルシャが勃興した時代、すでにシュメール人は姿を消していましたが、ペルシャとシュメールは地理的には隣接しています。

彦島・ディルムン族が残した伝承をもとに、ギルガメッシュ王が東を目指し、その一部が日本に実際に到達したのであれば、当然ペルシャにもシュメールの伝承は伝わっていたことでしょう。であるなら、平家が、ディルムンの遺跡が残っていたであろう彦島を重要な拠点とし、最後の拠り所として再起を図ったのも理由のないことではありません。

方向づけを意味するorientationが、orient＝東に因んでいることも、古代における東が大きな意味を持っていたことを裏付けているのでしょう。

ところで、シュメールでは、北極星の神である天神アンに赤米を供物とする風習がありました。さらに天神アンは、

シュメールの粘土板に八方位の米という字で標記されています。

「米」の紋章は、英国の国旗ユニオンジャックにその面影を窺うことができます。ユニオンジャックの由来は、イングランド、スコットランド、アイルランド地域の旗を合わせたものとされますが、その形は、米そのものです。武内氏は、ずばり、ローマ帝国に追われたシュメール人がブリトン島に渡ったことに拠るものと推測します。

さらにその一部は、大西洋を渡り新天地となった大陸に新たな国を開きました。

新天地の国は「AMERICA」つまり、AM「アン」のRICA「コメ（RICE）」という名の国になりました。八方位の「米」はコメをも意味し、このAMとRICAの国も明治以降、我が国では「米国」と標記されるようになるのです。米にまつわるこれらの不思議な符合は、単なる偶然なのでしょうか。

英国国旗　ユニオンジャック

もしかしたら、シュメールの民は消滅したのではなく、日本に戻った一団を含め、その多くが世界に散り、さまざまな国の礎を築いた可能性があるのです。
さらに言うなら、もしそのシュメール文明が日本列島に起源を有するのであれば、世界文明の大元はオリエント突端のこの国にある、ということになります。

八戸での講演と是川《これかわ》縄文館

令和四年五月一四日、谷地村《やちむら》直美さんの主催により、高野誠鮮《じょうせん》氏との対談が青森県八戸市で行われました。日蓮宗妙法寺ご住職の高野氏は、羽咋《はくい》市の公務員であった時代に、「奇跡のリンゴ」で知られる木村秋則《あきのり》氏から学んだ自然栽培を普及させています。

それればかりではなく、ローマ法皇にお米を食べさせたり、国から五二億円もの補助金を引き出し、UFOが着陸したかのような形状の公共施設「コスモアイル羽咋」まで造っているのです。

公共施設とはいっても、単なるお飾りの箱モノではありません。本物のロケットやアポロ宇宙船を、コスモアイルに一〇〇年間貸し出してもらう契約をNASAと締結しているのです。

これらのロケットは、米国内の学校や公共施設でさえ数週間しか貸してもらえないというのですからただ事ではありません。

そのうえ、ライバルであった旧ソビエト連邦からも、同国が誇るソユーズをはじめとして実物の有人・無人宇宙船を破格の値段で購入してしまったというのですから、どれ一つ取っても、凡人には発想すら湧いてこない驚きの行動ばかりです。一体どうやったらこのようなことができるのでしょうか。

じつは、このような八面六臂《はちめんろっぴ》の活躍を見せる高野氏が、UFO問題のディスクロージャーを目指すのは、私心からではなく、米ソを仲良くさせたいとの一心からであり、その気高い志に感銘を受けた人が、国の内外を問わず協力を申し出てくれるというのです。

各国に強力な人脈を有し、米国のＮＡＳＡ、ロシアの星の街にも出入りを許され、ローマ法王にも謁見した高野氏は、ＮＡＳＡの宇宙飛行士や宇宙科学者ばかりか、世界中にいるＵＦＯ遭遇者や宇宙人接触者とも個人的につながっています。

そして、ＵＦＯや宇宙人についてこれまで隠されていた衝撃的な情報や関連する極秘写真を多数所持されていることにも驚嘆させられます。さらには、これらの貴重な資料を惜しげもなく皆に教えてくれる高野氏のオープンで優しいお人柄も魅力的であり、私には奇跡のように思えるのです。

八戸での講演会のポスター

高野氏が語る「宇宙維新」については、また最終章でご紹介いたしましょう。

高野氏との講演会場に向かう途中、私は橘央子《ひさこ》さんのご案内で是川縄文館を訪問しました。

是川縄文館には、国宝の土偶や縄文土器の実物が保存の良い状態で数多く展示されています。

植物で編んだカゴに漆《うるし》をぬった籃胎《らんたい》漆器や、樹皮製容器、櫛などの装飾品は、すべてが実物であるばかりではなく、どれもとても美しく見応えがありました。

漆製品の作成には、原液を一定の温度に保ちながらゆっくり掻き回すという高度な工程が必要とされています。また、不純物を取り除くために、漆を濾《こ》してしぼった状態でみつかった編物も展示されていました。このような遺物の発見から、この時代にはすでに、布や縄などを用途に合わせて素材を選んで制作しており、カラムシや麻を編んで衣服にしていたと推定されているのです。このように高度な技術が縄文時代にすでに確立されていたことに驚くばかりです。

ざんばら髪に獣皮衣というこれまで抱いてきた縄文人のイメージが私の中で崩れ、おしゃれで文化的な生活を営んできた当時の風習が目に浮かんできます。

この資料館には国宝である合掌土偶《がっしょうどぐう》も展示されています。合掌土偶のように、国宝と認定されるためには損傷のない完全な形で発掘されることが条件となります。縄文土器への関心が今ほど高まっていない時期に開発が進んだ地域では、価値のわからぬままに破壊されてしまった土偶も多かったそうです。

その一方、八戸周辺地域はまだ二％しか発掘が進んでいないにもかかわらず、すでにたくさんの貴重な過去の遺物が発掘されています。これからどれほど貴重なものが発掘されるのでしょうか、この先の研究の進展が大いに期待されます。

合掌土偶について、写真家の野村哲也氏は、直感的に出産直後の女性、そして、頬杖土偶《ほおづえどぐう》は臍帯《さいたい》が首に巻き付いた胎児ではないかと評していますが、私としては深く納得できる意見です。

橘さんが聞いたところでは、合掌土偶と接する学芸員に出産が相次いだり、頬杖土偶をみた妊婦さんが急に産気づき、臍帯が首に巻いて仮死状態で生まれた赤ちゃんが、早い出産により命が助かったという出来事があったそうです。

縄文時代は、未来を創る出産に関わる女性が大事にされたとされますが、この二つの土偶も、お産を助けるお役目があったのかもしれません。

八戸の縄文文化、まさに畏るべしです。古代この地には、いったいどれほど豊かな文化が栄えていたのでしょうか。

国宝　合掌土偶
（風張1遺跡、八戸市埋蔵文化財センター是川縄文館所蔵）

頬杖土偶
（風張1遺跡、八戸市埋蔵文化財センター是川縄文館所蔵）

青森の縄文文明

青森県からは、これまでにも続々と縄文時代の遺跡が発見されており、世界最古級とされる土器も発掘されています。

縄文時代草創期（紀元前一万三〇〇〇年頃）のものとされる青森県大平山元《おおだいやまもと》遺跡からは、旧石器時代の特徴を持つ石器群とともに、土器片が出土しています。

一九九八年、土器片に直接付着していた炭化物の放射性炭素年代測定を行ったところ、約一万六五〇〇年前のものである可能性が指摘されています。

居住区をみると、柱穴や凹みは認められず、地下への掘り込みも無いこと等から、住居の形態は移動式テントか、それに類するもの（モンゴル族のパオのようなものか？）であると考えられています。

時代がやや下り、縄文時代の前期中頃（紀元前三九〇〇年～紀元前二二〇〇年頃）と推定される三内丸山遺跡になると、建物、道路、墓、貯蔵穴などが計画的に配置されるようになり、大規模な集落が形成されていたことが窺えます。

また、ヒスイ、遠隔地でとれる黒曜石なども出土していることから、驚いたことに、この頃すでに広範な交易がおこなわれていたと推定されているのです。

さらには、花粉のＤＮＡ分析などから、ブナなどの広葉樹が繁茂する自然環境に、資源の維持・管理を目的として、人の手でクリやクルミなどの有用な植物を植え、「縄文里山」と呼びうる人工の生態系を成立させていたことも明らかとなっています。

このような土地利用体系は、自然との共生を実現させた理想的な手本とも言われており、長期にわたる定住を可能にした生活様式の一つと考えられています。

世界最古と言われるシュメール文明が紀元前四〇〇〇年ですから、その時期に、日本にはすでにこのような先進的な文明があったことになります。もっとも、日本人が、ディルムンとしてシュメールに渡ったのだとしたら驚くに値することではありません。

その後も青森県内からは重要な発見が相次ぎます。

三内丸山遺跡からは、直径二メートルの柱穴が六個、その中からは、加工された直径一メートルのクリ材も見つかっています。

切り出して運ぶだけでも大変な作業なのに、このクリ材は、二・二メートルの深さまで埋まった状態で発掘されています。しかも腐らないように表面が焼かれていたり、成形されていました。当時の技術力の高さには驚くばかりです。

有名な六本柱について、作家の茂木誠氏は、六本柱の成す長方形の対角線が春分・秋分の日没の方角に、そして三本柱を繋げると冬至の日没に、さらには、斜め前の二柱の線を伸ばすと夏至の日没の方角に重なると指摘します。

この配置は決して偶然ではなく、意図して設計されたに違いありません。

三内丸山遺跡・六本柱の配置　作図：茂木誠

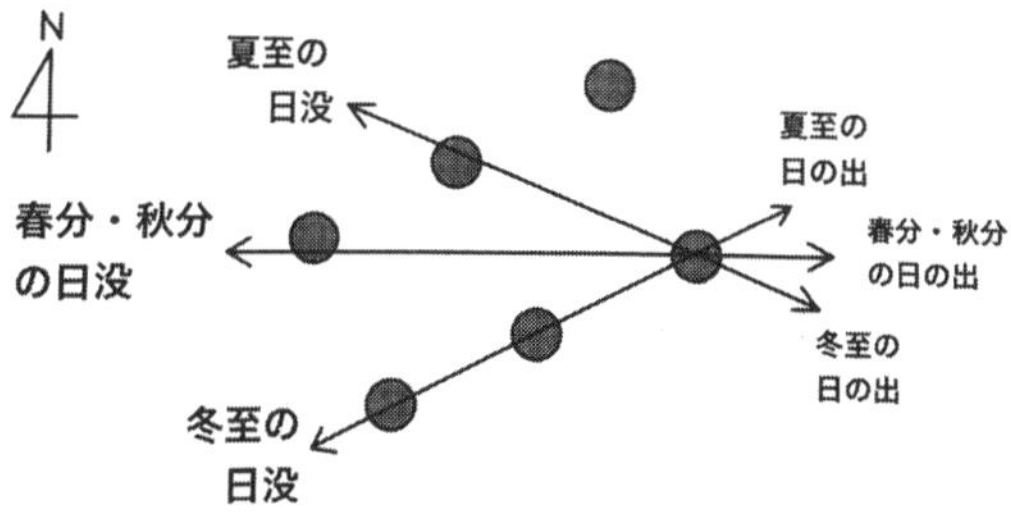

『日本とユダヤの古代史＆世界史』茂木誠、田中英道（共著）より

六本柱は、見張り台として使われたとの説もあるのですが、周囲には城壁もなく、おそらくは、祈り、祭祀の場として使われたのでしょう。

青森・亀ヶ岡遺跡から見つかった遮光器土偶も驚異的です。かのNASAも、この土偶の衣装を「宇宙服に近いもの」と判定していますが、それだけではありません。三〇センチほどと小さいにも関わらず、非常に薄い粘土で作られており、しかも鉄のように固いのです。

この粘土をさらに分析してみると、なんと、現代のハイテク、セラミック加工と同じレベルの技術が使われていることが判明しています。宇宙服らしきものを着た人たちのテクノロジー、だったのでしょうか。

大陸と日本を結ぶ青森

青森は、古代から平和で自然と親和した高度な文化が根付いていたことが明らかになってきましたが、それだけではなく、大陸との交流拠点としても、北九州と並んで重要な地域であったと考えられています。

前著『日本の目覚めは世界の夜明け』の中で、私は、日本とシュメールを結ぶ架け橋として、温暖な南シベリアに興隆したユーラシア文明が想定されると述べましたが、この文明と日本の接点になるのが青森と想定されているのです。

出雲族王家の末裔である斎木雲州氏の著書『出雲と大和のあけぼの』によれば、出雲族もインドからやってきたと地元で言い伝えられているそうです。

古代出雲には二つの王家、東の「向家」と西の「神門臣《かんどのおみ》家」という二つの王家があり、斎木氏は、向家の直系の子孫になるといいます。

出雲地方には縄文時代から続く幾つかの旧家があり、代々、貴重な文書や豊富な伝承が伝えられてきています。

それらを知る古老たちによれば、

「イズモ族は、砂の平原を通り、広い湖の近くから、長い川を流れ下って来た」

と言われているそうです。

•「砂の平原」とはゴビ砂漠

・「広い湖」とはバイカル湖
・「長い川」とは黒竜江（アムール川）

と推測されることから、この記述に則れば、イズモ族は、朝鮮半島を避けるように北に大きく回るように青森に入り、そこから南へ広がっていった可能性があるのです。

このルートは、第四章で詳述する義経大陸渡航ルートにも一致します。アムールは、先述しましたように、シュメール人が崇めた神アンに由来するともいわれ、シュメールとの係わり合いも推測されます。日本人とは古来縁が深い地域なのでしょう。

イズモ族がこのルートを使い、青森経由で渡来してきたのであれば、国譲りの後、東北へ逃避したとされるこの一族の末裔は、出雲地方から自らのルーツの地に戻っただけ、ということになります。

出雲地方と東北の関係性については、かの松本清張氏も小説の題材に選んでいます。

野村芳太郎監督により映画化され、大ヒットを記録した推理小説の傑作『砂の器』では、出雲弁と東北弁がよく似ているという事実をきっかけに劇的な展開をみせます。そして、捜査の舞台が、「秋田の亀田」から「島根の亀嵩《かめだけ》」に飛び、殺人犯が一気に追い詰められていくことになるのです。

ですから、小説や映画を見た者の頭の中には、「出雲」と「東北」のつながりが強く残ることとなります。古代史にも造詣が深く、卑弥呼は暗殺されたとの説を著書で主張されていた清張氏のこと、ひょっとしたら、この出雲と東北の因縁という隠された歴史を『砂の器』にそこはかとなく仄《ほの》めかされたのかもしれません。

斎木氏は、インドのタミル人や北隣に住むドラビダ人が、イズモ族の起源である可能性を指摘します。

イズモ族には、サルタヒコ信仰があり、「サルタ族」との呼称もあるそうです。サルタとは、ドラビダ語で、「長い鼻」を意味します。

サルタヒコといえば、伊勢神宮でも、道の守り神として大切にされています。

次章でお伝えする古史古伝＊のひとつ『ホツマツタヱ』ではサルタヒコは八代アマカミ（天神、古代の天皇）であるアマテルの信任が厚く、カンタカラの三種を賜り、崩御（神上がり）の際には墓穴を掘らせたとされます。

滋賀県高島市　白髭神社（2019年11月24日）

アマテルが、退位後にお暮らしになったのがウヂと呼ばれた現在の伊勢神宮内宮の地でした。

サルタヒコは、琵琶湖のほとりに住んでいましたが（琵琶湖中の朱塗り大鳥居で知られる白髭神社の御祭神は猿田彦命）、アマテルの孫ニニキネの力量を認め、この地を去り伊勢アマテルのもとに移っていくのです。

内宮、外宮にお参りする前に、猿田彦神社にまず参拝するように言い伝えられていますが、その理由がホツマツタヱを読むとよく理解されてきます。サルタヒコが、訪れる者を必ずやアマテルに取りなしてくださることでしょう。

ホツマツタヱでは、サルタヒコは、国祖クニトコタチ直系の人物として描かれています。しかし、詳細な系譜は記

＊古史古伝…正史とは異なる内容や歴史を伝える文献の総称

されてはおらず、少々謎めいた人物です。イズモ族と皇室を結ぶ重要なお役目があったのかもしれません。

それでは、次章ではホツマツタヱが伝える古代日本の姿について探ってまいりましょう。

第三章

古史古伝で語られる太古の日本

第一部　ホツマツタヱ、カタカムナが伝える「宇宙創成」と「宇宙の心」

ホツマツタヱが説く宇宙と人類の進化

ペトログリフ（岩刻文様）やペトログラフ（岩刻文字）と同様に、この国の古代に醸成された豊饒な文化を今に伝えるものが、『ホツマツタヱ』、『カタカムナ』などの神代文字による古文献です。いずれの文献も学び始めれば、その内容は後代において安易に創作できるものではないことが理解されてくることでしょう。

神代文字文献は難解ではありますが、ホツマツタヱは、この文献を神がかり的な経緯で見出した松本善之助氏、そして後に続くいときょう氏、千葉富三氏、池田満氏などたくさんの研究家たちの努力により、素人にもわかりやすい形で世に広まり、とみに近年注目を集めるようになってきました。

ホツマツタヱで使用されるヲシテ文字を表に示しますが、ホツマツタヱの記述は、この文字を用いた五七調の詩で統一されており、宇宙の創生から、日本建国の精神、皇室と民が共になって築いてきたこの国の歴史、和歌や季節折々に催される風習の成り立ちなどが、整合性を持って記されています。この書に登場する地名を今もそ

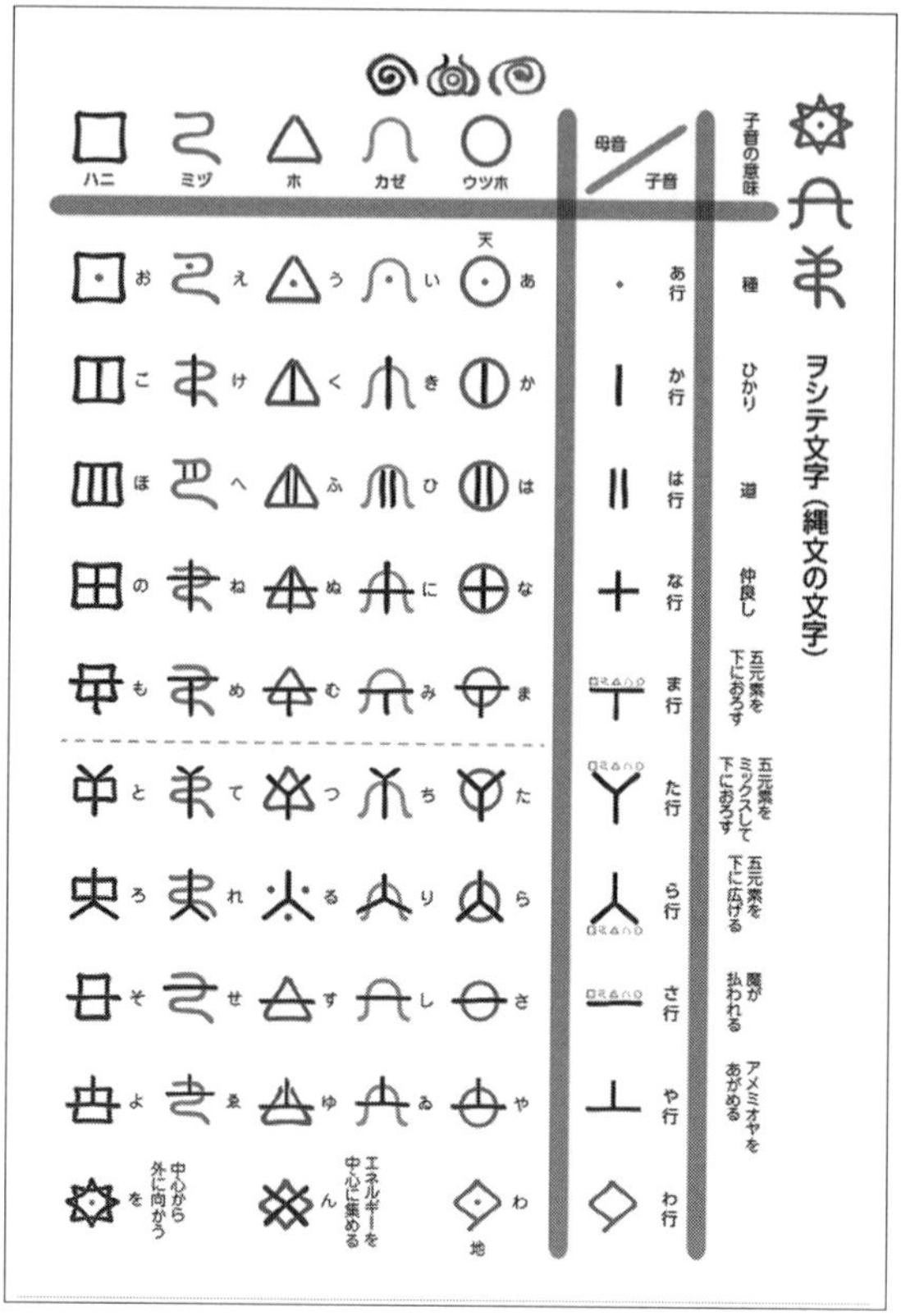

ホツマ出版株式会社ホームページより

のままに残している場所も多く、古代における日本という国の姿をありありと感じることができるでしょう。

表の上段には、五つの母音となる①ウツホ・②カゼ・③ホ・④ミヅ・⑤ハニという文字が示されています。それぞれの五元素が宇宙を構成する主元素になると考えられています。

また最上段には、左回り、右回りの渦が描かれていますが、陰陽論で説かれる万物の生成消滅を引き起こすとされる相反する二つの気、陰と陽にきわめてよく似た概念といえます。つまり、ヲシテ文字は、文字としての役割に加え、その形状から、東洋思想の根幹をなす陰陽五行論をも体現しているのです。

五要素についてはそれぞれ、ウツホは空、カゼは風、ホは火、ミヅは水、ハニは埴（土）と表記されることもあります。いときょう氏は、漢字表記は意味が固定してしまう面もあるが、このように記すと、これらの文字が宇宙と深く結びついていることが理解されやすくなる、と語ります。そして、この五元素を以下のように解説しています。

- ウツホ（空）とは、宇宙そのものの形であり、ウツホには素粒子が充満している
- ウツホの次に生まれたのがカゼ（風）、そよぐ風のことでもあり、ウツホの中の素粒子が動き出した状態をカゼと表している
- 次に、カゼが揺れることにより摩擦が起き、熱が生じる。それをホ（火）と称し、燃える火の始まりとなる
- そこからミヅ（水）というエネルギーが生まれる、ウツホ、カゼ、ホが冷えて流れる粒子になり、それがミヅと表現されている
- 最後のハニ（埴）は、埴輪のハニであり、土を意味する

この五つの要素が動くさまは、宇宙の大元であるエネルギーの流れが、次第に物質化現象を起こしていく過程を、じつに鮮やかに表現しているといえるのではないでしょうか。

さらに、ホツマツタヱでは、人を「タマシヰ」と表します。

タマはヲシテ文字の母音にあたる「ウツホ・カゼ・ホ」という三元素で成り立っています。また、シヰは「ミヅ・ハニ」の二元素から成ります。

「ウツホ・カゼ・ホ」という軽い元素で構成される「タマ」は、宇宙と地球を行き来する永遠の命を表し、「ミヅ・ハニ」という重い元素から成る「シヰ」は、「ほしい」の語源であり、欲のことと説かれます。

欲という心の動きが物質化につながるという考えは、人間の想念が物質化を起こすという量子論の導く仮説そ

ものであることに驚きます。

この五要素をそのまま写し取ったものが、密教で創始されたという五輪塔です。ホツマツタヱが伝える五要素を空・風・火・水・地として取り入れ、それぞれを宝珠・半月・三角・円・方形で象徴していますが、その形は、ウツホ・カゼ・ホ・ミヅ・ハニを思わせます。

シヰよりも軽い元素で成り立っているタマは、人が死ぬと重い元素のシヰから離れ、タマのみが宇宙の中心アモト（天元）に帰ることになります。

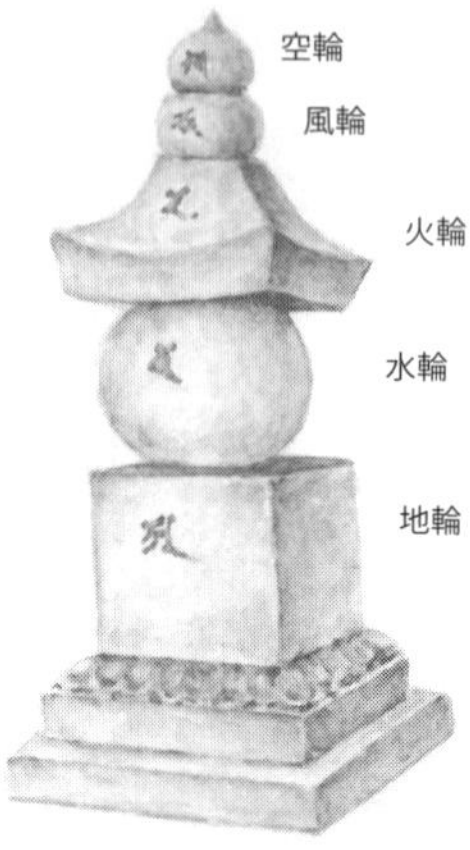

五輪塔

じつは、「生命」という漢字も全く同じ摂理を表現しているのです。

二つの漢字の意味はそれぞれ全く異なり、「生命」の「生」は、肉体をもったこの地球での命、「命」は、肉体が滅んだ後も永遠に続く命を表します。さらに「命」は、さだめ、そして、神の名前をも表します。

そして、「生」の始まりと終わりは、そのまま「始終」と表されますが、「命」の始まりは「元」、そして終わりは「完」になります。この二つの漢字は、「元」という始まりを表す文字で見事につながっています。つまり、「完」とは「完成」に向かう終わりであり、「命」は、「完」を迎えても、完成を目指して再び始まりの「元」に戻ることになります。いわば「命」とは終わりのない永遠の命を表しているといえるのです。したがって、「生命」という言葉は、見えない身体と見える身体という陰陽二つの体を併せ持ち、天とつながりながら生きる人間の命を見事に表現しているといえるでしょう。

二〇二〇年、ノーベル物理学賞に輝いたのは、ロジャー・ペンローズ博士でした。ホーキング博士と共同で行ったブラックホールの研究が受賞につながったのですが、じつは、ペンローズ博士は、死後の意識を研究していることでも広く知られます。「死んだら意識は宇宙に広がる」との発言も公にしていますが、その意味するところが、あたかもタマの動きを表現しているかのようで驚かされます。量子論の進展は物理学者の意識をも大きく変えつつあるのです。

ホツマツタヱが、量子論が説く宇宙の創生から、歴史や風習など多岐に渡る内容を有している一方、カタカムナは、哲学や物理的分野に重点を置きつつ、宇宙の摂理を詳細に説明しています。

神戸市上空（2017年7月17日）

カタカムナで使用される図象文字は、大円と小円、十字の分割や組み合わせで表現されていますが、とりわけ十字が重要なシンボルとなっています。
一九四九年に、科学技術者の楢崎《ならさき》皐月（さつき、こうげつ）氏が、六甲山系の金鳥山付近で、平十字《ひらとうじ》という人物から、平十字の父親が宮司をしていたというカタカムナ神社のご神体であった巻物の書写を許され、これが現在カタカムナ文献として伝わっているといいます。
写真は「気の医学会」主催の吉野信子氏によるカタカムナ

講演を聞いた翌日、神戸の空に浮かんだ十字の雲です。神戸、十字、カタカムナ、これらがピタリと符合したのはたまたまの偶然であったのでしょうか。

カタカムナが説く「万物ヒトツカタ」という考えでは、言霊はもちろん、形、音、数、色にもそれぞれ形魂、音霊、数霊、色霊があるとされます。

言霊には、響きという音霊も宿るため不思議な力が倍加されるので、わずか四八音の組み合わせによるカタカムナウタヒ八〇首で、宇宙の森羅万象が表現可能となるのです。

カタカムナでは、

「この宇宙における現象界（カタ）は潜象界（カム）から成（ナ）ったもの」

「波動（ナ）は形（カタ）を誘い、形（カタ）は波動（ナ）を誘う」

と説かれます。

これらの表現は、物質界は見えない世界に裏打ちされている、波動も物質も分け難い、と解釈することが可能であり、この考えは、ホツマツタヱとまったく同様に、量子論が導いた仮説そのものとなります。私は、これらの古伝が、最先端の物理学とつながることに驚きを禁じ得ません。

さらに、カタカムナによれば、私たちの生きている有限宇宙（アマ）の裏側には潜象世界（カム）が無限に存在するとされますが、これも現代物理学が指し示す並行宇宙に近い考え方といえるのではないでしょうか。

日本人は、一万年以上にわたり、このカムパワーを無意識に使ってきました。祈りもその一つの現れでしょう。多くの人が見えない世界に意識を向け、その力と協調しながらともに生きてきたのです。

また、日本人の精神性の源流とも言えるこのカタカムナでは、「万物万象はヒトツカタ（相似像、フラクタル）」との教えもあり、全てのものや命は、極限までいくと元に戻るという「マワリテメクル（極限循環性）」という法則が示されているのです。

この循環性は、「陽極まれば陰となる、陰極まれば陽となる」と説く陰陽論の真髄と深くつながる考えといえるでしょう。

海から蒸発した水蒸気は雲を生じ、雨を降らせ、その水は川に流れ、また海に戻っていきます。

自然のサイクルも、まさにマワリテメクっているのです。昔の人は、この自然のサイクルを上手に活用しながら、自然と共生して生きてきました。

自然に溶け込み、その恵みに感謝を捧げるこのような生き方が、いかなる自然災害にも耐え、乗り越えてきた日本人の辛抱強さを生み出してきたのかもしれません。

また、人間には、サヌキ性（人間脳）とアワ性（生物脳）があり、両者がバランスよく働くことが理想とされます。

サヌキ性は、男性性とも言われ、意欲、目的を持って突き進む傾向があり、強まれば、独善的、攻撃的、自己中心的となり、相手を否定し、争いに発展することがあります。

これまでの数百年は、地球は、男性性とも言われるサヌキ性が優位であり、その結果、世界全体はバランスを崩し、地球が悲鳴をあげるような状況に追い詰められてしまったともいえるでしょう。

その一方、人には、女性性とも言われるアワ性も備わっています。

アワ性は、受容的で依存的、親和的、環境適応性といった傾向があり、全く異質なサヌキ性と相互に助け合い、補い合って「宇宙の心」に近づいていくのです。

サヌキとアワのバランスは、カタカムナ人のＤＮＡを有する日本人なら理解しやすいはずです。現在のような世の中が来ることを見越していたかのように、カタカムナは、サヌキ性とアワ性の両者がバランスよく働き、協力し合うことが理想と説いていたのです。

「宇宙の心」について、天野成美氏は、「現象世界の生成、維持、発展を支える宇宙全体に働く力」と説明しています。冒頭で述べた「宇宙根源の力」「宇宙の意志」「宇宙霊」に近い概念でしょう。仏教で言うところの「ダルマ」、つまり宇宙を貫く根本の力である「愛」といってもよいのかもしれません。

稲盛和夫氏も、「この宇宙には、すべてのものを慈しみ、優しく育てていく愛が充満している。」と述べており、天野氏が語る宇宙の心を、そのものずばり、愛という言葉で表現されています。

人は、それぞれが自分に合った天職を見つけ、生き生きと輝き、他人と助け合うことによって「宇宙の意志」「宇宙の心」に近づきます。そうすることによって、皆が喜びと満足を手にし、幸せに生きられるのです。

天職の間には、尊卑の差などありません。人生は勝ち負けではないのです。一人一人違ってよいのです。それぞれ異なった個性が、ジグソーパズルのようにぴたりと合わさり、協調し合いながら一つの美しい作品を仕上げていくのです。

天野氏は語ります。

宇宙の心を宿した一人ひとりの自覚と行動によって、全世界の問題が少しずつ改善に向かう「マワリテメ

クル」時代が再びやって来ることを心から念願しています。
そして、それは宇宙の心の望む方向なので、必ず実現します。

天野氏は、現在私たちが直面しているさまざまな問題を解決するカギは、アワ脳を鍛えること、そのためには体を動かすこと、体操、運動に限らず、楽器を弾く、踊る、歌う、絵を描くなど五体を動かすことが大切と述べています。

アワの心を育て、直感の心を養うことが現代人に課せられた急務です。
アワの心が弱っているから、利のためだけに動くのです。

冒頭において、徳島県の祭祀岩をご紹介しましたが、かつて、この地域はアワ、そのお隣の地域はサヌキと呼ばれていました。

カタカムナは、サヌキ性とアワ性の両者がバランスよく働くことが理想であり、全く異質なこの二つが補い合い、協力し合うことで「宇宙の心」に近づく、と教えます。地名から考えると、かつてこの地にカタカムナ人によるカタカムナ文明があったのではないか、との想像が広がります。

この大宇宙を作り上げている根源の存在であるアマのエネルギーを受けることを、カタカムナ人たちは、「アマウツシ」と称していました。

彼らは、この地で「アマウツシ」を行い、陰陽の和合、見えない世界と見える世界を通じ合わせていたのではないか、そのとき、現代人の理解を超える力、アマのエネルギーが宇宙から降りてきて、祭祀岩、さらには日本全国に残る理解不能な磐座が形造られていったのではないか、「カタカムナ」を知ったことで、私にはそんなビジョンが湧いてくるようになりました。

気鋭の日本研究者として知られるエイヴリ・モロー氏は、太古の伝承を知ることは思い起こすこと、と語り、「日本は近代国家でありながら、太古の叡智を残している唯一の国だ。この宝を掘り起こし、世界に伝えてほしい。」と私たちに熱く語りかけてくるのです。

モロー氏は、日本に伝わる古史古伝の内容が多岐にわたるばかりではなく、そのうちのいくつかは記述が綿密で、それなりに記載が一貫していることを知ります。私自身、モロー氏が語るように、「カタカムナ」を通じ、民族としての古代の記憶を「思い起こし」たのかもしれません。

モロー氏は、「カタカムナ」については、ずばり「聖なる科学」と評します。

カタとは「形、現象界」、カムとは「潜象界」、ナは「名」を示します。

つまり、「カタ・カム・ナ」という名称自体、この世は見える明在系の世界と見えない暗在系の世界からなる、というデイビッド・ボーム博士以来の量子論的な仮説を象徴しているわけです。

また、「ホツマツタヱ」についても、その信憑性を示す証拠の多くを、日本各地の神社と神の名前から発見できると述べています。

拙著『日本の目覚めは世界の夜明け』でも言及した『先代旧事本紀』について、モロー氏は、歴史記述や聖徳太子の聖人伝に加え、後半では、古代の叡智がまとめられていると指摘しています。さらには、フトマニと呼ばれる占いの手法や古代歌謡、十種《とくさ》の神宝を振りながら「ふる祝詞《のこと》」や「ヒフミ歌」を唱える秘教的な伝承に加え、太子の予言が掲載されていることを紹介しています。

聖徳太子の十七条憲法は、現代人においても公務員の行動規範として脈々と生き続けていますが、この書には、同憲法の象徴となる品目も述べられています。

『先代旧事本紀』は、江戸幕府によって禁止され厳しく統制されますが、一八世紀になり、白川家が家伝の古文書として回覧し始めました。現在においては、少数の支持者が写本を持っているにすぎませんが、熱心な研究者により引き続き分析が進みます。

二〇〇六年には、北イリノイ大学のジョン・ベントレイ教授が全文を分析し翻訳します。同教授によれば、写本の一つ旧事紀十巻本は綿密な言語分析テストに合格しており、日本書紀に先行する六八〇〜七一〇年ころに書かれたものと推測されているのです。

モロー氏は、このような三種の古史古伝について、著書『ホツマ・カタカムナ・先代旧事本紀』(エイヴリ・モロー著 宮﨑貞行監訳)において、偽造しようとする世俗的な動機はほとんど見当たらない、それぞれが太古の素晴らしい社会の叡智を伝えようとしていると高く評価しています。

そして、カトリック教会は、信頼性に欠ける文書を『聖書外典』として、眉唾ながらも知恵を伝える一つの源泉とみなし、今も聖書に含めている事実を紹介し、外典といえども、少なくとも部分的に真実の原理や理念を伝えている限り、積極的な意味合いを持っている、と指摘しているのです。

後章で触れることになりますが、義経北行伝説における『吾妻鏡』のように、正史とされる古伝に矛盾のある記述が記されていることも事実です。

このような評価を受ける書を、根拠のない偽書として、そのすべてを排斥し、分析し論じることまでも禁止することは正しい態度といえるのでしょうか。

一体だれがどんな権限で、正史と偽史を区別するのだろうか。

結局のところ、歴史というものは、権力を握った勝者たちが自己を正当化するためにつくりあげたもので、それが正史として定着してきただけなのではないだろうか。

日本書紀と古事記と古史古伝はみな、ある一つの理念を解釈しようとしたものなのです。

古史古伝は、外典といえども、少なくとも部分的に真実の原理や理念を伝えている限り、積極的な意味合いを持っているのです。

同書の伝えるこの主張に対し、私は、心の底から快哉《かいさい》を叫びたい思いでいっぱいです。

現代の経済体制は、大きな危機に直面していると言われます。GDP成長を続けないと立ち行かない仕組みなど、金や資源が有限である以上、永続するわけはないのです。

モロー氏は、歴史を学ぶのは自分が「何であるのか」を知るため、古史古伝を学ぶのは「何になりうるのか」を知るため、と述べ、人類の未来を拓くヒントは古史古伝にありと考え、「太古の伝承に帰れ、そうして危機を終わらせよ」と主張しています。

私たち日本人が忘れ、蔑ろにしてきた古史古伝の大切さを、外国の研究者が思い起こさせてくれているのです。なんとありがたいことでしょうか。古来の考え方や生き方を伝える古史古伝に、未来を拓く可能性が秘められているのだとしたら、これほど興奮する話はありません。日本人が古来大切にしてきた「故《ふる》きを温《たず》ね　新しきを知る」の精神そのものです。

本書は日本よりも先にブルガリアで翻訳出版されたそうです。本書が近隣のトルコなどの親日国から世界に広がっていくことを願うばかりです。

日本人に成り代わり、古史古伝の叡智を発掘してくれたモロー氏に、日本人の一人として深甚なる感謝を捧げたいと思います。

第二部　橿原《かしはら》神宮、高千穂《たかちほ》神社、六甲《ろっこう》を巡る旅

～ホツマツタヱが伝える生ける神々の物語～

ホツマツタヱが伝える国造り神話

二〇二一年は、新型コロナウイルス騒動真っただ中の一年として後世に記憶される年になるでしょう。緊急事態宣言の発令と解除が繰り返される状況のもと、私も緊張感をもって業務に励んでいましたが、それでも宣言解除の時期を見極めながら、奈良県の橿原神宮、宮崎県の高千穂神社を訪れる機会を得ることができました。

大和三山の一つ、畝傍《うねび》山の麓に広がる橿原の地は、ホツマツタヱに語られる「カンヤマトイハレヒコ」が神武天皇として即位した場所として広く知られます。

また、九州のほぼ真ん中に位置する高千穂神社は、悠久の歴史と格調高い伝統を有する神社であり、創建は約一九〇〇年前の垂仁天皇の時代と伝えられています。高千穂郷八十八社の総社にあたり、本殿は平成一六年に国の重要文化財に指定されています。

高千穂神社の御祭神は、高千穂皇神《たかちほすめがみ》、つまり、日向三代と称される皇祖神とその配偶神六神になります。その六神とは、

◎瓊瓊杵尊《ににぎのみこと》と木花開耶姫命《このはなさくやひめのみこと》
◎彦火火出見尊《ひこほほでみのみこと》と豊玉姫命《とよたまひめのみこと》
◎鸕鷀草葺不合尊《うがやふきあえずのみこと》と玉依姫命《たまよりひめのみこと》

の総称です。

私は、ホツマツタヱ研究の第一人者として知られるいときょう氏とともに『ホツマツタヱによる古代史の謎解き』（青林堂）を、二〇二二年五月に上梓していますが、『古事記』『日本書紀』の底本ともいわれるホツマツタヱには、記紀に登場する神々を彷彿とさせる古代の天皇の活躍ぶりが記されています。

ホツマツタヱは、全編にわたり「ヲシテ文字」で記された古史古伝であり、しかもその文体は見事な五七調の詩で統一されています。そして、神代の昔から一二代景行天皇の御代までの天皇の御事績や、当時の香り高い文化が事細かに描写されているのです。

『古事記』『日本書紀』が神として扱った存在が、この書では古代に実在した人物として生き生きと描かれていることが、古史として唯一無二の存在感を示しているといえます。さらには、表現力豊かに語られる五七調の詩が優れた芸術性を有していることにも驚かされます。

ホツマツタヱでは、この宇宙にあるすべては、その根源であるアモトから分かれ出《い》でたひとつながりの存在と考えます。その思想には、宇宙人、地球人という区別はなく、お互いに共鳴しあいながら、ともに同じこの宇宙で、美しいハーモニーを響かせ合うかけがえのないファミリーの一員同士とされます。古代の人にとって、宇宙の存在たちは、おそらく現代よりもずっと身近であったに違いありません。

クニトコタチからニニキネへ

日本という国は、ヲウミに宮を造った初代アマカミ（天神）であるクニトコタチが国祖とされます。クニトコタチは、日本の建国に至るまでを見守り続け、たいへんな長命を保ったとされます。クニトコタチは、民を治めるにあたり、初代アマカミの心構えとして「ト」の教えを説きました。トの教えとは、

「国民のために尽くし和《やわ》すことにより、はじめてアマカミは存在する意義があり、アマカミの手で国を豊かにすることが国民のためになる」

というものです。

そして、私心なくこの国のために尽くし和していこう、という指導者の大志が三種の神器の一つ、勾玉になったとされます。すなわち、この教えは神器とともに、現代の皇室に至るまで脈々と受け継がれている建国精神の神髄といえます。そのありがたい御心のまま、クニトコタチ以来の長きにわたり、この日本は支配されることなく統治されてきたのです。

現代人とは異なり、霊主体従のお姿であったとされるクニトコタチは両性具有であり、エヒタメトホカミという八人の皇子を成します。そのうちの一人、トの皇子が第二代アマカミとなります。その後、身体の物質化が進み、霊主体従から体主霊従へと向かうにつれ男女の分化が始まりました。そして、第四代ウビチニ・スビチニの時代からアマカミは、夫婦二名でお務めされることになります。

量子論によれば、思考や意識は物質化を起こすとされますが、時代の経過とともに、想念や欲を表すシヰが強まって人間の物質化が進み、「タマシヰ」のタマの部分が見えにくくなってきたのでしょう。

霊主体従の状態はエネルギー主体であるため、身体の不調である病気にはなりにくく、維持するのにエネルギーも必要としないので長寿でした。宇宙エネルギーであるプラーナを採る能力も高く、クニトコタチの食事は年に二〜三回とされます。

第七代アマカミには、イサナギ・イサナミが、そして第八代にはその子アマテルが践祚《せんそ》されますが、アマテルの食事は月に二〜三回であり、身長も高く二メートルを超えていたとされます。シヰ、つまり欲も薄く、現代人とは発想が大きく異なっていたことでしょう。

先述した高千穂神社で祀られる神々は、ホツマツタヱにおいては、

◎ニニキネ（アマテルの孫、第一〇代アマカミ）とコノハナサクヤヒメ、

◎ホオデミ（ニニキネの皇子、第一一代アマカミ）とトヨタマヒメ、

◎ウガヤフキアワセズ（ホオデミの皇子、第一二代アマカミ）とタマヨリヒメ

という名で登場しています。

アマテルの皇子で第九代アマカミであったオシホミミを父に持つニニキネは、第一〇代アマカミとして大活躍し、かつて、イサナミ、イサナギが暮らした筑波の地に「ニハリ（新治）の宮」、そして富士山裾野に「サカオリの宮」を開き、伊勢宮川上流の灌漑、さらには京都盆地や九州の農業開拓などを次々と推し進めました。

紀元前五〇〇〇年から三〇〇〇年頃にかけては、北極の気温が四度ほど高かったと推定されており、「縄文海進」

と称されるように、陸地は現在より狭く、出雲地方は熱帯であった一方、東北地方は温暖で住みやすかったと考えられています。

紀元前二〇〇〇年頃に一度寒冷化が進みますが、ニニキネが活躍した紀元前七〇〇年頃は温暖化が進み、海水が陸地に入りこんでいたため、ニニキネの指導の下に一気に水田稲作が普及拡大しました。そして、人々の暮らしはとても豊かになっていったのです。

ホツマとは真に秀でたもの、という意味ですが、ニニキネが治めた関東は「ホツマの国」と呼ばれるようになります。かつてこの地に花開いていたであろう文化を思わせるがごとく、じつは関東には古墳や歴史ある寺社が多いのですが、『古事記』『日本書紀』においては、「ホツマの国」も、富士山もまったく登場してきません。

ホオデミからカンヤマトイハレヒコの東征物語へ

偉大なる父ニニキネからアマカミを継承することになったホオデミは、宮崎鵜戸からニニキネのミヤコがある琵琶湖東岸のミツホに向かいました。

しかし、身重の身で遅れて出発した后トヨタマヒメは、あろうことか乗った船が難破し、海に投げ出されてしまいます。しかし、必死に泳いで岸に着いた姫は、さらに船を乗り継ぎ、出雲の美保からキタノツ（敦賀）になんとかたどり着きました。

ホオデミは、父の許しを得てキタノツにウガヤ、すなわち産屋を建てる準備をします。ところが、トヨタマヒメは産屋の屋根が葺き上がる前に到着し、しかも遭難して泳いだこともあってか、出産の予定が早まってしまいました。そのとき無事に産まれた男の子は、産屋の屋根の葺き合わせが出産に間に合わなかったことに因み、ウガヤフキアワセズと名付けられました。

一二代アマカミとなったウガヤフキアワセズは、宮崎県日向《ヒフカ》に住んでいました。後継に決まっていた木子カンヤマトイハレヒコは、父の死後、琵琶湖畔の多賀大社から日向に移り住みますが、そのすきを突くようにして、アマカミに仕えていたナガスネヒコが、「ヨツギノフミ」を写し盗んでしまいました。

ヨツギノフミとは、アマカミにしか与えられない重要なフミであるため、ナガスネヒコの行為は皇室転覆にもつながりかねない一大暴挙です。ヨツギノフミの正当な後継者であるカンヤマトイハレヒコは、ナガスネヒコの反逆を制圧するため、兵を伴って日向を出立し、アスカの地を目指します。この経緯が、記紀が語る神武東征になります。

『ホツマツタヱの旅』(いときょう著)からこの東征物語を追いかけてみましょう。

その内容は、記紀と重なるところが多いものの、神話色はぐっと薄まり、より現実味を帯びて感じられます。

カンヤマトイハレヒコの一行は、船団を組んで大分県宇佐を通り、吉備の国(岡山県と広島県にまたがる)に到着した後、ここで三年かけて戦の準備をします。そして、大阪の難波に向かい、難波からは陸路で生駒山を越え、アスカを目指しましたが、精強なナガスネヒコ軍に梃子摺《てこず》り、兄イツセミコが重傷を負います。

そこで、カンヤマトイハレヒコは、一度船で南に下ることとし、紀伊沿岸を通り、反対側の熊野からアスカに向かいました。しかし、途中でイツセミコが亡くなり、悪天候の海路の中、実兄イナヰ、義兄ミケイリまでをも失うことになるのです。

ようやく熊野に上陸を果たしたカンヤマトイハレヒコの軍勢は、険しい山中の道に阻まれ道に迷いますが、そこに現われたヤタカラスの案内により、やっと宇陀に到着することができました。そして、周囲の抵抗軍を平定した一行は、ついに国見丘でナガスネヒコ軍と対峙するのです。

ここでカンヤマトイハレヒコは歌を詠みました。

カンカセノ　イセノウミナル
イニシエノ　ヤエハイモトム
シタタミノ　アコヨヨアコヨ
シタタミノ　イハヒモトメリ
ウチテシヤマン

神風の　伊勢の海なる
古の　八重這い求む
細螺《したたみ》＊の　吾子よ吾子よ
細螺の　い這い求めり

討ちてし止まん

漢字をあてることにより、難解なヲシテ文字による古代の詩が、そのまま現代人にも理解しうる内容に変わることに感動を禁じ得ません。

じつはこの歌は、戦時中「吾子」を日本軍の兵士にみたて、細螺のように這いまわって敵を討て、とばかりに兵士を鼓舞するために使われました。しかし、ホツマツタヱを発見した松本善之助氏は、「シタタミ」とは、「下民《シタタミ》」の意味で、乱暴者のソサノオ（アマテルの弟）が、皇室から下民に落とされ、出雲に送られた時に使われた言葉と述べています。

いと氏は、この考察を踏まえ、この歌におけるシタタミとは、下民とみなされるべきナガスネヒコ及びその軍勢のことで、カンヤマトイハレヒコは、これを討とうと言っているのが本当の意味と語っています。ナガスネヒコは、結局、主君ニギハヤヒの手によって討たれてしまうことになります。

その後、カンヤマトイハレヒコは、オオモノヌシ（軍事統率者の職名：初代はソサノオの子オホナムチ）六代目であるクシミカタマに、都を遷すため候補地を探すよう命じ、畝傍山そばの橿原を新しい都に定めて宮を作らせました。

ここに一二代続いた「アマカミ」の世は終わりを告げ、カンヤマトイハレヒコが初代「スヘラギ」、つまり神武天皇として橿原の地で即位、ここに神武東征が成し遂げられたのです。

＊細螺：小さな巻貝の一種

激甚災害を潜り抜けて橿原神宮へ

日本の古代史において重要な橿原神宮への私の旅は、波乱万丈の幕開けとなりました。

二〇二一年七月三日土曜日、前日から沼津近辺に居座った線状降水帯により、関東、伊豆地方を中心に激しい豪雨が続き、ついに午前一〇時三〇分、大規模な土石流が発生し、熱海市に極めて甚大な災害をもたらしました。

同日の午後一時から、橿原神宮での正式参拝と私の講演会が組まれていたため、私は午前中に京都へ向かう新幹線に乗車する予定でした。線状降水帯に一抹の不安を覚えながら、私は新横浜駅の新幹線ホームの改札口に向かいましたが、残念ながら予感は的中し、新幹線は運転を休止していました。再開の目途も全く立っていません。それでも私は、ネットの気象情報から厚い雨雲が去りつつあるという情報を得ていたので、停止した新幹線の車窓から小雨となった空を見上げつつ、運転は必ず再開されるものと信じて車内で待機することにしたのです。

その信念が通じたのか、午前一一時、新幹線の運行が再開されました。しかし、後に知ることになるのですが、その時はすでに土石流の第一波が襲った後でした。つまり、断続的に土砂災害が起きているさなかだったのです。よくこの状況で新幹線が動いてくれたものです。

新幹線は徐行を繰り返していましたが、停車することはなく京都に向け運行を続けてくれました。熱海手前の湯河原では、濁流が逆巻く様子が窓から見え、その凄まじい迫力に思わず息を呑みました。しかし、熱海を越え、しばらく走ると通常の運転となり、私はなんとか無事に京都駅に到着することができました。

午後一時から行われた橿原神宮正式参拝には間に合わず、開始が一時間半遅れたものの、ありがたいことに、この状況下にもかかわらず、私の講演は行えたのです。
講演会が終わった後、ニュースで熱海を襲う激甚災害を目の当たりにし、強い衝撃を受けました。自分が熱海をすり抜け関西にたどり着けたことが信じられない思いでした。

しかし、橿原神宮で待機されていた主催者の福田彩子さん、宮崎みどりさんは、私が現われることを信じて疑わなかったそうです。参加者の方々も正式参拝の後、私の講演まで一時間半に及ぶ待機を余儀なくされたのですが、誰一人お帰りにならず辛抱強くお待ちになっていたのです。会場に到着し、皆様からの拍手で迎えられたときの感動は、今でも忘れることができません。

実を言えば、福田さんの企画による奈良講演会は、もともとこの年の四月に明日香村で予定されていました。しかし、この時期は緊急事態宣言が解除されなかったため直前に参加を断念することとなり、皆様にはたいへんなご迷惑をおかけしてしまいました。

その後、福田さんたちの熱意によって講演は七月にあらためて仕切り直しされることになったのですが、会場が明日香村から橿原神宮に変更されました。ご面倒をおかけした皆様には恐縮するばかりですが、ただ、一〇月の高千穂行に至る全ての経過を今になって振り返ると、会場が橿原神宮に変更されたいきさつに、私は不思議な巡り合わせを感じざるを得ません。

というのも、それから間もなくの八月二二日、私はいときょう氏と初めてお会いすることとなったからです。橿原神宮を参拝した直後でもあり、初対面から話は盛り上がり、いと氏とは時間を忘れて語り合いましたが、この時をきっかけに、私はホツマツタヱの世界を学び始めることになったのです。それからわずか九カ月足らずの二〇二二年五月には共著が出版されることになるのですから、その展開の速さに驚くばかりです。

神々に見守られた高千穂への旅

ほぼ時を同じくして、神社界最高位の称号である「長老」を授与された高千穂神社後藤俊彦宮司様との対談を、三木歩さんから打診されました。それまで面識のなかった三木さんから初対面でいきなりこの重要な相談を受け、私としては戸惑いを禁じ得ませんでしたが、しかし、三木さんの大胆な行動力がなければ、高千穂行は絶対に実現していなかったのですから、今となっては感謝しかありません。

ただし、講演の予定は二〇二一年一〇月二三日とのことであったため、緊急事態宣言が続いている可能性を考慮し、私は即答することができませんでした。結局、三木さんは悩まれた末に、私の名は明らかにすることなく、後藤宮司様のお話会に加え状況によりゲスト参加あり、との情報のみで募集を開始されたのです。幸いなことにその後緊急事態宣言が解除されたため、私も正式に参加を表明することが可能となり、定員いっぱいの方のご参加を得て対談を開催することができたのです。

先ほども述べましたように、高千穂は、神武天皇を含めた四皇子が産まれた地と伝わり、現在も御陵が残されています。また、ホツマツタヱによれば、一〇代アマカミであるニニキネは、高千穂で亡くなり霧島山の祠に眠ると伝わります。このような情報を頭に入れて高千穂に向かうとまた格別の感慨が湧いてきます。

いよいよ高千穂での講演が近づいた一〇月二〇日、なんと阿蘇山・中岳第一火口で噴火が発生し、噴煙が三五〇〇メートルの高さに達したとの報道がありました。

高千穂神社に向かうためには宮崎空港より熊本空港が便利なのですが、じつは熊本空港は阿蘇山のほど近くなのです。噴火に慣れた熊本の福田和宏さんからは、「阿蘇がハイテンションで歓迎してくれてますよ」との連絡が入ったのですが、七月の橿原神宮へ向かう日の間一髪の記憶もまだ薄れてはおらず、私は不安が先立ち、素直に喜ぶことはできませんでした。それだけに、噴火が大きくなることなく、無事に出発できることがわかったときの私の喜びは、ひとしおのものがありました。

阿蘇山　中岳の噴煙（2021年10月20日）

当日、いよいよ離陸の時間が迫り、私が搭乗した飛行機は滑走路へと移動し始めました。しかし、なぜか途中で止まってしまい、滑走路にはあっという間に待機の飛行機が列をなしはじめました。

いやな胸騒ぎがしましたが、まもなく機内放送が入り、ジェット気流が強いために出発を見合わせていることがわかりました。運よく一〇分ほどで気流が収まってきたため、順番待ちの飛行機が次々に離陸をはじめました。私の乗った飛行機が離陸した瞬間、私は心の中で万歳を叫びました。

順調な飛行がつづき、まもなく富士山に差し掛かろうか

機中から眺めた富士山（2021年10月23日）

という頃、機長により「ジェット気流が強いため、通常よりかなり低い高度で飛行します」との機内放送が流されました。

なるほど、窓際の席に着いていた私は、確かにいつもより地上の景色が近いことに気づきました。やがて富士山が視界に入ってきた時、私は思わず小さな声をあげました。富士山頂がすぐそばに見え、山小屋まではっきり視野に捉えることができたからです。

普段の飛行ではお目にかかれない雄大な富士の姿に見入っていると、いきなり私の頭の中に、コノハナサクヤヒメのお名前が浮かびました。富士山頂に祀られているコノハナサクヤヒメは、ホツマツタヱでは、富士山本宮浅間神社近辺で亡くなられたと伝えられます。いわば霊峰富士の象徴的存在であり、しかも、これから私が向かう高千穂は、彼女の夫であるニニキネが最期を迎えた地です。

コノハナサクヤヒメといえば、初めて伊勢神宮に参拝したときのことが思い出されます。地図で下調べをしていた私は、木花開耶姫神を祀る子安神社（内宮）がなぜかとても気になり、ぜひともお参りしなくてはと考えていました。しかし、参拝の当日、うっかりとその前を通り過ぎ参拝を忘れてしまった私は、駐車場の車の中で危うく思い出し、もう一度宇治橋を渡りなおして子安神社まで戻ったのです。

一見何でもないような話ですが、帰宅してからパソコンを立ち上げＳＮＳを開いてみると、なんとも驚いたことに、会ったことも連絡を取ったこともない北海道在住の「咲耶」というニックネームの方から友達申請が入っていたのです。ぞくぞくと全身が総毛立つような感覚とともに、伊勢の神様への畏敬と感謝の念が湧きあがってきました。

その後、人智を超えた目に見えない力に導かれるように、関東を離れたことのない私の長女が、伊勢市出身の男性と結婚することになり、二人の間には元気な男の子が生まれました。この子のことは、安産、子育ての神コノハナサクヤヒメがしっかりと守ってくださるに違いありません。

さて、私が乗った熊本行きの飛行機は、コノハナサクヤヒメのご加護にあずかるかのように順調なフライトを続け、ほぼ定刻通りに熊本空港に到着しました。もしかしたら、コノハナサクヤヒメがジェット気流を吹かせて富士山に飛行機を近づけ、「だんなによろしくね」、そんなご挨拶を私に伝えたかったのかもしれません。

着陸の間際、飛行機から眺めた阿蘇からは、まだ噴煙がくすぶり続けていました。しかし、もはや私には歓迎の狼煙《のろし》にしか見えず、噴火が大きくならなかったことにしみじみ感謝しました。旅立ち直前の阿蘇の噴火は、確かに吉兆であったのでしょう。

盛況の講演会と夜神楽

高千穂神社にて後藤俊彦宮司様と（2021年10月23日）

高千穂神社では、待ち受けていた後藤俊彦宮司様に御挨拶させていただいた後、しばし休憩をとってから対談に臨みました。

講演会では、まず後藤宮司様から、神社と神道、皇室が戦後どのように扱われてきたのか、という問題提起がなされ、皇室が日本において果たしてきた重要な役割、そして、神武天皇以来の建国の精神、神話の持つ力などについてのお話がありました。

続く対談では、日本に残すべき重要な伝統や精神が、今いかに危うい状態なのかという話題を中心にじっくりと語り合いましたが、今思えば、本書執筆に向け、多くの有意義な示唆をいただくことができました。日本を良くするためには、まず日本人が日本の真の姿に気づき、国を愛する気持ちを持つこと、という私の信念は、この対談を通じさらに強まりました。

夜八時からは、高千穂神社神楽殿において夜神楽を楽しむことができました。

夜神楽とは本来、毎年一一月から二月にかけ、秋の実りに感謝し翌年の豊穣を祈念するために行われる舞であり、町内二〇の集落に氏神を迎えて奉納される三三番の神楽の総称です。観光客のために、高千穂神社では年間を通じて、夜に代表的な四つの舞が演じられています。

この日は、天岩戸にお隠れになった「アマテラス」を「タヂカラオ」が引き出す舞、「アメノウズメ」の舞、

「イザナギとイザナミ」の夫婦仲睦まじい舞などが披露されました。勇壮かつユーモラスな舞は、歌舞伎、能、狂言など日本の伝統芸能の原点を見る思いがしました。心に強く記憶に残るこの高千穂の旅は、翌日、福田和宏さんのご案内で、神さん山訪問へと続いていったのです。

「ワカヒメ」、「セオリツヒメ」を巡る六甲の旅

ホツマツタヱでは、アマテラスは、男性である八代アマカミのアマテルカミとして登場します。アマテルカミの姉であるワカヒメは、ホツマツタヱではとても重要な皇女であり、記紀に登場することはありませんが、和歌の祖とされ早々と最初の章「一アヤ」に登場します。岩戸の前で活躍したタヂカラオは、ワカヒメの子になります。

ワカヒメ（ヒルコヒメ）は、ホツマツタヱでは、イザナミ三一歳、イザナギ四〇歳の厄年で生まれたため、親子に禍が起きないように、関西のカナサキという家に預けられます。つまり、記紀に伝えられるヒルコ神話の原型が、ここに示されているのです。

ワカヒメは、五七調歌の一二文字と和歌の三一文字が、それぞれ月と日の周期を表していることを弟のソサノオに向けて説明しています。また、ワカヒメは、自ら三二文字の字余りの歌を折に触れ詠んでいますが、その理由として、三一日の月の数を並べていくと、日も月も空にない新月の夜に間（ま）ができてしまう、すると、その間に魔（ま）が入りこんでしまうため、三一文字の和歌だけではなく、三二文字の和歌を詠むことで間を塞げば魔を

祓うことになる、と解き明かしているのです。

実を申せば、日本の国歌「君が代」も三二文字の和歌なのです。つまり君が代を歌うだけで、私たち日本人は、魔を祓い、身も心も世も清められるということになるのです。君が代にそのような意味合いが込められているとは驚きです。

このように、古代の人たちは、太陽、月、星の運行を熟知し、生活や遊びに優雅に生かしながら、知的で健康的な暮らしを送っていたのです。日本の古代には、大した文化はなかったと思い込んでいた私は、感動で胸がいっぱいになりました。

ワカヒメの他にもう一人、記紀に登場することがない重要な女性として、セオリツヒメ（ムカツヒメ、ホノコ）がいます。

セオリツヒメは、大祓詞《おおはらえことば》に登場しているためご存じの方も多いでしょう。ニギハヤヒの后との説も巷間に広まっていますが、ホツマツタヱでは紛うことなきアマテルカミの正后であり、しかも、アマテルカミが、階段を走り降りて迎えたというほどの魅力的な女性でした。

アマテルカミは、セオリツヒメに向けて、

「また后（ムカツヒメのこと）、広田に行きてワカヒメと、ともにゐ心まもるべし」

との詩を詠まれています。

いと氏によると、「ゐ心」とは、女性の心という意味であり、この場面では、アマテルカミが、ムカツヒメとワカヒメに、広田で暮らし女性の優しい心を守るように、と伝えたと解釈されるそうです。

その地に建てられたのが廣田神社（西宮市）です。同神社には実際に、セオリツヒメの別名である向津媛命《むかつひめのみこと》が主祭神として祀られています。

この地域一帯から望める六甲山の古名は「向《むか》つ峰」であり、甲という字自体「かつ」とも読めることから、六甲は、「ムカツヒメ」が祀られた峰そのものと考えられます。

六甲山頂には、巨大な磐座があり、その前には「六甲比命大善神」との立札があります。「六甲比命」という名は、以上を踏まえれば、ムカツヒメ、すなわちセオリツヒメその人であることが自ずと理解されてきます。つまり、この大きな磐座こそはセオリツヒメの祠なのです。

六甲山頂上の磐座に掲げられた「六甲比命大善神」の立札
（2017年7月17日）

また、廣田神社にほど近い西宮市の越木岩神社には、ご祭神として「蛭子大神《ひるこおおかみ》」が祀られています。この神社のご神体として祀られる「甑岩《こしきいわ》」という大きな磐座には、しっかりと「稚日女」の文字が彫られています。この御神名こそは、ヒルコと称されるワカヒメを示し、磐座もワカヒメの祠であることは疑いようもありません。

越木岩のいわれは、ワカヒメが作った回り歌（回文＊）、「きしいこそ　つまおみきわに　ことのねの　とこにわきみお　まつそこいしき」の「こいしき」

＊回文…上から読んでも下から読んでも同じことば

越木岩神社の磐座に寄り添う筆者（2017年7月17日）

が越木になったとされています。

二〇一七年七月、先述の「気の医学会」主催による神戸でのカタカムナ講演に参加した際、私もこの神社を参拝しています。西宮、そして神戸という大都市が近いにもかかわらず、このように大きな磐座が残されていることにまず目を瞠《みは》らされました。そしてこの神社が日本にとってとても重要であり、この地域がただならぬ場所であることをホツマツタヱにより知ることができ、感動をあらたにしています。

二〇一五年には、越木岩神社北隣に計画されたマンション建設のため、磐座の一部が壊されそうになりましたが、住民による強い反対運動により頓挫しました。忘れさられようとしていたワカヒメ由来の重要な文化遺産が、住民運動により守られたことには大きな意義があることでしょう。

このように、ホツマツタヱを学ぶことにより、古い神社や磐座の由来が納得できる形で明らかにされてくることに驚くばかりです。そればかりではなく、悠久の歴史に育まれた豊潤な文化を有するこの国に生まれた喜びが、ひしひしと湧き上がってきます。

ホツマツタヱをじっくり学んでパワースポットを巡れば、旅の感動がさらに何倍にも膨らみ、日本を愛する気持ちも強まってきます。

令和三年、私にとってこの一年は一生忘れられない年になりそうです。

ホツマツタヱの編纂

ホツマツタヱに登場する最後の天皇は一二代景行天皇です。

優れた人徳と智力に恵まれた皇子のヤマトタケは、景行天皇の期待を一身に集め、騒乱の続く国内に一刻も早く和平をもたらすため、日本全国を駆け巡っていました。

しかし、エミシやクマソを退治するなど苦難の戦役に明け暮れるなか、志半ばで無念の死を遂げてしまうのです。ヤマトタケを跡目にと期待をかけていた景行天皇は、その死を深く嘆き、先の見えぬ絶望感に苛まれます。

都を離れ、休む間もなく戦闘に追われ続けたヤマトタケは、おそらくは平和な世の中への渇望が人一倍強かったことでしょう。今際のきわ、日本国民が古来の心に目覚めるなら平和な社会が訪れるはずとの思いから、ヤマトタケは、ノコシフミ（遺書）をしたためて景行天皇に託しました。

ヤマトタケは、その書に神代以来の建国の心「アメノミチ（天の道）」と歴史をまとめ、民族本来の生き方を示すように、と最期の力を振り絞って必死の願いを父に伝えました。過酷な生涯を通じて紡ぎだされたヤマトタケのノコシフミは、深い悲しみの中にあった高齢の景行天皇の心を動かします。そして、ヤマトタケの遺志を実現すべく、景行天皇はついに行動を開始したのです。

景行天皇は、まず初めに人倫を守り、国を治める法則を示すために、アメノミチを書き残そうと決意し、自らは「カグノミハタ」を著しました。続いて、伊勢神宮の初代神主であったクニナヅ・オホカシマに「ミカサフミ」の編纂を、さらに奈良・大神神社の神主であったスエトシ・オホタタネコに「ホツマツタヱ」の編纂を命じたのです。

ホツマツタヱが編纂されるきっかけとなったのは、ヤマトタケの国情への深い憂いであったわけですが、現在の不安定な日本の実情を思えば、このヤマトタケの心情に共感を覚える日本人は少なくないことでしょう。

先進国の仲間入りをしたにもかかわらず、日本人はどこか落ち着きがなく、自信を持てないままです。経済的に豊かになり、戦争もない世界でも恵まれた国に生まれたはずなのに、毎年多くの自殺者を数え、幸福を感じる国民が世界的に見ても極端に少ないのが日本の現状です。

今の日本に必要なものは、民族の魂、言い換えれば、ヤマトタケが父に書き残すように願った真実の歴史と建国の精神なのではないでしょうか。

神話は、事実であるかどうかということよりも、人の生きる道や考え方を指し示す真実が含まれていることが重要とされます。西洋社会の倫理規範となっている聖書は、いうならば真実を教示する神話といえるでしょう。

一方、ホツマツタヱには、国祖クニトコタチ以来伝えられてきたアメノミチ（天の道）と、建国以来皇室と日本民族がともに歩んできた悠久の歴史が示されています。この日本にはかつて、豊かな風土と食に恵まれ、高度な文明を築き、人が殺しあうことのなかった世界に誇るべき平和な時代があったのです。

ホツマツタヱこそは、まさにこの列島に暮らしてきた民の生き方や考え方の真実を確認できる神話そのものに違いないのです。ホツマツタヱを通じ、日本の古代に人に優しく華やかな文化を有する社会があったことを知れば、この国に生まれた喜びと誇らしい気持ちが湧いてきます。この自然で純粋な愛国心こそが、今滅び去ろうとしている大和心を復活させるためにはぜひとも必要です。

この国における過去の出来事を知り、この国がどのように生まれ、天皇と国民が、いかに深い信頼のもとで国造りを行ってきたかが理解されれば、愛国心の根幹となる日本人としての誇りと自信を呼び覚ます大きなきっかけとなるはずです。自国を愛する気持ちがあってこそ、他の国を愛することができるのであり、真の国際貢献が可能になるのです。

我が国には、戦前の反省からか、愛国心を口に出すことさえ憚られる風潮もありますが、他の国を見下したり排他することのない正しい愛国心は、国民を元気づけ、一つにまとめていくための足懸りになるはずです。

ＧＨＱによる戦後の数々の戦争贖罪《しょくざい》政策により、今滅び去ろうとしている大和心を復活させるためには、自然と湧いてくるこの母なる国を愛おしく思う純粋な気持ちが不可欠です。ヤマトタケが強く望んだように、私たち日本人が古来の心を取り戻せば、この国は落ち着きを取り戻し、日本社会に活力が蘇るはずです。

国を良くするためには、私たち国民がまず国を愛することです。その第一歩は、国の古代の姿を学び、日本人としての魂を取り戻すことです。国の根幹が揺らぐ今こそ、私たちは建国の精神と失われた歴史を取り戻す必要があります。

日本ばかりではなく、今この地球は大きな分岐点を迎えています。

弱肉強食の経済至上主義が行き詰まったこの混沌とした現代社会を、調和のとれた優しい世の中にするためにはどうしたらよいのか、そのためには、西洋社会が是としてきた自由主義社会とは異なる、日本人が真に目指してきた理想の国の姿を知り、その指針を世界に示すことです。そのような行動をとれるのは、私たち日本人しかいないのです。

紛争に明け暮れ、いつ破局を迎えるかわからないこの世界に、愛と調和をもたらすために必要なもの、それは万民の幸せを願い、多様性を許容し、大自然を愛する心です。

ホツマツタヱが伝える美しく情緒豊かな古代社会を知ることにより、古来日本人が大切にしてきた利他と調和の精神を取り戻し、この国の素晴らしさに目覚め、真っ当な愛国心を持つ人が増えてくれることを私は心から願っています。

コラム

常識を疑う

第五章で詳しく触れることになりますが、大学で膵臓の研究に携わっていた頃、私に科学的思考や研究態度などを厳しく指導されたのは、外科学教室のN講師でした。

当時は、大切な実験が組まれている日は高熱が続こうが関係なく作業しなければなりませんでしたし、研究発表の準備のため何日かほとんど寝られなかったこともありました。

しかし、N講師はそんな私を横目で見ながら「僕は留学前、一週間で数時間しか寝なかった、だから大丈夫」と涼しい顔をされていたものです。大変な経験でしたが、おかげで自分が成長できたことも確かです。

さて、論文が完成したとき、厳しかったN講師が放った一言を私は忘れることはできません。

N講師は、

「長堀、おめでとう」

とお祝いしてくれた後、ニヤッとしたかと思いきや、

「いいか、長堀、臨床研究は科学じゃないんだ、科学にしようとしてるだけなんだ、わかるか」

鳩が豆鉄砲を食らった、とはこの時の私の顔を言うのではないでしょうか。わかるか、と言われてわかるものではありません。

科学なんだからデータをたくさん集めてしっかりと分析せよ、常に事実に基づいて論理的に考えよ、と

徹底的に指導されたのはどなただったのでしょう。

唖然とする私を前にして、

「ふふ、そのうちわかるだろう。」

N講師の独り言のようなこの一言でその場は終わりました。

しかし、この言葉のもつ深い意味を、後々私は認識するようになります。

というのも、臨床医学、つまり現場の患者さんを相手にする医療は、科学的に裏付けられた知識だけでは解決せず、患者さん個々人の性質や感情に大きく影響されることに気が付いたからです。

それればかりではなく、N講師のもとで科学的な研究と真剣に向き合った経験は、その後、常識とかけ離れたテーマを追いかける私の活動の原点となっていきます。なぜなら、科学的な真理を追求するためには、先入観を捨て、これまでの「常識」を疑わなければならないからです。

科学的方法の第一歩とは、まず目の前で起きている事象を、常識や先入観から離れ、正確に把握しようとする姿勢です。このような科学的態度は、研究においてはもちろん、日常の生活においても決してないがしろにされてはならないはずです。私の場合、N講師による厳しい研究指導が本書の執筆につながったといえるでしょう。

今、私たちは、専門家とされる人たちが指摘する提言や警告を鵜呑みにするのではなく、先入観や固定観念にとらわれず、冷静に自らの感性で判断する態度が求められているとはいえないでしょうか。この先も、ぜひご自身の感性を大切にしながら本書を読み進めてくださいますようお願い致します。

第四章

義経は北へ、そして大陸へ

第一部　義経北行伝説

竈神社参拝

〝義経は衣川《ころもがわ》では死なずに北へ向かい、大陸でチンギス・ハンになった〟

この義経チンギス・ハン伝説は、拙著を初めて世に出して下さった「でくのぼう出版」創業者の著述家、故山波言太郎《やまなみげんたろう》氏が生涯をかけ追い求めていたロマンでした。

私自身、母の実家が平泉から三〇キロほどの町（宮城県栗原市若柳）にあったことから、幼少期、叔父に連れられて中尊寺、毛越寺など奥州藤原氏ゆかりの地を何度も訪れていました。今でも私のアルバムには、義経、弁慶の顔出しパネルで撮影した写真が残っています。この地では、奥州藤原三代と義経、弁慶は、現代においても変わらぬヒーローなのです。

ちなみに、平泉にほど近い奥州市出身の大谷翔平選手が、シーズン中のホームランセレモニーでかぶっていたあの有名な兜《かぶと》は、義経のものと全く同じです。また、大谷選手のお父様が、壇ノ浦における義経の八艘飛《はっそうと》びをイメージして「翔」を、そして平泉にちなんで「平」を選び、「翔平」と名付けたことは地元で広く知られています。八〇〇年の時を超え、義経の御霊が大谷選手の超人的な活躍を応援しているかのようで、興奮を禁じえません。

前章でも触れましたように、令和四年五月、谷地村直美さんの主催により、高野誠鮮氏との対談が青森県八戸市で行われました。

幼い頃からの思い入れがあり、いつか義経伝説をゆっくり追いかけてみたいと考えていた私は、八戸に数多くの義経北行伝説が残されていることを知っていました。それだけに、今回の八戸訪問は、私を大いに刺激し、心の中に抱き続けてきた願望を思い出させてくれたのです。この機会を逃す手はありません。

長年の念願を果たすため、私は谷地村さんに、講演前にもし時間があったら、義経伝説にまつわる場所をぜひ案内してほしいとお願いしてみました。当日、谷地村さんは会場を離れることができなかったものの、谷地村さんに頼まれた橘さんが見事に私の期待に応え、是川縄文館とともに二つの重要な神社、「小田八幡宮」と「龗神社《おかみ》」を案内してくれたのです。

初めに訪れた「小田八幡宮」には、義経が鞍馬の毘沙門天の像を安置して祈りを捧げたと伝えられる「毘沙門堂」と呼ばれる小さな祠がありました。

拝殿から少し離れた場所にある毘沙門堂に参拝するため、祠の手前の小さな赤い橋を渡った時、私は空気感が変わったことを感じました。あたかも、祠全体が凛とした神聖なエネルギーに包み守られているかのようでした。

同行されていた三木歩さんが撮影された写真を示します。

撮影された三木さんに確認したところ、全く通常のモードで撮影したとのことですが、垂直であるはずの祠の柱には傾きを感じますし、私の背後の木々の葉は焦点がぼやけています。

また、祠の手前上方からは光が射し込んでいますが、さらによく眺めると、祠の奥の林にも、丸いレンズ状の透明な光が浮かんでいるように見えます（拡大写真　矢印）。

小田八幡宮にて（2022年5月14日、三木歩さん撮影）

あたかも空間がゆがんでいるかのような祠の雰囲気に驚いた私は、八戸から帰宅した後、さっそく佐々木勝三氏の『源義経と成吉思汗の謎』を読み直してみました。

　すると、今回訪れた二つの神社が、義経北行伝説を語るにあたり、とても重要な場所であることを知ったのです。

　明治二八年、岩手県宮古市で生まれた佐々木勝三氏は、当時としては珍しい米国留学を経験しており、国際経済学者としての活躍が期待されていた方でした。

　しかし、佐々木氏は自らの感性に従い、八〇〇年近く東北の各地で語り継がれてきた義経伝説を深く探求していこうと決意されます。そして、三十数年にわたり義経北行コースを発掘し続け、ついに全路完全踏破を成し遂げています。その結果、義経伝説やゆかりの史跡が東北地方のあちこちに数多く残っていることを確認したのです。

さらに驚いたことには、史跡は見事にほぼ一線に義経が自害したとされる衣川《ころもがわ》から蝦夷《えぞ》へとつながっていました。しかも言い伝えのどれもが、義経一党はその場所にとどまらずに立ち去ったというものばかりだったのです。

義経北行伝説が大いに注目を浴びたのは、蝦夷地の開拓が本格的に進み始めた江戸期でした。この時代にアイヌの間に義経伝説が色濃く残っていることが明らかとなり、義経、弁慶にちなんだ遺跡や地名も数多く発見されました。

大正期には、日本軍の通訳として満州、モンゴルに渡った小谷部全一郎氏、陸軍の特務機関員として、満蒙を工作のために動き回った横田正二氏が、大陸での義経の足跡を丹念に追っています。

この章の前半ではまず、義経の蝦夷までの足取りを追跡してみることにしましょう。

義経は衣川では死んでいない

清衡《きよひら》、基衡《もとひら》に続く奥州藤原氏三代目の秀衡《ひでひら》は、兄源頼朝により朝敵とされた義経を匿《かくま》いました。しかし、秀衡の死後、後継となった泰衡《やすひら》は、鎌倉からの圧力に抗しきれなくなり、ついに義経を追い詰め、自刃に追いこんだと伝えられています。その結果、稀代の天才戦略家であったはずの源義経は、衣川で泰衡麾下《きか》長崎太郎、次郎率いる軍勢五〇〇騎により襲撃され、あっけない最期を遂げたという物語が、現代に至るまで世の定説として信じられているのです。

その一番の拠り所は、鎌倉幕府が編纂したとされる正史『吾妻鏡《あずまかがみ》』に義経自害が明記されていることです。一般の人が記したものとは違い、『吾妻鏡』は一級史料としての評価が高いため、以後、現代にいたるまで、義経自刃は動かしがたい史実として認識されてきました。

しかしながら、歴史の研究においては、古文書の研究はもちろんですが、史跡の踏査も絶対に欠かすことはできません。加えて、正史と呼ばれる古文書や為政者からの情報には、時々の権力者の思惑が反映されやすいことも事実であり、それは昔も今も一緒といえるでしょう。歴史を読み解いていく際には、このような背景を知っておく必要があります。

実際に、『吾妻鏡』を読み込めば、疑問を呈すような記述が処々に発見されるのです。

まずは、『吾妻鏡』の「文治五年四月卅日」の項を見てみましょう。

『吾妻鏡』は、日記風の形式で記載されていますが、四月三〇日は、衣川で義経が自害したまさにその日にあたります。

そこには、泰衡が義経を襲い、防ぎきれなかった義経が持仏堂に入り、まず妻子を害したあと自殺したことが記されています。つまり、遥か彼方の平泉で起きた事件が何気なく当日の日記に記されているわけです。情報網の発達した現代ならともかく、八〇〇年もの昔にこのようなことが可能だったのでしょうか。

また、義経が追手を逃れ平泉入りしたのが文治三年春とされますが、それから自刃したとされる文治五年四月

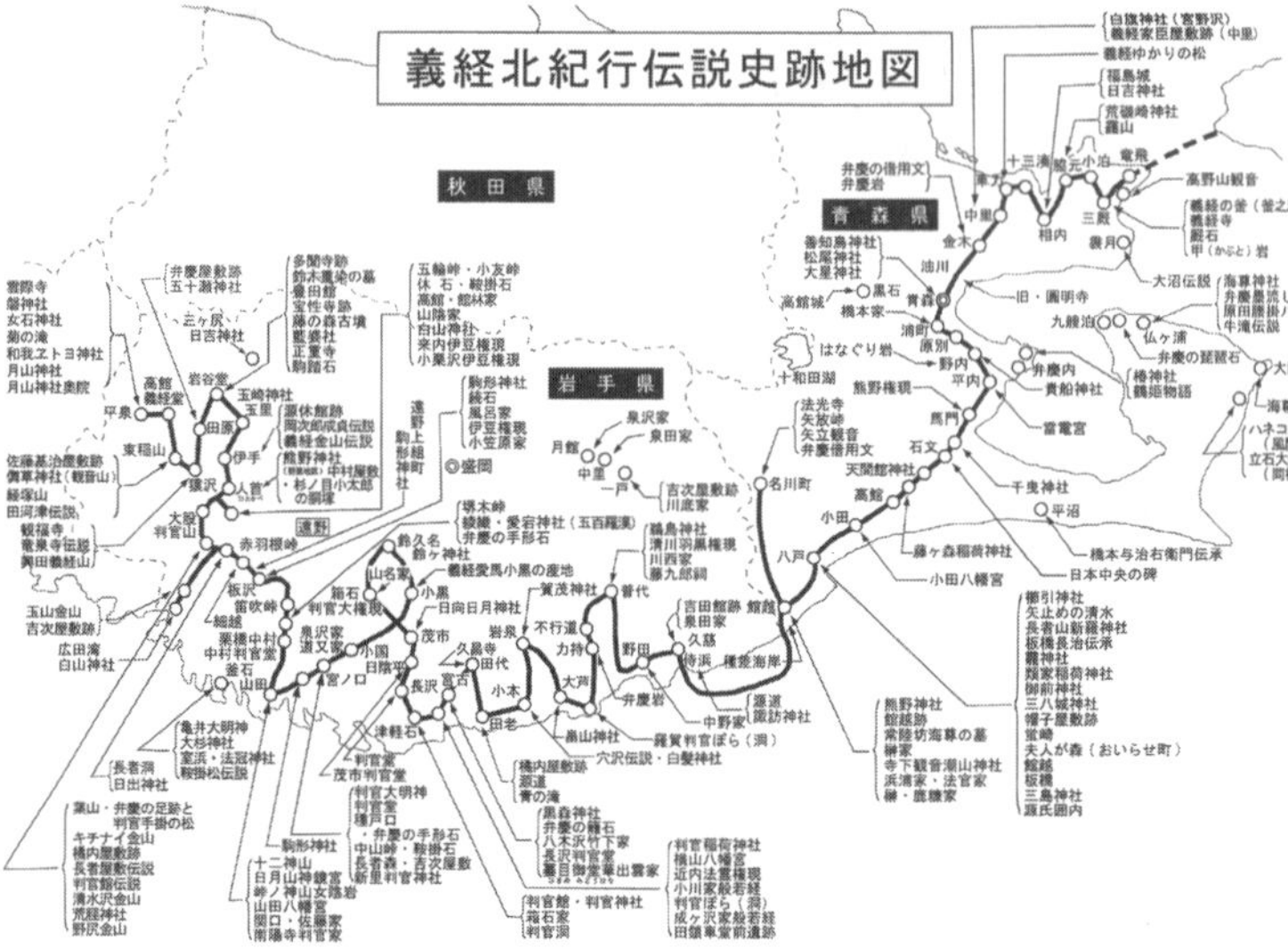

「義経北紀行フォーラム in 奥州」抄録より

までの二年間、『吾妻鏡』によれば、朝廷や鎌倉幕府の使者が幾度となく平泉を訪れ、義経を召し参らせよと急き立てています。

その間、戦の天才の名をほしいままにした義経が、何の策も立てずに自分を捕らえにくるのを待っていたとは考えにくい話です。

実のところ、地元の伝承によれば、この間に義経は蝦夷を目指しすでに衣川の館を出立していた可能性が高いのです。

朝廷や幕府は、使者を通じ、義経を誅《ちゅう》すことより、生きたまま捕虜にして差し出すことを要求していました。しかし、泰衡は、自害した義経の館にわざわざ放火までして、焼け首を鎌倉に送る方法を選んでいます。

つまり、中央からの院旨《いんじ》に反し、敢えて身元確認が困難な方法を取ったわけです。

泰衡、義経のこれら一連の行動は、秀衡の遺言に基づいたと言われており、佐々木氏によれば、その内容を示す文書が小田八幡宮に残されているといいます。

この図は、岩手県奥州市を中心に義経北行伝説を研究する「義経夢の会」会長の作家、山崎純醒《じゅんせい》氏が調べた義経の伝説や史跡の残る場所を集めた地図です。

言い伝えや文書が残されている場所の数の多さに目を奪われますが、それらがほぼ一線となっていることにも驚きます。記録によれば、どこにおいても義経は、その地の人々から慕われ敬愛されていました。民たちから受けた思慕の情も、義経脱出の助けとなったことは間違いないでしょう。

義経が立ち寄ったとされる小田八幡宮について言及する前に、まずは、かつてこの地を治めた荒羽吐族《あらはばき》や、その後の奥州藤原氏の歴史について簡単に振り返ってみましょう。

東日流外三郡誌《つがるそとさんぐんし》における荒羽吐族

時代が少し遡りますが、前章で言及した東北に栄えた華麗な縄文文化を遥かなる昔より営々と受け継いできたのは荒羽吐族、中央からは蝦夷《えみし》と呼ばれた部族でした。

一九七〇年代に、青森県五所川原市の和田家の屋根裏で発見されたという『東日流外三郡誌』には、この地を治めた部族についての詳細な記述が残されています（『東日流外三郡誌』東日流中山史跡保存会編　八幡書店より）

本書は、天明五年の大火によって灰燼に帰した奥州三春藩主・秋田家（現福島県）の家史再編がその成立の動機であったとされます。安倍・安東・秋田と連なる一族にまつわる諸伝を集綴し、末代に遺すために太古からの祖伝を再編したと伝えられます。

根幹となる部分は、寛政年間から文政年間を中心として秋田孝季・和田吉次の両名により編纂され、文政五年の段階で三六〇巻が記されたとされます。

現在は、秋田家に伝わる原本は発見されておらず、和田家に残された副本に追記・再編を経た和田家版のみが存在しています。

しかし、和田家本は、冊子本、巻子本、大福帳とさまざまな体裁をとっており、版型、字詰ともに一定していません。また、内容の重複が多く、年代もばらついており、正直言えば雑然とした印象を受けます。

主に第三章で言及した古史古伝とは明らかに趣きを異にしており、偽書との評価を受けていることも確かです。ただ、さまざまな文体の底本や、多岐に渡る伝承をもとにして編集されたと推定されることから、この膨大な文書全てが創作ではなく、部分的には古代のなんらかの史実を伝えている可能性もあります。

同書によれば、津軽にはもともと平和で温厚な阿曽辺（アソベ）族が暮らしていましたが、岩木山の噴火により壊滅的な被害を蒙り、さらにこの機に攻め込んできたツングース系の津保化（ツボケ）族により、津軽は占領されてしまいました。

しかし、その後、中国・晋の献公に追いやられ渡来してきた郡公子の一族が津保化族を平定しました。さらに、神武に敗れ大和から落ち延びてきた安日彦《あびひこ》、長髄彦《ながすねひこ》兄弟が郡公子の娘をそれぞれ娶り、各民族の混血が進み荒羽吐族と称するようになったといいます。

荒羽吐族はこの地を五区に分け、「荒羽吐五王」の制を敷いて治めていきますが、大和からは蝦夷と呼ばれるようになります。部族の成り立ちを考えれば、大陸との交流も想定されるため、「宋書」に登場し歴代天皇との比定が難しい「倭国の五王」が「荒羽吐五王」を指すのでは、との推測もあります。

東北で一時代を築いた荒羽吐族、蝦夷でしたが、全国統一を目指す朝廷から激しく攻め立てられるようになり、ついに族長であった阿弖流為《あてるい》は、征夷大将軍坂上田村麻呂に敗れ、都で処刑されます。

この世の浄土　平泉

荒羽吐族の開祖ともいえる長髄彦は、正史によれば、中央にまつろわぬ荒くれものです。しかし、長髄彦から見れば、神武天皇率いる日向《ひゅうが》族こそが侵略者なのであり、さらにいえば、縄文の文化を受け継ぐ荒羽吐族も、決して未開の部族ではなかったはずです。

じつは、奈良県の神社のご祭神を調べると、神武天皇を祀るのは橿原神宮、神武天皇社（御所市）などごくわずかであり、多くの社が、長髄彦が属していたとの説がある出雲族系の神を祀っています。この事実を見れば、この地では神武天皇は、いまだに「他所者《よそもの》」であり、前章で言及したカンヤマトイハレヒコの東征物語も、全く異なる話に思えてきます。

神武天皇がなぜ初代とされるのか、出雲族と古来の皇室とはいかなる関係にあったのか、もしかしたら、神武天皇即位に際し、天皇の呼称をアマカミからスヘラギに変えたことにも深い意味があったのかもしれません。古代の歴史を探るためには、正史に加え、外伝や社伝、そして史跡などからの情報を合わせて検証する態度が欠かせないと私が考える理由がここにもあります。

迫害されてきた部族は、荒羽吐族だけにとどまりません。安倍貞任《あべのさだとう》、奥州藤原氏、近年の会津を中心とした奥羽越列藩同盟に至るまで、東北は、中央政権からは蛮族とみなされ、蹂躙され続けてきた苦い歴史があります。

そして、「白河以北一山百文」つまり、白河の関（現・福島県白河市）より北は、山ひとつ百文の価値しか持たない、などと揶揄されるようになってしまったのです。東北の血が半分流れる私にとっては、内心忸怩《じくじ》たるものがあります。

しかし、かつて、この地には、藤原清衡によって築かれた極楽浄土の世界、ユネスコによって世界文化遺産にも登録された平泉があったのです。

藤原清衡によって築かれた平泉は、極楽浄土の世界を体現し、理想郷そのものだったと伝えられます。惜しまれることに、建造物の多くが破壊され、その面影はすっかり消えさってしまいましたが、それでも、奥州藤原氏が築き上げた中尊寺金色堂など、世界に類を見ない黄金文化を今に伝え、往時を偲ばせる史跡が現在もなお残されています。

藤原清衡は、父藤原経清が安倍貞任とともに前九年の役（一〇五一年～一〇六二年）で敗れたため、勝者である清原武貞（後に貞衡と改名）の正室となった母と共に引き取られます。その後、母を同じくする弟家衡と組み、清原家の嫡男、真衡と戦うことになり、後三年の役（一〇八三年～一〇八七年）が勃発します。

しかし、真衡が病没するや、あろうことか、その遺領の分配をめぐり、今度は家衡と争うことになります。陸奥守として赴任した源義家の支援を得た清衡は、家衡を籠城に追い込み殲滅します。しかし、この争いで妻や子を殺されてしまったのです。

稀有な運命に翻弄され、何万もの屍の山を越えなければならなかった清衡の絶望や悲しみはいかばかりであったことでしょう。しかし、その後、源氏の台頭を警戒した朝廷の思惑のなかで、源義家が陸奥守を解任されたことにより、清衡は思いもかけず奥州の支配権を得ることになるのです。

平泉在住の作家、高橋克彦氏は、後三年の役がなかったら清衡は清原の家で飼い殺しのまま生涯を終えたであろう、実際に三〇歳（現在なら五〇歳）くらいまでをそのような境遇で過ごした清衡は、将来の展望もなく自分は何者でもないという意識をもっていたのであろう、と推察します。

しかし、その後、清衡を凄惨極まりない運命が襲うことになります。先述の如く、幼くして人質にとられた清衡は、長じては、戦乱で父と叔父を失い、身内の争いに巻き込まれ、母、妻や子を殺され、さらには源氏の介入により、自ら弟を討たなければならない羽目にも陥ったのです。

その後、朝廷と源氏の狭間の政治力学のなかで、思いもかけず、陸奥国押領使の肩書を朝廷より与えられ、奥州の支配権を得た清衡がすがったのは浄土思想でした。

過酷な運命に翻弄され、自らも殺生に手を染めたにもかかわらず、思いもかけずにこの地を治めることとなり、民が安心して暮らせる国を築くことができた、その奇跡に清衡は、仏の慈悲を感じ、深い感謝を捧げたのです。

阿弥陀仏の前では、全ての生き物が平等であり、憎しみも差別もなく、戦《いくさ》もありません。阿弥陀の教えに根差した国の実現を、清衡は目指したのです。
高橋氏は、清衡による治世について次のように語ります（『東北・蝦夷の魂』高橋克彦著）。

清衡は平泉に都をつくり、陸奥を自分の国にしたが、自分は権力者だという意識を持っていなかった。だからこそ、素直に浄土宗を理想の姿として提示することができた。ほかの権力者では絶対に発想できない万人平等の思想をだ。

（…）平泉の世界文化遺産登録をユネスコが認めなかったのは、そういう国はあり得ないという理由だった。権力者がいながら万人平等を謳うなど言葉だけのことで、その実態を証明しなければ認めないと言ったのだ。

東日本大震災が起きた時、被災地と呼ばれる地域は、偶然にも福島、宮城、岩手など藤原清衡が支配した地、奥州藤原氏の文化圏だった。その被災地の人たちの、自分のことより他者の辛さを思いやる姿が、ニュースとして世界中に流れた。世界文化遺産の登録を申請していた平泉、藤原清衡がつくった国は、もともとこのような国だったのではないか、そのＤＮＡが今に受け継がれているのではないか、そうユネスコに受け止められたことが、実は登録につながったのだと思う。清衡が平泉で育んだ東北の「和」の魂は、今の東北の人々の中に受け継がれてきたのである。

震災後の感動的な風景は、東北だけのものではなく、じつは、私の住む関東でも見られました。
震災直後、停電で真っ暗となったコンビニのレジには、黙って並ぶ買い物客の長い列ができていました。私はあの光景を忘れることはできません。日本人にとっては当たり前ともいえるこのような振る舞いが、世界を感動させたのです。

自分が苦境にありながら他者を案じる優しさ。ともに手を携える温かな心。苦難に無言で耐える強さ。上も下もない平等のまなざし。

高橋氏の指摘する東北人の美徳は、東北ばかりでなく、いまだに多くの日本人のＤＮＡに刻み込まれていることを信じます。

義経自刃《じじん》について

先述しましたように、義経は、藤原秀衡の没後、その後継となった泰衡に攻められ、自刃したと伝えられています。しかし、実際には、義経は衣川では死んでおらず、北方へ逃げたとの言い伝えが東北には多数残されているのです。

稀代の戦略家と伝えられる義経は、一ノ谷の戦いでは、相手の意表を突いて平家陣営背後の崖を馬で駆け降り、平家軍に混乱を引き起こしました。また、屋島の戦いでは、嵐の夜に海を渡るという常識外の奇襲戦法により、油断する平家の大軍をパニックに陥れ、敗走させることに成功しています。

最終決戦となった壇ノ浦の戦いでは、禁じ手とされていたにもかかわらず、相手の漕ぎ手を狙い撃ちしました。そして、海上をさ迷い始めた平家の水軍に対し、潮目の変化に乗じて猛攻撃を仕掛け、栄華を誇った平家をついに滅亡に追い込んだのです。

若い頃は寝食を共にし、義経のことを知り尽くしているはずの泰衡は、おそらくは本気で義経を攻める気などなかったことでしょう。

じつは、『吾妻鏡』の文治三年一〇月二九日（一一八七年）の項には、秀衡の遺言に関する記載があります。

今日。秀衡入道於陸奥國平泉館卒去。日來重病依少恃。其時以前。伊豫守義顯爲大將軍可令國務之由。令遺言男泰衡以下云々。

〔読み下し〕**今日、秀衡入道、陸奥国平泉館に於いて卒去す。日来重病にて、恃《たの》み少なきに依り、その時をもって前伊予守義顕を大将軍と為して、国務をせしむべきの由、男《むすこ》泰衡以下に遺言せしむと云々。**

つまり、自らの病状が重くなるにつれ先行きの不安を感じるようになった秀衡は、（前伊予守）義経を大将軍として国務を執らせるように、と泰衡以下に遺言していたというのです。

平泉には、鉄、名馬などの軍事力に結びつく資源が豊富にあり、一七万騎ともいわれる騎馬軍団も整えられていました。ただし、一〇〇年間実戦の経験がありませんでした。

一方、頼朝軍は、平家を打ち破ったばかりの二七万騎もの精鋭の騎馬軍団を有していました。秀衡の遺言を守り、天才戦略家の義経が指揮をとり地元で迎え撃つことになったとしても、苦戦は必至です。

秀衡の子たちも、義経を巡っては決して一枚岩ではありませんでした。

じつは、家督を継いだ泰衡には、秀衡と側室の間に生まれた国衡という兄と、泰衡と同様に正室との間に生まれた忠衡という弟がいました。

忠衡は、秀衡の遺言に従い、義経を大将軍として鎌倉に対抗することに同意しました。しかし、国衡はこれに反対したのです。

兄頼朝と仲違いしたとはいえ、父義朝が望んだ源氏の世も到来しました。秀衡亡き後、藤原氏も盤石ではありません。どうしたらよいのか、悩む義経、泰衡には、時期が来たら開けるように申し付けられた秀衡からの遺言書が残されていました。

岩手県の宮古周辺には、判官館、法冠神社、判官宿、弁慶腰掛岩、黒森山に判官稲荷など、義経の別称である九郎判官ゆかりの地名がとても多いのですが、黒森山の古文書『判官稲荷神社縁起』には注目すべきことが書かれています。

遂披秀衡錦嚢之遺書讀焉、得蝦夷之路、於是乎、君臣感泣、決意中夜去館逃來宮古

〔読み下し〕ついに秀衡錦嚢《きんのう》の遺書を開きてこれを読み、蝦夷地への道を得たり。ここにおいて君臣感泣し、**意を決して中夜、館を去り、逃れて宮古に来たり**

頼朝の侵攻の可能性を感じていたであろう秀衡は、秘匿された遺言に、万一の時には平泉を捨て、大陸に渡り捲土重来《けんどちょうらい》を期せ、との命を書き残していたとされます。当時、奥州藤原氏は外国と活発な交易活動を行っていましたから、決してあり得ない話ではありません。

交易の窓口となった十三湊《とさみなと》や蝦夷地の要所では、国内外を結ぶ人や交通のネットワークが構築され、砂金の豊富なロシア沿岸の民との交易を通じ、奥州の良質な鉄と金を交換していたと推測されています。ですから、秀衡は、経路から頼るべき人脈、そして渡航に適した時期など、大陸に渡る手段に精通していたはずです。

加えて、義経、泰衡ともに、幼い頃から親しんだ美しい平泉を戦乱に巻き込むことは望まなかったでしょうし、朝廷を敵に回して闘うことにも躊躇《ためら》いを禁じ得なかったことでしょう。

もし、二人が秀衡の秘匿された遺言に目を通したのであれば、その命に従い、衣川で芝居を打ち、一度北へ逃避して体勢を立て直すという選択をした可能性は十分にあります。元のような大帝国まで想定していたかどうかはともかくとして、大陸で新たな国を作り上げるという展望も持っていたかもしれません。

ところで、もし義経が北へ去ったとするならば、その後、泰衡、国衡、忠衡の三兄弟は、どうなったのでしょうか。忠衡は、一一八九年に泰衡に殺された、と吾妻鏡には記されています。そして、その首級は、清衡、基衡、秀衡という藤原氏三代の遺体がミイラとして安置されていることで知られる中尊寺の金色堂に運ばれ、秀衡の棺に納められたと言い伝えられてきました。

しかし、学術的な調査により、この首級の歯が三〇歳前後であること、頭に十数カ所の刀傷があること、眉間上部と後頭部に釘穴があることが判明したため、この首級は、当時二三歳だった忠衡ではなく、釘穴から、当時三五歳であった泰衡であると考えられるようになったのです。

泰衡は、国分原鞭楯《むちだて》（現仙台市宮城野区）に布陣していましたが、国衡が阿津賀志山《あつかし》（福島県伊達郡国見町）の戦いに敗れ鎌倉軍に討たれたという報を受けるや、自陣から離れ、平泉に戻り火を放った後に北へ逃げます。しかし、大館市周辺で従郎であった河田次郎に殺されたとされます。

河田次郎は泰衡の首級を頼朝に届けますが、河田は主君の恩を知らぬ裏切り者として処罰され、泰衡の首級は前例に倣い、八寸釘を打たれさらし首とされました。その首級が金色堂に運ばれ、忠衡として安置されてきたのです。

しかし、泰衡の首級を届けた河田を、裏切り者として即座に処刑するという対応はいかにも不自然です。この点について、先述の岩手県在住の作家、山崎純醒氏は、河田処刑に関する記録を詳細に点検し、数々の矛盾点を見出します。そして、顔に多数の傷をつけられて差し出された泰衡の首級は偽物であると断定しています。泰衡の顔は、耳や鼻までそがれた状態であり、確かに絶命させるならこれほどの傷をつける必要はないはずです。しかし、誰の首か判別できないようにしたのであれば、その理由がみえてきます。

じつは、奥州北の要所（紫波・矢巾町・盛岡市一帯）を治めていた樋爪俊衡《ひづめとしひら》に、同じ忠衡という名の息子がいたのです。山崎純醒氏は、おそらくはこの忠衡が泰衡の身代わりとなり、首級が晒されたのち、中尊寺に運ばれたのではと想定しています。もし、その「忠衡」の名が、中尊寺で藤原三代のミイラとともに後々まで言い伝えられたのだとしたら、すべての話はつながってきます。

さらに山崎氏は、河田次郎が、通常帰途を想定し複数の馬を用意するところ、ただ一頭の馬で参上したことを

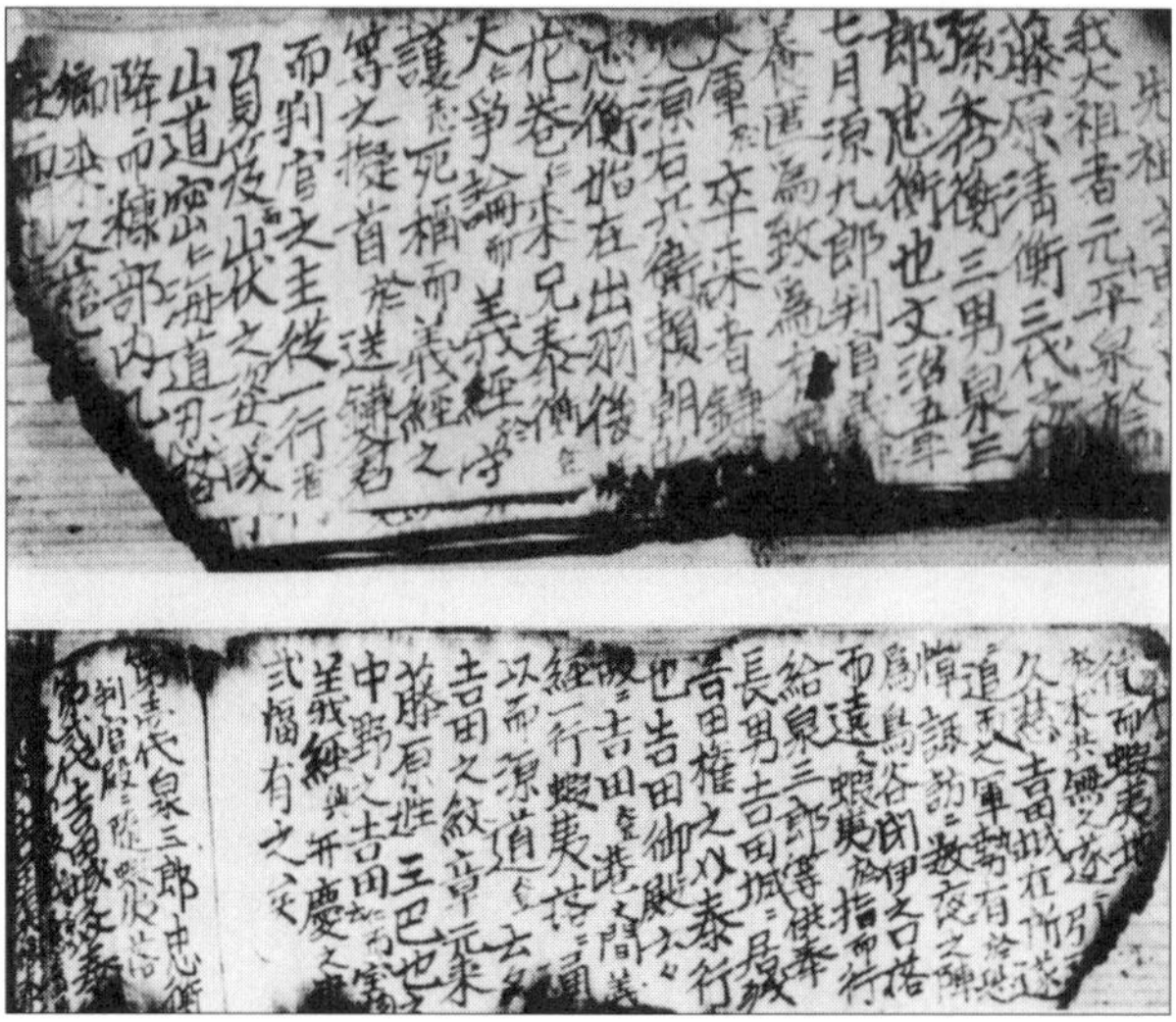

岩手県野田村　中野家所蔵　先祖之由書
義経の偽首を送り、忠衡が義経と蝦夷へ落ちたこと（下）を記している
『源義経と成吉思汗の謎』佐々木勝三、大町北造、横田正二（共著）より

指摘しています。そして、彼は処刑されることを覚悟したうえで、泰衡、義経のために時間を稼いだのだろうと推測します。その後、泰衡は義経との再会を果たし、十三湊で余生を送ったとの伝承が残されているといいます。しかし、正史においては、藤原氏家来衆残党の手前、泰衡はなんとしても河田に殺されていなければならなかったのでしょう。

では、忠衡はどうなったのでしょうか。

じつは、岩手県久慈市近郊にある野田村在住の中野家が所蔵する「先祖の由来」には、わが始祖は藤原秀衡の三男忠衡で、始祖らは源義経の供をして蝦夷地へ行ったとの記述を佐々木氏は確認しています。

また、函館市の北の亀田郡村岡家が所蔵する「松前福山略記」には、

文治五（長堀注：一一八九年）己酉年五月十二日、奥州落同日蝦夷地両山関江渡海ス。菅生太郎、松前庄司義行道案内致シ、大将源九郎判官義経公始として、泉三郎忠衡、武蔵坊弁慶、常陸坊海尊、信夫太郎元久、同

姓小二郎信近、亀井六郎重清、鷲尾三郎径春、備前平四郎行貞、増尾十郎権頭兼房、熊井太郎忠光、蒲原太郎広元、村戸治郎春径、赤井治郎景次、黒井三郎定綱、日角小三郎義衡、法印浄玄御廐喜三太、頼念坊常玄等始とし宗従之者共主従百人余わづかに馬六匹引て渡り蝦夷地大将張達大王討ッ。（傍点長堀）

との記述が残されています。中野家の由書を裏付ける記録といえるでしょう。この精鋭部隊が、大陸における破竹の進軍においても、その核となっていくのです。

小田八幡宮に残される経典

それではここで、話を冒頭の小田八幡宮に戻しましょう。

この神社には、藤原秀衡が亡くなる際、義経、後継の泰衡に向け、その後の行動を細かく指南したとされる遺言を伝える文書が残されています。そして、経庫に保管されている大きな唐櫃《からびつ》には、膨大な量の大般若経の写しが保管されているのです。

佐々木勝三氏は、別当の河村氏を通じ、実際にこれを閲覧しています。唐櫃の中には経箱が五重ねずつ二列に納められ、各々の箱には経典の写しが一〇巻ずつ入っていたといいますが、佐々木氏は、義経が三年過ごしたとされる居城跡が残る宮古市黒森山でも、同じ筆跡の書を見たと記しています。

小田八幡宮の縁起によれば、義経、弁慶一党が、大般若波羅蜜多経六〇〇巻を書写して、「毘沙門天」に向けて奉納したと記されています。私も祈りを捧げてきたあの毘沙門堂には、安置された毘沙門天とともに、義経、弁慶の深い祈りが込められているに違いありません。

さて、この小田八幡宮とともに、今回参拝した古社「法霊山龗《おがみ》神社」には、この地で亡くなったとされる義経の奥方、北の方が法霊大明神として祀られています。

法霊大明神は、後に御前（三崎）神社、さらには龗（おかみ、おがみ）神社と名称が変わっていきます。

〝前〟、〝御前〟は、常盤御前、静御前で知られるように、女性に対する尊称として使われています。ですから、この神社の名称も、義経の北の方をお祀りしていることから御前大明神となり、その後に〝御前（おんまえ）〟が〝御前（みさき）〟へ、そしてさらに三崎神社へと変わってきたものと推測されます。

また、万葉集にも詠われている「於箇美（おかみ）」とは、岡または山にいて、その場の雨雪をつかさどる神を表すとされています。主婦のことを「おかみさん」と呼びますが、これは主婦に対する尊称であり、於箇美、龗につながる呼び名であるのでしょう。ですから、龗神社という名称から、義経の大切な奥方を祀っているであろうことが窺われるのです。

水戸光圀公の疑念

江戸期になり蝦夷地の開拓が本格的に進み始めると、アイヌの間に義経伝説が色濃く残っていることが明らかになってきました。また、義経、弁慶にちなんだ遺跡や地名も数多く発見されたことから、義経北行伝説が俄然注目を浴びるようになってきました。

その結果、東北地方で密かに伝えられてきた多くの義経伝説の信憑性が高まり、世に広まり始めました。そして、水戸の徳川光圀公、新井白石、さらにはシーボルトまでが言及するまでになったのです。

水戸光圀公編纂による『大日本史』には次のような記述があります。

世に傳《つた》う、義經衣川館《ころもがわ》に死せずして、遁《のが》れて蝦夷《えぞ》に至ると。

（…）己未（注：つちのとひつじ　四月三〇日）**より辛丑**（注：かのとうし　六月一三日）**に至るまで、相距《へだた》ること四十三日。天時に暑熱なり。函して酒に浸したりと雖《いえど》も、焉《いずく》んぞ壊爛腐敗せざることを得ん。孰《だれ》か能《よ》く其《そ》の眞僞《しんぎ》を辨《べん》ぜんや。然《しか》らば則《すなわ》ち義經は僞《いつわ》り死して遁《のが》れ去りしか。**

義経の首は、真夏に東北から鎌倉に運ばれ、しかも四三日もかかった、さぞ腐敗していたであろう、正確な検証ができたのだろうか。

光圀公も義経自害に疑念を抱いていたのです。

私の手元には、名取熊野新宮寺記録（宮城県名取市高舘熊野堂）があります。この記録は熊野新宮寺において起きた事柄が、詳しく書きとどめられた記録であり、熊野由来書とも呼ばれています。

頼朝公泰衡及義經ヲ追討ノ事
奥羽ノ領主藤原泰衡及源義經追討ノ爲文治五年頼朝公奥刕（州）へ下向セラル　義經ハ泰衡ノ手配ヲ以テ名取熊野別當ノ館ニ隠シ置ケルヿ（事）鎌倉ヘ聞ヘケレハ頼朝公直ニ來テ鷹館ノ麓ニ陣ヲ張ル　此ニ於テ義經片岡八郎壱人ヲ残シ置キ主従共ニ蝦夷ヶ島ニ落チ行キタリ

この記録には、義経が泰衡の手配により熊野別当の館に隠れていたこと、しかしその情報が頼朝に漏れ直々に来て陣を張ったこと、そのため義経が主従ともども蝦夷の地に向けて脱出したことが記されています。

さらに他の箇所には、義経主従は山伏の姿となり、行敬と名を替えたことも記されています。その後、経典の直筆の写しなど一切を、熊野社内の文殊堂に納めていました。しかし、明治維新の際、神仏混交が禁止されたことによる紛乱で、残念ながら散逸してしまったとされます。

腰越での首実検

義経が平泉入りしたとされる文治三年春から、〝自刃〟したとされる文治五年四月までは丸二年です。その間、朝廷や鎌倉幕府の使者が幾度となく平泉を訪れ、義経を召し参らせよと命じていましたが、これまで見てきましたように、地元の数々の伝承によれば、文治五年を待つことなく、義経は、じつは、早々に衣川の館を抜け出していた可能性が高いのです。

その一方、泰衡も、義経を生きたまま差し出せとの幕府からの命には一切従いませんでした。義経の逃亡を助けるがごとく、二年もの間、のらくらと返事を先延ばしにしたばかりか、最終的には〝自害した〟義経の館に放火までして、焼け首を鎌倉に送り、敢えて身元確認を困難にしているのです。

さらに念の入ったことに、鎌倉までは早馬で飛ばせば数日で着くはずの距離なのに泰衡は、首桶を四三日もかけてゆっくりと届けさせています。

到着した六月一三日は、現在の太陽暦では八月の初めにあたります。つまり真夏の炎天下です。義経の首は検証に耐えうるような状態であったのでしょうか。泰衡は、義経を誅するどころか、おそらく二人は、秀衡の遺言を守り、結託して行動していたに違いないのです。

実際には、衣川の戦において義経の身代わりとなったのは、義経と瓜二つであったという杉目城（今の福島市）の城主杉目太郎行信と伝えられています。

宮城県（旧）栗原郡金成町の信楽寺跡には、正応六年（一二九三年）二月一二日建立の古塔に関連して建てられたとされる古い石碑が残り、その碑文には、中央に義経、右に泰衡、左に弁慶、そして義経の下には、

「源祖義経神霊身替杉目太郎行信碑」

と刻まれています。

実際の首桶の検証は、腰越において、梶原景時、和田義盛により行われました。

反義経とされる景時が難色を示したものの、和田義盛が、義経の首であると押し切り、藤沢に送り葬られたとされています。

しかし、そんな策略で、疑り深い頼朝が納得するはずがありません。義経が生きて逃げたことを確信した頼朝は、平泉を滅ぼした後、執念深く義経追討軍を東北に差し向けています。

岩手県の「源道」という土地の旧家に伝わる「先祖の由書」や、当地の神社の縁起によれば、追手の大将は畠山重忠でした。

重忠は、行き止まり道に嵌り、進退極まった義経の姿に気づきましたが、わざと兵を南に留めて北方を空け、義経を見逃したとの言い伝えが残ります。重忠と義経の変わらぬ厚い友情を感じさせ、胸が熱くなる伝承です。

じつは、私が勤務する病院の女性スタッフが、この源道の出身であることがわかりました。彼女によれば、近隣の人々はみな、源道という地名がなにを意味するか十分に理解しているといいます。義経伝説が現在に至るまで、地元の人々の間でしっかりと語り継がれていることに驚きを禁じ得ません。

ただし、頼朝が執拗に送り続けた追討軍が義経を脅かしたのもここまで、その先は、もはや頼朝の手が届くことはなくなりました。しかし、極寒のなか、人跡未踏の地を乗り越え逃亡しなければならなかった一党の旅は苦難の連続だったことでしょう。

義経、十三湊《とさみなと》から三厩《みんまや》、そして蝦夷へ

近年の考古学的研究の進展により、奥州藤原氏の栄華を築いた清衡は、大陸との国際交易を盛んに行っていたことが明らかになってきました。

その舞台は、下北半島にあったとされる国際貿易港十三湊《とさみなと》です。

本州最北の義経遺跡は、津軽半島の三厩《みんまや》に残されていますが、三厩の手前に十三湖という湖があります。その湖口にある十三湊遺跡こそは、大陸交易の窓口となった国際貿易港、十三湊が津波で滅んだ跡とされます。実際に十三湊遺跡からは、今でも大陸の陶磁器や京都系のかわらけなどが発掘されています。

「十三《とさ》」という地名は、トー・サム（湖・のほとり）というアイヌ語にちなむとされていますが、藤原清衡の時代に、すでに大きな館があったことが、最近明らかになりました。国立歴史民俗博物館ホームページには、以下のような記事が掲載されています。

> **国立歴史民俗博物館は、機会を得て、1991年から93年にかけて富山大学考古学研究室と共にこの遺跡の総合的な学術調査を行い、遺構の良好な残存を確認し、その基本的な構造を明らかにしたが、幸いその後も、地元市浦（しうら）村と青森県によって調査が継続され、中世の十三湊の姿はかなり明瞭なものになってきている。**
>
> **これまでの調査で、遺跡の年代と変遷はほぼ明らかとなった。安藤氏**（長堀注：その祖先は藤原清衡の叔父安倍則任《あべののりとう》

とされる）と推定される館の付近では、12世紀、つまり奥州藤原氏の時代には遺構が確実に存在し、その後鎌倉時代の13世紀後半には計画的な都市建設が行われ、14世紀末には町屋などが一気に拡大、しかし15世紀中頃にはそれまでの都市計画を否定する動きが見られ、全国的に戦国時代に突入するこのころから、十三湊は急速にその繁栄を失ってしまう。

遺跡からは、中国や朝鮮からの輸入陶磁、能登の珠洲《すず》焼き、古瀬戸などの陶磁器類を中心とした遺物も発掘されており、十三湊が国内のみならず、国際交易の中心としても栄えていたことが窺われます。

これまでに確認された中世の都市としては東日本で最大規模とも言われ、西の博多に匹敵する貿易都市だったと考えられています。しかし、戦乱の世になると、往時の輝きは失われていきました。

この地の領主は、藤原秀衡の弟、秀栄でした。福島城を築き、十三湊を通じて蝦夷や外国と金や特産品の交易を盛んに行い、莫大な財産を築きあげていました。

清衡により建立された中尊寺に使われた大量の金や螺鈿《らでん》、収納された仏典なども、この十三湊を経由して海外から持ち込まれたと考えられています。鮮やかに光り輝いていたであろう中尊寺金色堂や、壮麗な装飾に彩られた数々の大寺院は、マルコ・ポーロの描いた黄金の国・ジパングそのものです。

マルコ・ポーロは、東方見聞録において、フビライ・ハンから聞いたとされる黄金の国ジパング伝説を紹介しています。その伝説は、奥州藤原氏の莫大な財力が築きあげた平泉の華麗な黄金文化が伝えられたもの、との推測があります。本章の後半で検証していくことになりますが、あながち的外れではないと私は考えています。義経の大陸進出に際しては、奥州藤原氏が築いた莫大な財力と人脈が、大きな後ろ盾となっていた可能性が高いのです。

十三湊で英気を養った義経は、いよいよ蝦夷を目指し、三厩に向かいます。三厩とは、義経の三頭の馬を納めたという三つの洞窟にちなむとされ、その後一つは崩れ、後の二つは今も残っています。

津軽海峡の浪は高く、この地において義経は、所持してきた観音像を岩に安置して安穏を祈りました。その効験により風波もおさまり、海上に乗り出すことができた義経一党は、秀衡の遺言通りに、蝦夷へ、そして大陸を目指していったのです。

義経北行の成功を支えた要因

山崎純醒氏は、義経が平泉から龍飛岬までの北行旅を無事故で成就し得たのは、以下の条件が揃っていたからと指摘します。

① 馬や宿を提供してくれた多くの協力者（源氏の縁者）がいたこと

② 尾根・峰・峡谷・断崖を安全に誘導してくれた海尊以下、出羽・羽黒・圓城寺系の修験者のネットワーク集団がいたこと

③ 朝廷筋と鎌倉筋の情報を逐一報告してくれた、鞍馬寺の阿闍梨東光坊蓮忍をトップとする天台寺門流の僧侶の

ネットワーク集団がいたこと

④比叡山系山伏集団のネットワークを弁慶が巧みに利用し、東西の情報を入手できたこと

⑤良子御前（長堀注：義経の妃・北の方。村上天皇を祖とする土御門流の名門の出で父通親《みちちか》は内大臣兼陰陽寮頭。良子御前は、幼い時から陰陽師としての秘儀を父から伝授されていた）をトップとする全国の陰陽師集団のネットワークで、朝廷や鎌倉の情報をいち早く察知できたこと、加えて、算命占術・占星術により、旅の危険と気象を予測し、吉の方向を見誤らなかったこと

⑥金売り橘次《きつじ》（後述）をトップとする金属精錬技術者集団が、草鞋・穀物・什器・日用品・舟・仮宿の手配まで関わっていたこと、併せて、旅の資金として必要な金を、橘次が経営する各所の金山から調達できたこと

⑦佐藤基治（長堀注：平泉の軍監）が組織した、平泉から十三湊を結ぶ情報伝達中継基地が等間隔にあったこと

⑧秀衡・泰衡が拠り所として信仰した白山神社系の神職集団が、宿の手配などをしてくれたこと

ちなみに、源義経を語る上で欠かせない金売り橘次とはいかなる人物なのでしょうか。多くの本では吉次と書かれていますが、山崎氏は、橘次の父の家系である大口氏では、代を継ぐものに橘次を名乗らせていたことから、橘次と表記しています。

彼は、摂政関白・藤原道隆を祖とする家系に生まれたれっきとした貴族であり、本名を三条信高といいました。金鉱脈を見つけ、それを精錬し、楮《こうぞ》、三椏《みつまた》（和紙の原料）、鷲の羽、練絹、朝廷に贈る献馬などと一緒に京に運び、それを必要とする貴族たちに売り、帰りは京の物産を大量に買い込んでは、また奥州に持ち帰って売り、財を成

していったのです。

橘次は、京の御所内の公家はもちろん、延暦寺、圓城寺、鞍馬寺、六波羅探題など一帯の大きな寺社に途方もない金品を献納していました。

山崎氏の丹念な調査により、義経北行旅には法則があり、白山神社、およびその近くに金山と吉次（橘次）屋敷（岩手県内には吉次屋敷跡とされる史跡が一三カ所確認されている）という三点がセットされていれば、必ず三泊以上していたことが判明しています。金採取には日数が必要であったからと推定され、一行は、この場所で路銀を確保していたのでしょう。

橘次とともに、義経北行を支えた奥州藤原氏の財力の一端は、一一八四年、奈良東大寺復興の際にも示されており、源頼朝の寄贈が一〇〇〇両であったのに対し、藤原秀衡は、その五倍にあたる五〇〇〇両もの寄進を行っています。大将軍頼朝をもってしても、全盛期の藤原氏を攻め落とすことは簡単ではなかったはずです。

上記の八項目の条件は、義経の旅を成就させるうえではいずれも欠かせないものです。ことに奥州藤原氏と橘次は、経済的な側面だけではなく、それぞれが奥州と蝦夷、そして奥州と京都をつなぐネットワークの中心にいたことから、旅程の発案からその実践、さらにサポートにまで関わっていたと考えられ、その存在はことのほか大きかったのです。

北海道における足取り

江戸期に北海道の開拓が進むや、道内には六〇を越す義経伝説や遺構があり、アイヌが義経を神のごとく崇拝していることが江戸の識者たちの間で知られるようになっていきます。

大阪の小児科医であった樋口好運が、源頼朝から徳川氏までの武家の事績を記した『本朝武家高名記』には、伊予判官源義経武功軍略の事として、「文治五年奥州衣川に自害の一説、死間《しま》の謀《はかりこと》を以て蝦夷《えぞ》に落行き夷人《いじん》を撫育し給ひ、(…)」とあります。

また新井白石が、摂関政治の開始から徳川家康制覇に至る政権の変遷を論じた『読史余論』には「義経手を束ねて死に就くべき人にあらず、不審の事なり。今蝦夷の地に義経の家の跡あり、また夷人飲食に必ず祭る。」と記されています。

北海道に残る伝承や風習は、識者たちの好奇心を大いに刺激したのです。

東北の人たちが、自らの土地を知らしめるために義経伝説に便乗し、後から伝承をつくりあげたのだ、との批判がありますが、もし各地でバラバラに作り上げたのだとしたら、伝承地が一線になることはないでしょう。また先に挙げた三点セットが一致することもないはずです。なにより、経典の写しは膨大であり、土地の民たちが一朝一夕に準備できるものではありません。さらに佐々木勝三氏は、違う土地に残されているにもかかわらず、筆跡が酷似している書が存在することを確認しています。このような伝承や文書が、この先先入観なく詳細に検証されることを願うばかりです。

「義経北紀行フォーラム in 奥州」抄録より

義経伝承や史跡の残されている北海道内の土地を集めた地図（山崎純醒氏作成）を眺めると、東北とは異なり、日本海側へ向け一線に続く道と、太平洋に向けていく道の二通りの経路が読み取れます。

これが東北地方であれば、追手から逃れたり、敵の目を欺くために実行した陽動作戦の可能性も考えられるでしょう。しかし、蝦夷地であれば、八戸の手前で退却した頼朝追討軍よりも、その土地に住む部族からの襲撃のリスクがはるかに高くなります。

実際に、積丹《しゃこたん》半島北部のニト・トマリ（現在の雷電温泉周辺）には、地元の部族に義経が捕らわれたとの伝承が残ります。

この地の酋長チバが毒矢で襲撃し、義経に傷を負わせ一行を捕らえます。チバが勝利の宴を催していると突然祭壇のイナホが倒れ、これを神の怒りと考えた民たちは、義経主従を手厚く介抱しました。

その任を命ぜられたチバの娘のシララ（ピリカ）姫が

義経を看病するうちに二人は恋仲となります。傷が癒え一行が旅立つとき、シララは義経に泣きすがり離れようとしませんでした。義経は「来年きっと帰る」と約束してこの地を去っていきます。「雷電（らいねん）」については、アイヌ語の地名ラエンルムに由来するとの説もありますが、義経が残した「来年」にちなむともいわれています。

おそらくはこのような襲撃を予想していたであろう義経は、寄り道はせず、できうる限り早くとの思いで駆け抜けていこうとしたでしょう。太平洋沿岸は砂金産地からも隔たり、しかも大陸を目指すためには最短ルートの日本海側が望ましかったはずです。

山崎純醒氏によれば、ホンカンカムイ伝説が各所に伝わる日本海側と、太平洋沿岸では明らかに伝承の内容が異なっており、後者では、酋長の大切な宝物を盗んだり、娘をたぶらかしたりという義経の悪行三昧のふるまいが言い伝えられているといいます。

山崎氏はこの二種類の伝承について、太平洋沿岸を歩いたのは、義経より二五四年後に蝦夷地を訪れ、アイヌの民を服従させ、畏怖させた小山悪四郎判官隆政（小山隆政）ではないかと推測し、官職が同じ判官であったため、義経と混同された可能性を指摘しています。

江差への上陸

義経一党は、江差の北乙部浦にしばらく滞在したと思われ、徳川時代の天明八年（一七八八年）には、幕府の巡見使に随行した古川古松軒が、義経がこの地に毘沙門堂を創建したことを「東遊雑記」に記しています。そして蝦夷の民たちが作法として、山神・海神に続いて、義経の霊を祭り、そのあとに松前侯、自らの父母に祈りを捧げることを伝えています。

八戸の小田八幡宮にも義経が建てたとされる毘沙門堂が残っていましたが、義経は岩手県下閉伊郡箱石でも毘沙門天を祀ったと伝わります。

四天王のリーダーである毘沙門天（多聞天）を敬い、膨大な量の大般若経の写しを処々で奉納する真摯な姿には胸を打たれます。その行為の主が義経であれ、誰であれ、天は、そのように律儀で信心深い態度を示す者であれば、どれほどの苦難に遭おうともいつも全力で支えたことでしょう。

義経は江差の神島にたどり着いた後、この地の酋長シタカベに厚く迎えられ、軍師として敬われたとの伝承が残ります。

シタカベの一人娘フミキはすでに婚約者のある身ながら、義経に惹かれ思いを募らせ、義経もフミキをいとおしく思うようになります。しかし、大望ある義経はこの地での永住はかなわず、さらなる土地を目指し出発することを説き諭すも、フミキの恋心は抑えがたく、ある夜義経主従はひそかに船を浮かべてこの島を去ったのです。

思いあまったフミキは断崖から身を投げようとしましたがシタカベに抱き止められました。娘の告白ですべてを知ったシタカベは、不憫と思いつつ、カムイ島を瀆《けが》したものとして、酋長の立場ゆえに、涙を呑んでフミキを刃で処罰したのです。

翌春、フミキの命絶えた跡から不思議な草が生えてきました。その跡で嘆き悲しんでいた婚約者がその一葉を取って吹いてみると、何とももの悲しくも嫋《たお》やかで艶やかな音が流れ出てきました。人々がその調子を覚えて舟歌などに唄いだし、これが江差追分《えさしおいわけ》の始まりとなったと伝えられます。

義経は、その人望ゆえに、数多くの武将、民衆から旅の先々で慕われました。若い女性たちも例外ではなかったようで、義経に恋焦がれるあまりに起きた悲恋がここかしこで言い伝えられています。男性的魅力に溢れ過ぎているのも、じつに罪深いものです。

大陸での始動

さて、その後、義経一党は、どのように大陸へ渡ったのでしょうか。

先出の「松前福山略記」には、蝦夷地の大王を討った後、韃靼《だったん》国＊に渡り、との記載があるものの、その経路は明らかではありません。

泰衡の郎党であった大河兼任とともに安藤水軍（室町時代以降、安藤から安東の表記が多くなる）の船でヲカムイ岬（積丹半島か？）から満韃の地に渡ったとの説もありますが、積丹半島の北で伝承の残る街はいずれも湾岸部であり、水軍とともに、義経一行が沿岸部を北上した可能性は十分あることでしょう。

著書『成吉思汗は義経也《なり》』が一大ベストセラーとなった小谷部全一郎氏（一八六八年〜一九四一年）は、樺太経由での渡航を想定していますが、樺太から大陸に渡れば、すぐにアムール川（黒龍江）に行き当たります。

＊韃靼国…蒙古系部族の一つ

先述のごとく、アムール川は、シュメールが崇めた神アンにちなんだ名前とされ、かつて古代のイズモ族も、この大河流域を辿って渡来してきたと伝わります。

義経も、アムール川、さらにはその支流に沿うように、さまざまな足跡を残しているのです。大河アムール川とその流域は、古代日本の歴史を語る上では見逃せない土地であるようです。

いよいよこの先、義経は大陸へと渡ります。これまでの青森・蝦夷地での伝承と、義経チンギス・ハン伝説とは、スケールが全く違い、異次元の話になります。しかしながら、さまざまな資料を読み込むうちに、実に興味深い発見や報告が数多くあることを私は知りました。

医師、博物学者として知られるかのフィリップ・フォン・シーボルトをして、歴史家の注目を集めたい、とまで言わしめた義経チンギス・ハン伝説とはいかなるものなのでしょう。本章の後半でじっくり探ってまいりましょう。

第二部　そして義経はチンギス・ハンになった

シーボルトも追いかけた義経伝説

第一部では、義経伝説を日本人の視点から検証してきましたが、本項ではまず、シーボルトが書き遺した『日本』（フィリップ・フランツ・フォン・シーボルト著　中井晶夫訳）の記述からご紹介しましょう。

シーボルトは、長崎郊外に鳴滝塾を開き、若い門人を集め、西洋医学や自然科学について教える傍ら、門人たちから日本国内の情報を熱心に集めていました。

異国船打払令《いこくせんうちはらいれい》が発令された三年後、一八二八年に起こったシーボルト事件では国禁とされた日本地図を彼が国外に持ち出そうとしていたことが発覚しました。

当時日本の外交は緊張状態にあり、その国情を考慮すれば、シーボルトの行為はまさに命がけであり、単なる個人の趣味による蒐集《しゅうしゅう》の域を超えていたことは明らかです。本来ドイツ生まれであるはずのシーボルトがオランダ人と国籍を偽って日本に入国した背景には、国際的な影のネットワークの存在も推察されます。つまり、シーボルトはその組織から派遣されたスパイとして、

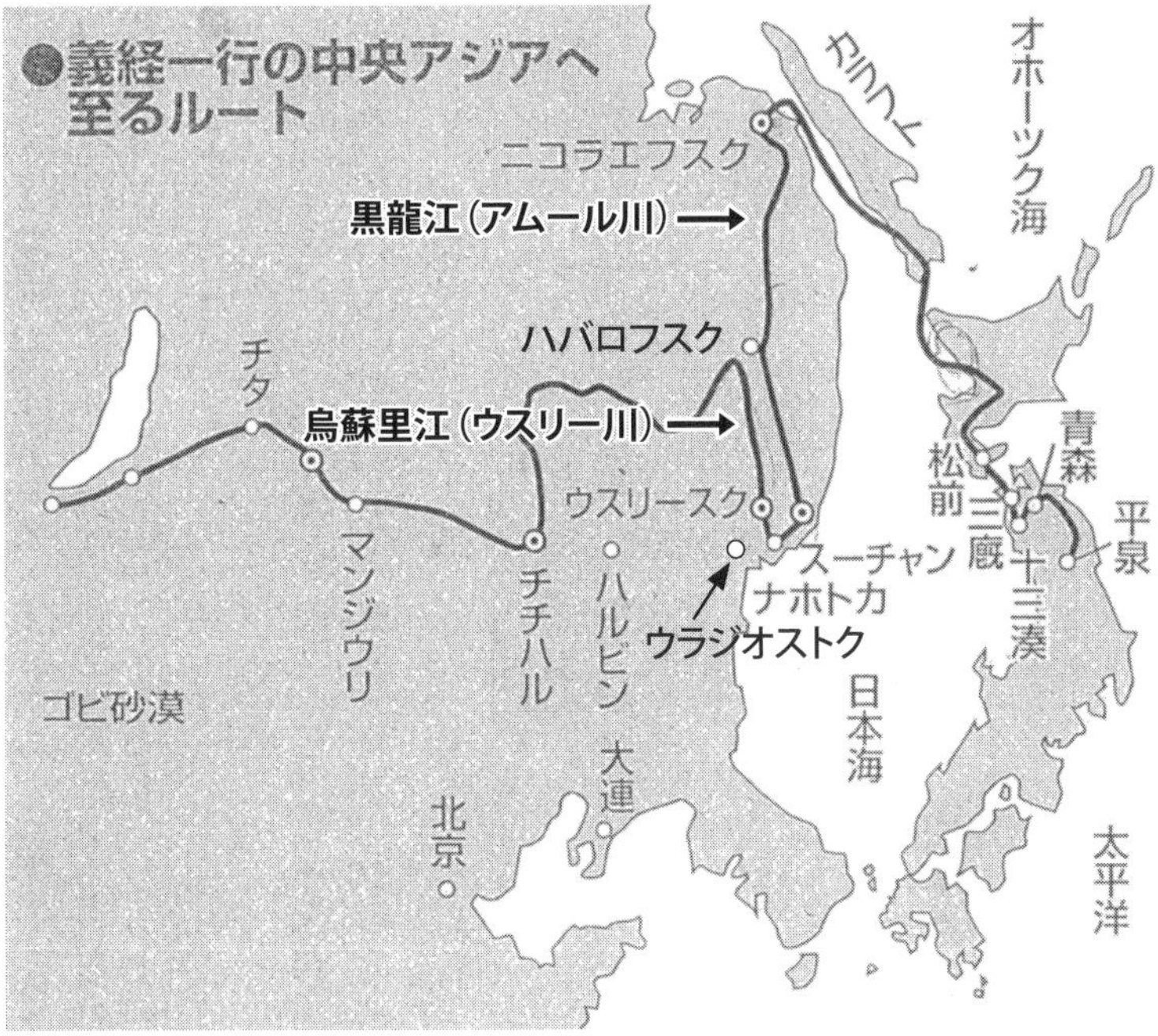

義経夢の会　抄録より　一部改変

間諜《かんちょう》活動を展開していた可能性があるのです。

自らに及ぶ危険も顧みず、尋常ならざる執念をもって日本国内の情報を集めまわっていたシーボルトのもとに、義経チンギス・ハン伝説が届きます。

すでに何度も言及した『和漢年契』〈長堀注：寛政九年〈一七九七年〉浅野高蔵著〉は為政者の立場で書かれた書物であるが、この中には『泰衡によって奥州から追われた義経は（文治五年四月〔一一八九年〕）自殺した』〔文治五年閏四月奥人泰衡伐源義経自尽〕とある。（…）ところが伝説によると彼は、現在なお支配する将軍家の創立者であり、当時権勢をふるった頼朝の追跡を幸運にもかわして蝦夷へ逃れたという。この見解は今でもなお非党派的な歴史家がもっており、また長らく幕府の下で生活したことのあるわれわれの友人の学者吉雄忠次郎も次のような確固たる発言をしている。すなわち、義経自殺のうわさは、頼朝を安心させ、また頼朝の反対派の武装を解除するために広められ、国の年代記に記入されたのである。

江戸時代、義経伝説は知識人たちの間で注目を集めるようになりました。シーボルトは、徳川将軍の執事を務めた学者新井白石が、その著書において（『蝦夷志』新井白石著）アイヌたちの風習や残された地名などから、義経が蝦夷から大陸へ渡ったであろうと評していることを紹介しています。シーボルトはさらに、イサーク・ヤコブ・シュミットが著した『東蒙古史』の中で、チンギス・ハンが、九つの房飾りのついた白旗を掲げた、との記述を引用しています。そして、チンギス・ハンが生涯好んだ〝九〟が九郎義経につながること、そして白旗が源氏の御旗と同色であることを指摘し、義経との関連を推測しているのです。

そのうえで、次のような言葉でこの項を締めています。

憶測をたくましくしようとは思わない。ただ義経が蝦夷に脱出したことを証明しようとし、またこの日本の英雄が蒙古《モンゴル》の戦場に出現したということにいくらかでも推測を加えることで、今世紀豊富な資料が開拓されたこの記憶に値する世界的事件に、歴史家の注目を集めたいのである。

正真正銘の科学者であるはずのシーボルトが、真偽のほどが定かではない義経チンギス・ハン伝説に対し、なぜここまで踏み込んだ発言をしたのでしょうか。

新井白石やシュミットの記述もその根拠には違いないでしょうが、さらに大きな理由の一つと考えられるのが、シーボルトと親交のあったことで知られる間宮林蔵の樺太探検です。

文化五年(一八〇八年)、幕府の命により松田伝十郎に従い、樺太の探索に向かった間宮林蔵は、樺太が島であることを確認し、さらに鎖国を破ることは死罪になることを知りながら、敢えて海峡を渡りアムール川(黒龍江)の下流を調査しているのです。

間宮が得た情報は、シーボルトにも伝えられたに違いありません。なぜなら、シーボルトは間宮に敬意を表し、後に作成した日本地図において、樺太・大陸間の海峡最狭部を間宮海峡(本来は松田海峡とすべきだったとの指摘もある)と名付けているからです。

もし間宮が、アムール川流域で義経に関する決定的な証拠を発見しシーボルトに伝えていたのであれば、シーボルトのあの発言の裏にあるものがみえてきます。

そもそも、間宮林蔵の樺太探検の目的の一つは、義経伝説の真偽の解明そのものにあったともいわれます。じつは、間宮は有能な幕府の密偵であり、一八三二年には、警戒が厳重で知られる薩摩藩邸にふすま職人として入り込み、三年間にわたり密貿易の調査を行っています。シーボルトによる日本地図持ち出しが発覚したのも、間宮林蔵による密告が発端とされます。

シーボルトに地図を贈ったのは、幕府天文方の高橋景保《かげやす》でした。間宮の師である伊能忠敬が景保の父である至時の弟子であったため、結果的には、間宮がいわば師匠筋ともいえる高橋を死罪(実際は獄死)に追いやったことになります。しかし、日本地図の流出は他国からの侵入を許すことになりかねないため、幕府としては絶対に防がなければなりませんでした。本来重罪に問われるはずの間宮の大陸への渡航も、幕府の密命によるものであった可能性が否定はできません。

当時はペリー来航前でしたが、すでにロシアの来航を受けていた幕府は、その対応に苦慮していました。樺太が島であることを発見した間宮の功績は、じつのところ、ロシアとの国境を決定するにあたってもたいへんに重要な意義があったのです。

間宮が大陸で何を発見したのかについては明らかにはなっていませんが、義経チンギス・ハン伝説探求への熱気は明治時代以降も受け継がれ、当地の様子が次第に探り出されていきます。

伊藤博文の娘婿、末松謙澄氏がイギリスで『義経再興記（チンギス汗説）』を英文で出版し、かの夏目漱石氏も『吾輩は猫である』に義経が蝦夷から満洲へ渡った話を引用しています。

大正期に入ると、アメリカ合衆国で学んで牧師となり、北海道に移住してアイヌ問題の解決を目指す運動に取り組んだ小谷部全一郎《おやべぜんいちろう》氏が、戦前日本軍の通訳として満蒙で活躍したときの経験をもとに『成吉思汗《ジンギスカン》は義経也《なり》』を上梓しています。本書は、近年八幡書店から復刻されていますが、人気推理小説家の高木彬光《あきみつ》氏もこの著作を元にして『成吉思汗《ジンギスカン》の秘密』を著しベストセラーになるなど、各方面に多大な影響を与えました。

また、陸軍の特務機関員として満蒙を工作のために動き回った横田正二氏は、匪賊《ひぞく》に襲われる危険も顧みず、現地を歩いて詳細に検証を行ない、その記録を先出の佐々木勝三氏とともに『源義経と成吉思汗の謎』として出版していますが、こちらもたいへんな反響を呼びました。

小谷部全一郎氏が義経伝説に興味をもち始めたきっかけは、アイヌの人々が信仰するオキクルミ（アイヌ伝承に登場する国土創造の神）がじつは源義経ではないかという話を聞いたことでした。

その後、満州・モンゴルに旧日本軍の通訳官として赴任する機会を得て、「チンギス・ハン＝義経」説の痕跡を調べるべく、満蒙を精力的に取材しました。

一九二〇年に帰国し、勲六等単光旭日章を授与されていますが、彼はこの調査によって、義経が平泉で自害せず、北海道、樺太にわたり、さらにモンゴルに渡ってチンギス・ハンとなったことを確信していくのです。

小谷部氏は、義経が蝦夷地から大陸に渡った経路について、蝦夷の民が貿易や漁業のために往来していた海路を辿って、樺太に渡航したと推定しています。

ここから細い海峡を隔てたニコラエフスクに至り、アムール川（黒龍江）を遡ってハバロフスクに上陸します。ここで一定の期間を過ごしたのち黒龍江の支流である烏蘇里川（ウスリー川）を舟行し、浦潮斯徳（ウラジオストク）の東南にあたる蘇城（スーチャン）に上陸したものと推察を進めます。

樺太経由のルートは、渡海の距離が短くなるばかりではなく、冬であれば海が凍り付くため、樺太から大陸へは歩いて渡ることも可能であったはずです。

また、大河の沿岸伝いに舟を進めれば、途中上陸しながらの補給も出来ますし、冬であれば橇《そり》も利用できたでしょう。その半面、見晴らしが良いため、異民族から襲撃を受ける危険性がありますが、山越えよりは負担が少なくなります。

小谷部氏は、このルート上に、実際にさまざまな日本の武将が残した痕跡を発見していくのです。

小谷部氏の著書『成吉思汗は義経也』の記述からです。

探見家の最も奇異に感ずることは、東部西比利亜《しべりあ》及び満州等を旅行して、彼地に日本式の古き神社の在ること、及び笹龍膽《ささりんどう》の紋章を用ゐ居ると、且つ満州人に姓を源と名乗る者の多きを睹聞すること是《こ》れなり。

ハバロフスクの博物館にはこの地方から発掘されたという日本式の古い甲冑の一部や、笹竜胆《ささりんどう》と木瓜《もっこう》の紋章のある朱塗の経机があり、ハバロフスクの街中には義経を祀った神社もあったといいます。

小谷部氏は、これらを実際に見た人物として、新潟県岩船郡出身の栗山彦三郎氏を挙げています。

内藤家舊《旧》藩士であった栗山氏は、日清戦役の前年、部下を率いて沿海州に入り、ハバロフスク地方を探検しています。

当時、土地の人が崇拝する日本式の神社があり、これを「源義経（キヤンウチョ）」の廟と称していました。

栗山氏は部下と倶《とも》に人のいない機会を窺い、廟内に忍び入りご神体を検すると、笹竜胆の紋のある日本式の甲冑を着けた武者の人形であったというのです。

また、在留邦人が義経公の碑と称する古碑がウスリースク（写真）にあり、現地邦人医師によると、摩滅した碑面に幽かに笹龍胆と義の文字が読めたといいます。

しかし、大亀の形の巨大な臺石《だいいし》のみ残り、その上に建てられていた石碑はロシア人がハバロフスクの博物館に持ち去ってしまいました。

ウスリースクは、現代では、ロシア、中国、北朝鮮からの鉄道が合流する交通の要衝です。もともと清国領であった当時は雙城子（ジュル・ホトン）と呼ばれていました。

その後ロシア領となり、ニコライ一世にちなみ、ニコリスコエ村と称され、鉄道の開通とともに、ニコリスク・ウスリースキー市となり、一九五七年にウスリースクと改称されています。

大正七年（一九一八年）から翌年にかけ、小谷部氏が属する守備隊がこの公園の正面に屯営しています。

自身の曲尺《かねじゃく》を用いて、この臺石を調べた小谷部氏は、臺石の上部中央に穿たれた穴の寸法が、幅一尺、長さ二尺四寸、深さ八寸ちょうどであり、毫厘の伸縮もなく、亀の高さ、首の長さ、背の直径なども同様であったことから、建造当時は曲尺を使用したのであろうと推測しています。そして、硬質の石が用いられた臺石表面の摩耗から、ゆうに六～七〇〇年を経過しているであろうとの考察を加えたうえで、

シベリア・ウスリースク（ニコリスク）にある通称義経碑の臺石

其時代に斯かる巨石を丸彫りにして其の上に巨碑を建てたる人々の敬虔の念と、これを建てられたる武将の徳望は、蓋し尋常一様のものにあらざりし事は、何人にも想像せらるゝ所なるべし。

との感想を述べています。

小谷部氏はその上に載せられていたという石碑を確認するため、ハバロフスクに赴こうとしました。しかし、当時同地は過激派に占領されていたため、官憲が行くことを許しませんでした。

そのため、帰国に際し、友人であり当時ウラジオストク派遣軍司令部の弘《ママ》報部主任であった中岡中佐に、この石碑の調査を依嘱したところ、後日、同中佐より以下の報告が送られてきました。

ハバロフスク博物館に在る所謂義經の碑と稱するものは、白色を帯びたる花崗岩の一種なり。右石碑の表面には厚くセメントの漆喰を塗り、何物か彫刻しあるものを隠蔽せり。

地元の人によれば、日本軍がハバロフスク撤退後に過激派が行ったことであり、博物館長は、この漆喰が何れの時に塗られたのか覚えていないと答えたといいます。

中佐の友人は、碑面の漆喰を打ち壊して碑文をみようとしましたが、巡警がきて制止されてしまいました。

小谷部氏は、この行為について、

露國人が殊更に此の古碑を漆喰にて塗り、碑文を隠蔽せしは、自國に不利なる記事あるが故なるべし

と非難しています。

この話をSNSで紹介したところ、中岡中佐の曾孫にあたられる足立百恵様より直接ご連絡をいただきました。

残された手記から、大正一〇年ウラジオストクに滞在していたことも確認されました。このような経緯で、中岡中佐のご活動が確かめられたことにたいへん驚きました。

中岡弥高中佐（足立百恵様提供による）

ハバロフスクの南方にある沿岸の都市ナホトカにはかつてハングァン湾があり、小谷部氏は、そこから一番近い町の家並みには笹竜胆の紋のついた建物が点在していたと記しています。じつは、義経は蝦夷からこの地に上陸し、樺太周りの別動隊と合流したとの説もあります。

ウラジオストクから北東に一二〇キロメートルの位置にある集落では（蘇城《スーチャン》、現エカエリノスラフカ村）、日本の城建築の基礎構造と同じ古城跡が発見されています。

地元の言い伝えによると「イーポン（日本）より渡来せる日本の武将なり。危難にあってこの地に来たり。その名は金鳥諸（キン・ウ・チ）という。」「ここに蘇城を築いて娘メノカを城主とし、名を丹金城と名付けた」とあり、その後キン・ウ・チは娘に城を委ねて中国本土に攻め入り、強大な城を建てて大王となったとされます。

じつは、現地の人の発音ではゲンギケイ（源義経）は、キン・ウ・チと発音し、「蘇城」の名は、日本の武将がこの地で蘇ったのでその名をつけたと伝えられているのです。

このような伝承を通じ、小谷部氏は大陸における義経の活動を確信するようになりました。

チンギス・ハンの前半生

義経とチンギス・ハンを比定するうえで、まず両者の年齢は合うのか、という点を確認しておく必要があります。オスマン帝国におけるアルメニア系の外交官、歴史家であったコンスタンティン・ムラジャ・ドーソンは、著書『蒙古史』のなかで、

生誕の日時は正確に知り難しと雖《いえど》も太陽暦にて七十二歳太陰暦にて七十四歳と約三箇月の壽を保ちて六二四年の二月（一二二七年二月）に始まれる猪年秋月の第十五日に崩じたりと云ひ又同じく猪年の出生なりとのことなればこの誕生の年は六週紀前の猪年即ち五四九年十一月（一一五五年二月）を以て始まれる年となさざる可からずと。

知り難しといえども、との記述があるようにチンギス・ハンの誕生年は明らかではありません。従ってドーソンは、チンギス・ハンの亡くなった年と享年から、その生年を一一五五年と推定しています。

大帝国であった元の歴史については、当然のことながら、数多くの資料が遺されています。作家の七海晧奘《ななうみこうそう》氏は、チンギス・ハンの生年が記載されている文献を四冊挙げ、それぞれに記載されている生年の比較を試みています。

その結果、チンギス・ハンの亡くなった年月は判明しているものの、死亡時の年齢が一致していないために、やはり、各文献における生年に差が生じていることが判明しました。

ちなみに、『蒙韃《もうたつ》備録』では一一五四年、『集史（ラシード）』では一一五五年、『元史』では一一六二年、『聖武親征録』では一一六七年であり、最大一三年もの違いが認められています。つまり、チンギス・ハンの前半生は薄靄《うすもや》の中に包まれているといっても過言ではないのです。

七海氏は、この四誌の数字を平均すると一一五九・五となり、義経の生年一一五九年と一致することを指摘しています。たまたまであるのかもしれませんが、驚くような偶然の一致であり、両者が生きた年代が一致していることは間違いないといえるでしょう。

チンギス・ハンの命日を弔う慰霊祭（地元ではオボー祭という）が、毎年八月一五日にモンゴル全土で行われます。佐々木勝三氏とともに『源義経と成吉思汗の謎』を執筆した横田正二氏は、昭和一〇年から終戦の年まで、陸軍の特務機関員として満蒙の地にいました。モンゴル人の宣撫工作《せんぶこうさく》とソ連関係の情報収集を担当していたため、つねに満蒙の地を単独で渉猟していたのです。

昭和一四年頃、横田氏はラマ僧の修行と称して僧衣をまとい、ダライ湖とボイル湖（ブイル湖）の間の中間にあるラマ寺に入り込みました。

この寺においてもやはり、毎年八月一五日にチンギス・ハンの命日のお祭りとして、オボー祭りという催しが開かれているとのことでした。

オボー祭りには中国人やロシア人がいろいろな物資を持って集まってきます。この先一年の物資を買い求めるため、寺周辺には、突如二、三〇〇のパオ（包、フェルトで覆った円形の幕舎）が出現し、ざっと三〇〇〇人の蒙古人集落が出来上がったといいます。

このパオの集落の間を、通訳を連れて歩いた横田氏は意外な光景を目にします。柳の木を組んで柵をつくり、そこに白と浅黄色に染め分けられた垂れ幕が掛けられていましたが、その垂れ幕には笹竜胆の紋がついていたのです。

それればかりではありません。各集落の長老らしい老人が、古い床几に腰をおろし、ボロボロになった金襴緞子《きんらんどんす》の陣羽織《じんばおり》を着ていたのです。

垂れ幕の由来を聞いても、祖先から伝わっているもので意味は分からない、オボー祭りのときだけ出して、あとは宝物として大事にしまっておく、とだけ答えたといいます。

じつは、鞍馬寺でも九月一五日に「源義経をしのび業績をたたえる祭り」が行われています。幼名を牛若丸、鞍馬山では遮那王と呼ばれ、七歳から約一〇年間を鞍馬で過ごした義経の御魂は、鞍馬山に戻り遮那王尊となり、護法魔王尊の脇侍として奥の院の義経堂に祀られている、と今なお鞍馬寺では語り伝えられており、このような祭りが催されているのです。

年によって違いがあるものの、九月一五日は旧暦で言えば八月初〜中旬になります。オボー祭りの時期にあたるのは単なる偶然なのでしょうか。

チンギス・ハンの即位

生年がはっきりしない一方、チンギス・ハンが歴史において初めて正史に登場する史実、つまり、名実ともに皇帝の位に就いた一二〇六年、興安嶺《こうあんれい》（内モンゴル自治区と黒龍江省にかけての山脈）で挙行された即位の儀式については、各書の記載は一致します。

一二〇六年の春斡難河（長堀注：アムール川の支流オノン川）**源の附近にあらゆる民族の長官を以て組織せる總會議即ちCouriltaï《クリルタイ》を召集しその他に九個の白纛Tougs《トゥク》を重ねて製したる一旒の軍旗を樹てたり。**

（『蒙古史』ドーソン著）

1206年　チンギス・ハン即位の儀式（『集史』パリ本より）

先ほども述べましたように、皇帝の地位に就いたチンギス・ハンがなびかせたのは九脚の白旗であり、かつて称したテムジンの別称は、古児汗（クルカン）でした。白旗は、ご存知源氏の旗頭、九脚は九郎、クルも九郎につながります。

市井の丸紅商社マンであった丘英夫氏は、得意の中国語を生かして、『蒙古秘史』『元史』『成吉思汗研究文集』『蒙古喇嘛教《らまきょう》史』などを読み解き、驚くべき事実を重ね合わせていきます。

年代が明記されているチンギス・ハンの最初の戦いは、一一九〇年

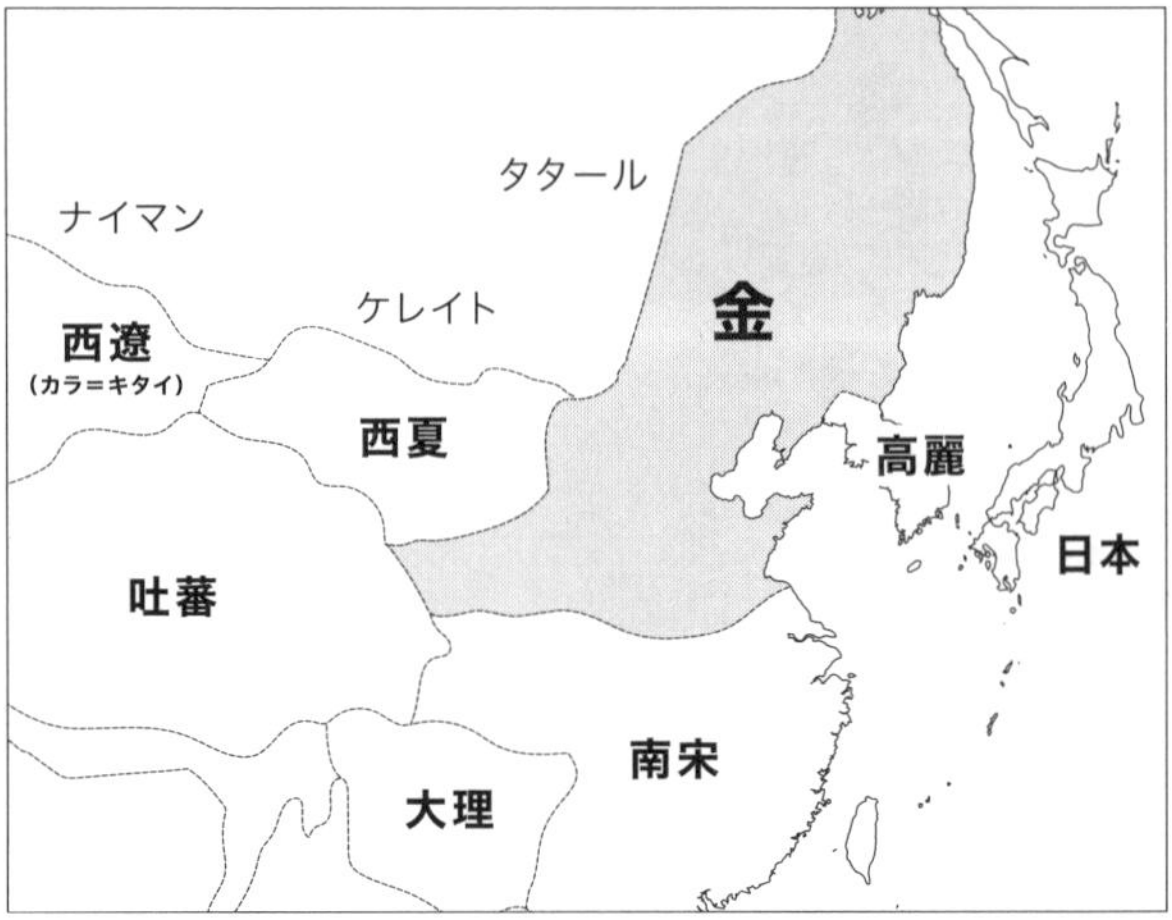

における満州女直（女真族）のワンスンとのものでした。この部族が建国した金は、清のルーツとなる国です。後述しますように、じつは、この清も義経チンギス・ハン伝説において、とても重要な意味をもってくる国となります。

この頃、チンギス・ハンは、鐵木眞《てむじん》と名のっています。この名は、天神（テンジン）に由来するのではとの推測もありますが、前出の『蒙古史』（ドーソン著）には、「鐵木眞とは蒙古語にて精鐵《せいてつ》の義なり」との記載があります。

鉄といえば、当時モンゴルの騎兵は、鉄の鎧兜は使っておらず、皮の鎧を着ていたにもかかわらず、テムジンだけは鉄の鎧を装着していたのです。

モンゴルでは希少品であったはずの鉄で造られたテムジンの鎧はどこから来たのでしょうか。じつを言えば、当時、質の良い奥州産の鉄がロシア沿岸で産出される金との交易に使われていました。ですから、テムジンの鉄兜も、彼自身が持ち込んだかどうかは別にしても、奥州産であった可能性が高いのです。

ちなみに、タタラ製鉄で生じる鉄滓《てっさい》は、かつて「アラ」と呼ばれていました。また鉄製の武器で軍事的優位を築いたヒッタイト族は鉄を「ハバルキ」と称していました。従って、その昔奥州の地を治めていた荒羽吐（アラハバキ）

族という名称は、製鉄そのものを意味することとなります。そのため、ヒッタイト王国滅亡後、逃れた一部の民が高度な製鉄技術を携えて、我が国へ流れ着いたとの推測もあるのです。

さて、テムジンの次の戦いは、一一九二年に起きた高麗のチャガンとの交戦でした。その後、テムジンは西へと移動を重ね、一二〇三年から一二〇四年にかけてモンゴル高原の中央部で、タタールやケレイトと相対していきます。

なぜ、テムジンは、モンゴル高原に近いこれらの部族ではなく、沿岸部に近い女真族や高麗を相手にした戦闘から開始したのでしょうか。モンゴル高原から遠く離れた地域から戦端を開くという戦略は、兵士の移動や兵站《へいたん》路の確保に大変な困難を伴うはずであり、その意図を測りかねるところがあります。

しかし、もしテムジンが大陸の沿岸部から上陸した義経だとしたら、その理由が鮮明になってきます。上陸地からそのまま大陸東端を南下し、ウラジオストク近辺で高麗軍と交戦し、さらに西へ進軍していったのであれば、年代もルートもピタリと辻褄《つじつま》が合うことになるからです。

その後漸くモンゴル高原に至り、夜襲、朝駆けはもちろん数々の奇襲戦法を用い、タタール、ケレイト、ナイマンといった難敵を攻略していくのですが、相手の意表を突くテムジンの戦術は、どなたかが得意とした戦い方にじつによく似ているのです。

テムジンからチンギス・ハンへ

烏蘇里江（ウスリー川）を黒龍江との合流部へと遡り、黒龍江を西方の川上へと上っていくとオノン川やケルレン川に至ります。この一帯は、当時のモンゴル部族が狩猟や放牧をしていた地域にあたります。

一二〇三年、テムジンは、いよいよ迫るケレイト部族の戦いに備え、戦団をオノン川河畔に集結させました。丘氏は『蒙古秘史』を参照しつつ、その詳細を紹介しています。

一二〇二年の戦いでテムジンの軍門に下ったタタール部族を合わせたテムジン軍の規模は二六〇〇と伝えられます。この精強な軍団が、テムジンの指揮の下、酒盛り後のケレイト軍の不意を突きました。そして彼らを山峡に包囲し、三日三晩の攻撃の後、ケレイト軍を降伏させてしまうのです。

この戦いに勝利したことにより、モンゴル高原のほぼ東半分がテムジンの傘下に入ることになりました。残るモンゴル高原の西半分は、ナイマン王国とその南側に位置する天山ウイグル王国により支配されていました。ウイグル文化の影響を受けたナイマン王国は、モンゴル王国の中で最も開花した部族であり、タヤンカン王のもと、テムジンが治める部族とは比較にならないほど民度の高い国でした。

その上に、ナイマン軍は、四～五〇〇〇とされるテムジン軍の二～三倍の規模と見なされていたため攻略は決して簡単ではなく、予断を許さない状況でした。しかし、ここにおいてもテムジンは常識外の戦法で闘いの火蓋を切ったのです。

当時のモンゴル部族間の戦いは、その機動力である馬が夏草を食べて十分体力がついた秋に行われるのが通例でした。しかし、テムジンは、その虚を突いて春に戦いを仕掛けたのです。さらに、ナイマン軍からよく見える丘陵に自軍を展開し、夜間、めいめいの兵に五カ所ずつ焚火をたかせました。

するとと、日に日に強大になっていくテムジン軍に恐れを抱き始めていたナイマン軍は、予想よりも多い敵兵の数を目の当たりにして戦わないで退却を始めたのです。

この戦法は、播磨国三草山に布陣する平資盛《すけもり》らを打ち破り、さらには屋島において、三〇〇〇騎の平家軍を散り散りに敗走させた義経の夜討ちとそっくりです。

屋島に向けて、五艘一五〇騎のわずかな布陣で暴風雨のなかを渡海した義経は、浅瀬となる干潮時を狙い（当時屋島は島であった）上陸しました。そしてさらに大軍に見せかけるため、民家に火を放つという奇策を弄して相手を動揺させたのです。この夜襲は、焚火で相手の眼を欺いたテムジンの戦略と重なってきます。

崖の麓に追い詰められたタヤンカンの軍は、屈強なテムジン軍の先鋒に追い詰められ、崖を登って逃げようとしました。しかし、鵯越《ひよどりごえ》から一ノ谷へ逆落としをかけた義経による奇襲の逆を辿るようなこの無謀な逃走劇は失敗に終わり、タヤンカンの軍は折り重なるように落ちていき壊滅してしまいました。

このように数々の戦いで劇的な勝利を重ね、モンゴル諸部族を統合したテムジンは、一二〇六年、ハン位に即しモンゴル帝国を樹立、チンギス・ハンを名乗るようになったのです。

しかしながら、五尺そこそこの小男だったとの記録が日本に残る義経と、容貌魁偉《ようぼうかいい》、身長巨大と伝えられるチンギス・ハンが同一人物であり得るのかという疑問が残ります。

この点について、モンゴル人の学者ドルジ・バンザロフが記した『成吉思汗伝』には、以下のような記述があります。

成吉思汗の崩御《ほうぎょ》の際には、その玉体は漸次《ぜんじ》縮小した。まことに奇異にたえなかったが、古今未曾有の大英雄の最期には、このような奇跡も当然起こり得るものと信じ、遺体はそのまま黄金の棺《かん》におさめ（…）

作家の高木彬光氏は、人種も言葉も違う異民族の前では、小柄な義経より、押し出しが立派で、容貌魁偉な弁慶の方が目立った存在であり、弁慶が先頭に立って各部族の長老たちを威伏し、蒙古民族統一への工作を続けて歩いたと考えるのが妥当ではないか、と推測しています。

つまり、大男であったと伝えられる弁慶が、表向きにテムジン、チンギス・ハンを演じていたという可能性があるのです。歴史的には、禿頭であったためにたえず鬘《かつら》を用いていたとされるシーザーや、痩せていたために服のおなかに綿を入れて肥満を装っていたとされるナポレオンのように、時として英雄は、容貌、外見などさまざまな面で相手を威圧する必要があるのでしょう。

歌舞伎の「勧進帳《かんじんちょう》」では、安宅の関で家臣たちが山伏姿となり、義経が従者に変装して鎌倉方の詮索を潜り抜けていますが、その秘策の応用といえます。

一二〇六年の即位の際、弁慶から義経に入れ替わったとすれば、今度は義経が弁慶になり替わるため、兜や長靴で自分を大きく見せる必要があります。チンギス・ハンは素顔を人に見られることを避けていたといわれていますが、そこには深い理由があったのかもしれません。

ただ、ドルジの記述にも注意する必要がありそうです。というのも、後述しますように、チンギス・ハンは客死しており、その場所は不明とされてきたからです。つまり、親族に看取られながら宮殿内で亡くなったのではなく、臨終の場に付き添っていたものは最側近だけであったはずです。

従って、ドルジが実際に現場で目撃できるはずもなく、身長が縮んだ、との記録は、秘密を知る側近たちからの聞き伝えにより記されたのでしょう。もしそうであれば、側近たちは、このような奇跡を語ることで、チンギス・ハンを神格化するとともに、義経チンギス・ハンという壮大な人生物語を矛盾なく完結させることができたのです。

モンゴル文字の制定

潰走《かいそう》するナイマン軍を追走しているときに捕虜として捕らえたのがウイグル文字に精通しているタタトンガでした。テムジンは彼に命じてモンゴル文字を創らせ、皇子や王侯に教えさせ広めていったのです。

しかし、丘英夫氏は、当時に定められたモンゴル文字の配列が、五十音図に驚くほど似ていることを指摘しています。

しかも、モンゴル文字の基となったウイグル文字の配列が母音と子音が混在しているのに対し、モンゴル語の配列は全く異なり、母音毎に規則正しく配列されていました。モンゴル文字の最初に来る母音字の代表を「ア」とすると、その文字配列は、「アカサタマヤラワ」の順序となり、五十音図のア段と一致していたのです。

この八文字の順列組み合わせは、四万三二〇通りあるため、モンゴル文字に五十音図の配列を採用した確率は、九九・九九七五パーセントになります。さらには、ウイグル文字にない追加された四つの文字が、日本のカナ文字

モンゴル文字／平安・鎌倉仮名対照表

	モンゴル文字	発音	平安・鎌倉仮名	発音
〔1〕		k'(a)		ka
〔2〕		k(a)		ka
〔3〕		x(e)		he
〔4〕		ng	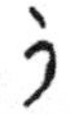	ng

モンゴル文字：大学書林「蒙古語四週間」
平安・鎌倉仮名：明恵自筆「夢記」（高山寺蔵）

『義経はジンギスカンになった！』丘英夫著
（表は「ボルテ・チノ　日本の心　創刊号」特別寄稿より）

にそっくりであることを丘氏は指摘しています。この文字を用いて法律を制定した皇帝チンギス・ハンは、社会に秩序と安定をもたらし、帝国の拡大と近代化を一気に進めていったのです。

しかしながら、現代のモンゴル語の表記体系は、ロシア語のキリルアルファベットに二つの母音字を加えて制定されたものであり、一九四一年モスクワからの指示により切り替えられています。

ソビエト連邦崩壊後、新生モンゴル国誕生に伴い、伝統的なモンゴル文字を復活させようとの動きが高まりました。そして、一九九一年には、一九九四年からのモンゴル文字公用化が決定され、その準備が指示されましたが、国民的な理解が得られず残念ながら中止となっています。

丘氏は、当初義経チンギス・ハン伝説を否定するために研究を始めたと言いますが、このような資料を読み込むうちに義経はチンギス・ハンとしか思えなくなったといいます。

日本の誇るサムライが、モンゴルに文字と法律を導入し、近代化を進め、強大な帝国を築いたとしたら、なんとも胸のすくような痛快な話です。

元寇《げんこう》異説

時は下り、第四代皇帝であった兄モンケの死去後、弟アリクブケとの権力闘争に勝利したフビライ（忽必烈）は一二六四年、第五代皇帝に即位しました。

フビライは、彼の意を受けた高麗の使者を日本に送り、一二六八年（文永五年）、潘阜《はんふ》の一行が九州大宰府にたどりつき、国書を大宰府少弐、武藤資能に手渡しています。

しかし、和戦両様の構えで決議を繰り返した挙句、侵略の先触れと判断した鎌倉方は、強硬方針を取ることに決め、九州へ指令を発し国使を帰します。そして、異国降伏の祈祷を寺社に命ずる一方、西国、とくに九州の防備体制を固めたのです。

けれどもすぐには開戦にはならず、フビライはさらに文永六年にも使者を送ってきたのですが、それでもなお、幕府が対応を変えることはありませんでした。

チンギス・ハン以来、モンゴル帝国、そして元は不敗の歴史を誇り、欧亜両大陸にまたがる大帝国を築き上げました。その国の皇帝として重ねて使者を送ったにもかかわらず、このような屈辱的な対応を受けることになるとは、フビライも予想していなかったでしょうし、容認し難かったはずです。この時点で武力侵攻を決行しても不思議ではありませんでした。

しかし、驚いたことに、フビライはなおも文永八年、一〇年と二度に渡って使者を送り続け、日本の対応の変化を待ったのです。この時に、幕府側が徒《いたずら》に恐れることなく熟考し、フビライの真意をくみ取ることができていれば、大げさではなく、世界史が大きく変わっていたことでしょう。

残念ながら、つれない対応を繰り返す幕府に対し、ついにフビライは堪忍袋の緒を切らし、一二七四年（文永一一年）一〇月一九日、元・高麗連合軍（一二七一年フビライは国名を元に改称）を差し向けたのです。その結果、四万もの兵が二〇〇隻の艦隊に分乗して博多湾に上陸してきました。

全軍が博多に上陸し二日にわたって展開された激戦は、日本には著しく不利な戦況となりました。しかし、二〇日の夜から北九州一帯を襲った大暴風雨により、元側は大艦隊が一夜のうちに壊滅するという大打撃を受けました。

後世に神風と称されたこの嵐のおかげで日本は勝利をおさめ、その後数年間は小康状態が続きました。

その間、あろうことかフビライは、なおも二度使節を我が国に送り、さらなる平和交渉の機会を探ってきたのです。しかし、この時幕府は、使者を博多と龍ノ口で処刑するという強硬手段にでました。

その結果、文永の役から七年後、ついに弘安の役が勃発してしまいました。

今回は、敵軍は二手に分かれ、なんと四〇〇〇隻の艦隊で一四万もの兵士が押し寄せ、三カ月にわたる激戦が繰り広げられました。

ところが、またもや襲来した大きな台風により敵艦隊はほとんど沈没し、今回も日本の勝利で終わったのです。

その後、幕府は三度目の元襲来に備え準備を進めました。しかし、その財政的な負担が幕府の基盤を脆弱化させ、後の建武の中興につながっていくのです。

一方、この戦で国力を消耗したフビライも晩年は財政難に襲われることになりました。そして、国の経済状態の悪化が、一三六八年朱元璋による明建国、首都大都の滅亡の遠因となり、結果的に元寇は、元、日本双方の国にとって国体を覆すような大きな動乱になってしまったのです。

それにしても、フビライは、攻めてくる前になぜ幾度も修好を求める親書を送ってきたのでしょう。じつを言えば、チンギス・ハンの孫にあたるフビライは、『東方見聞録』を著し黄金の国ジパングを西洋に広めたマルコ・ポーロと会見をしています。

日本に来たこともないフビライやマルコ・ポーロが、なぜ黄金の国の話などできたのでしょうか。黄金の国といえば、頭に浮かんでくるのは、豊富な金を使った豪奢な建物が並ぶ山紫水明の地、平泉です。フビライが、お祖父さんから繰り返し黄金に溢れた美しい平泉の話を聞き、お祖父さんが愛してやまない美しい祖国への憧れを強めていったのだとしたら、彼が日本と親交を結び、自らお祖父さんの生まれ育った国を訪問し、その景色を見てみたいと考えてもまったく不思議ではありません。フビライは、日本との絆を深め、日本を平和裡に訪問したかったのではないでしょうか。

フビライの真意を広い視野で推し量ろうとする者が、若干一八歳（文永五年の時点）であった時の執権北条時宗のそばにいたら、そして、もしフビライと友好関係が結べていたら、元帝国も滅びることはなく、日本とともにアジア人の感性に基づいて、アジア人のためのアジアを構築できていたのかもしれません。その時は、欧米によるアジア侵略もなく、世界の歴史も日本の歴史も今とは大きく変わっていたはずです。

鎌倉幕府が、フビライの真意を理解できていたら……歴史にｉｆはないと言われますが、このｉｆはぜひ実現して欲しかった、アジア人の一人として返す返すも残念です。

元と清

清朝の代々の皇帝の命を受けて編まれた歴史書『図書輯勘録《しゅうかんろく》』の中に、六代皇帝、乾隆帝《けんりゅうてい》（一七三五年〜一七九六年）自身が書いたとされる序文があり、そこには、

「朕の姓は源、義経の裔なり。その先は清和に出ず。故に国を清と号す。」

と記されているといいます。

この文書が正式に認められていたら、義経チンギス・ハン説の決定的な証拠になるはずです。

しかし、この書物は清国にとっては秘録であり、残念ながら、原著を確認できるわけではありません。

もし乾隆帝が実際に書き記していたとしても、その子孫の皇族や臣下たちにとって、清帝国の愛新覚羅《あいしんかくら》氏の祖先が、東の小国日本の武将に過ぎないなどということは認めたくないでしょう。

ところが、後世になり箝口令《かんこうれい》が緩和されると、差しさわりのある部分が削除され、各地の図書館にこの書が置かれるようになりました。

原典を読んだ清朝の史官が、自分の記憶をたどり公刊本に補遺を加えたものが何部かあり、明和年間に、その中の一部を清の商人汪縄武が長崎に来航した際に我が国に持ち込んだとされます。

しかしながら、愛新覚羅氏の先祖にあたるという女真族は金王国を建国しています。女真族は、テムジンが最初に敵対した部族ですから、女真族のルーツはその時代より古いということになり、源氏とは別系統と推測されます。そうであるなら、乾隆帝の言葉はその根拠を失ってしまいます。いったい乾隆帝の真意はどこにあったの

でしょうか、それを探るため、まずは愛新覚羅氏の出自から追いかけてみましょう。

明の時代、女真族は、その支配下にありましたが、一六世紀末に起きた豊臣秀吉の朝鮮出兵に伴い、明による女真族に対する統制が緩むや、愛新覚羅氏のヌルハチが台頭してきました。そして、建州女真族（満州南部）を統一し、さらに周辺の女真族をまとめあげ、後金国を建国したのです。

一六三五年、ヌルハチの子息ホンタイジは、モンゴルの遊牧部族チャハルを破り、元朝の歴代皇帝が保持していたという国璽を手にします。

国璽という玉印を手に入れたということは、ホンタイジがモンゴル帝国を受け継いだことを意味します。つまり、血統がつながっていないにせよ、満州・モンゴル・漢に君臨する支配者であるという名分を得たことになるのです。

ですから、『図書輯勘録』冒頭の六代皇帝乾隆帝の言葉は、清がその大義を受け継いだ元は、実のところ清和源氏に起源を有していたという清朝・元朝のトップシークレットを仄《ほの》めかしている可能性があるのです。ぜひともその原典を目にしてみたいものです。

清の建国

一六三六年、ホンタイジは国名を後金から清に改め、民族名も満州族と改称しています。

その後、順治帝の時代に、李自成の乱によって明が滅びると、明の遺臣呉三桂《ごさんけい》の要請に応じ、清は万里の長城を越えて侵攻し、李自成を打ち破ります。そして、中国は満州族による清の時代を迎えることになるのです。

清朝は、康熙帝《こうきてい》・雍正帝《ようせいてい》・乾隆帝の時代に最盛期を迎えます。しかし、西洋列強の進出や日清戦争での敗北、内乱により国力が衰え、袁世凱《えんせいがい》の中華民国総裁就任に伴い、清朝第一二代皇帝愛新覚羅溥儀《ふぎ》氏が退位、ここに清は滅亡しました。


ところが、愛新覚羅溥儀氏はこの後も時代の荒波に翻弄されつつ、波乱に満ちた人生を送ることになるのです。

満州事変以降、関東軍の主導で建国された満州国が帝政に移行するや、愛新覚羅溥儀氏は初代皇帝に即位します。

しかし、大東亜戦争での日本の敗北、それに続くソビエト連邦軍の侵攻とともに、満州帝国は解散となりました。

その後、溥儀氏は、中国政府に反逆し中国人民を弾圧したとの咎《とが》で、一九五〇年に戦犯として刑務所に収容され思想教育を受けていますが、一九五九年、模範囚として特赦を受け釈放されました。一九六四年には満州族の代表として、政協全国委員に選出されますが、一九六七年に北京で逝去、波乱万丈の生涯をついに閉じたのです。

愛新覚羅溥儀氏は、日本の軍部の支援を得て傀儡国家の元首の地位を与えられただけとの批判もあります。しかし、愛新覚羅溥儀氏がラストエンペラーとなった清朝時代の北京の宮殿の名称には、太和殿、保和殿、中和殿、協和門とそれぞれに和という文字が入っていました。中華民国の初代大総統の袁世凱は、それぞれ、承運殿、建極殿、体元殿、経文門に変えていますが、この和は、清和源氏の和に由来するのでは、との憶測があります。

また、遡って考えてみると、清和と清のみならず、元帝国の元も源と同じ発音（yuan）です。読み方だけではなく、元も源もその意味するところが、〝大元、起源〟で一致しているのは単なる偶然なのでしょうか。

「清」という国号や、宮殿の名称に含まれる「和」が、清和に由来するのであれば、愛新覚羅溥儀氏が皇帝に即位し、清の元皇帝と日本が協力した満州国の建国には、アジアの将来に向け深い意味が込められていたのかもしれません。

なすよしもがな

さて、本章も終わりに近づいてきました。

舞台は再び日本に戻ります。義経が、静と今生の別れをとげたのは吉野山でした。また必ず生きて会おう、そんな約束も交わされたことでしょう。

その後、頼朝により拘束され、鎌倉に連行された静は、北条政子の求めにより、大将軍頼朝の前で舞いを披露することになります。

吉野山　峰の白雪ふみ分けて
入りにし人の　跡ぞ恋しき

しづやしづ　しづのおだまきくり返し
昔を今に　なすよしもがな

雪の吉野で交わしたあの約束を忘れてはいない、私は今でも判官＝義経様が恋しくてたまらない、静の義経への張り裂けんばかりの愛情を迸《ほとばし》らせた哀切極まりない歌です。

驚いたことに静は、大将軍頼朝の権威に臆することなく、舞いながらこの自作の歌を堂々と披露し、義経への変わらぬ愛を貫き通したのです。

この劇的な場面は、頼朝を激怒させ、鎌倉でも話題になったといいますから、遠く平泉で身を潜めつつ鎌倉の様子を窺っていた義経にも、必ずや届いたことでしょう。

静が頼朝の前で詠じ切った詩の一節「なすよしもがな」を、作家の高木彬光氏は、「成吉思汗」という名前の読みに結び付けたばかりではなく、成吉思汗の「汗」という文字に秘められた深い意味をも読み取っていきます。

「汗」は、チンギス・ハンが即位した際、帝位を「大汗の位」と称したとされ、この時に初めて制定された尊称です。しかし、チンギス・ハン以降、この称号は、歴代の元帝国皇帝の間では根付いていません。

また、「汗」という字は、サンズイに干であり、水と干という二つの文字に分かれます。実をいえば、この水干とは白拍子が着た平安装束に他なりません。つまり、「汗」という文字は、静の象徴ともいえる舞妓の衣装を表現していることになるのです。

以上を踏まえ、「成吉思汗」を漢語として読み下してみると、

成㆑吉思㆑汗

吉成りて汗を思う

となります。この吉に吉野山という意味をあてはめると、驚いたことに「成吉思汗」という四つの文字が、次のように読み解けてくるのです。

〝吉〟野で交わした「また必ず会おう」という約束を〝成〟し遂げよう
静を今でも私は〝思〟い続けているぞ

つまり、「成吉思汗」という名前は、

「むかしを今に　なすよしもがな（幸せだったあの頃に戻るすべはないものか）」

と決死の覚悟で呼びかけてくれた静への鮮やかな返歌となっているわけです。義経の静への変わらぬ深い愛が、この名前から見事に浮かび上がってきます。高木氏は、チンギス・ハンは、この名前を世界に広め、義経はここにいるぞと日本にいる静に知らせたかったのではないか、だからこそ世界的な大帝国を築くべく猛進していったのではないか、と推察しています。

また、チンギス・ハンが、自らを称したという「ボルテ・チノ（蒼き狼）」にも、奥深い意味が込められていそうです。「ボルテ・チノ」の訳は、本来は、ボルテが「青」、chinu が「争う」となります。しかし、青と争うでは意味をなさないからと、学者が cyono チョノつまり「狼」と考えたのでは、と山崎純醒氏は推測します。じつは、「ボルテ・チノ」の訳が「青」と「争う」であるならば、その意味するところは、「静」そのものになるのです。

「ボルテ・チノ」そして「成吉思汗」、もしこの二つの名前が、義経の静に対する思慕の表現であるのなら、絶望的なほど遠く離れていても決して消え去ることのない、静を想い続ける義経の激しく、そして切ないまでの愛情が、胸にグッと迫ってきます。世界にこれ以上スケールが大きく、文学的にも深い味わいのある恋物語はないのではないでしょうか。

静御前の遺児

静は、決死の舞を演じた後も鎌倉に留めおかれます。じつは彼女は母磯禅師と共に鎌倉に連行された頃、すでに身籠っていました。そして、一一八六年（文治二年）七月一九日に安達新三郎の屋敷で義経との一粒種となる男児を産み落としたのです。

幕府は、生まれた子が女なら静に与えるが男なら殺すと決めていたため、新三郎に対しこの子を由比浦に捨てろと命じました。

この命に従い、新三郎の使いが請け取りに向うも静は応じませんでした。しかし、譴責《けんせき》の剣幕《けんまく》に圧され恐れをなした磯禅師が赤子を使いに渡してしまうのです。

愁歎した政子が許しを請うも叶わず、殺害は実行されたとされます。ただし、吾妻鏡には「安達新三郎に仰せて、由比浦に捨てしむ」とあるのみで、その方法までは記されてはいません。

絶望し果てた静は、その後奥州へ向かいますが、その途上で命を落としたと伝えられています。

しかし、佐々木勝三氏によれば、盛岡市下米内の田鎖家の系図、新里村の茂市氏（元佐々木氏）の系譜には、このときの子が佐々木四郎高綱のところにつれて行かれ、秘密裏に養育されたことが明記されているといいます。

義経の木曽義仲追討軍に加わった佐々木高綱は、梶原景季と宇治川で先陣を争った逸話で知られます。後に、義経に従って平氏追討のため四国に赴いた高綱は、その戦功により、長門（山口県）の守護に補せられ、左衛門尉《さえもんのじょう》に任ぜられました。その後、源実朝の時代に高野山に出家しています。

茂市氏系譜によれば、このとき、養子としていた義経の子、佐々木四郎太郎義高を朝廷に参内させたところ、朝廷の直轄領である奥州閉伊郡を賜ったというのです。

義高はその後、多久佐里（田鎖）に城を築き、仁政を敷き、その子孫は大いに繁栄したと伝えられています。義経と静の悲劇に胸を痛める私にとっては、事実であってほしいと願わずにはいられない、心の底から癒される伝承です。

チンギス・ハンの最期

さて、話はまた大陸へ戻ります。

チンギス・ハンは、一二二七年、西夏遠征中に六盤山で亡くなったと伝わります。しかし、戦闘で負傷したのか、重病に罹患したのか、死因についての詳細は伝えられていません。

チンギス・ハンの陵墓の所在についても、これまで謎とされてきました。しかし、二〇〇九年九月二八日、末裔とされる大連在住の女性が「陵墓が四川省カンゼ・チベット族自治州にある」と民間の研究者に証言、現地調査でも証言と一致する洞窟が確認されたのです。日本でも四国新聞が大きく報道しています（現在でもインターネットで閲覧可能）。

埋葬地は盗掘を避けるため極秘にされたといわれ、確認されれば大発見となるため、中国関係部門も慎重に調査を開始しています。

北京在住の研究者、滕木其楽《テムチラ》さんによると、証言したのはチンギス・ハンの三四代末裔とされるモンゴル族女性、ウユンチチガさんで、陵墓の場所は口頭で先祖代々伝承され、四年に一度、身内だけでお参りを続けてきたといいます。

ウユンチチガさんの家族によると、チンギス・ハンは西夏ではなくチベットを攻め、思茅（雲南省）で死亡、遺体を中心都市カラコルムへ運ぶ途上で山間部に埋葬したとされ、実際に現地に入った学術調査隊の報告によれば、陵墓の中には多数の財宝・戦利品が埋蔵されており、ミイラ化したチンギス・ハンの遺骸も完全な形で保存されているというのです。

このような状況下でチンギス・ハンが亡くなったのだとしたら、〝その玉体は漸次縮小した〟と記したドルジも、おそらくは、遺体を確認してはいないことでしょう。しかし、何よりもまず、果たしてこのミイラはそのまま素直にチンギス・ハンのものとみなしてよいのか、じっくり考えてみる必要があるでしょう。

老爺廟にある六基の墓

「吾《われ》この大名《たいめい》を享《う》けたれば死ぬとも憾《うらみ》なし。吾《われ》は故土《こど》に帰らんことを望《のぞ》む。」

臨終の間際に、チンギス・ハンが残したとされる遺言です。（『満州と源九郎義経』小谷部全一郎著）

一代で大帝国を築き上げ、覇者としての名誉をほしいままにし、巨万の富を手に入れたばかりではなく、後宮に五〇〇人の美女を侍らせ、まさに贅の限りを尽くしたであろうチンギス・ハンが、最後に思わず漏らした本音が、故土に帰りたい、という哀切極まりない願いであったとは、意外な印象が否めません。体の衰弱が進んでいたとしても、臣下たちを従え、自らを乗せた輿を担がせれば、帝国内なら行けないところなどなかったはずです。

高木彬光氏は、著作『成吉思汗の秘密』の主人公である神津恭介の言葉に仮託して自らの心情をぶつけます。

たしかに人間というものは、自分の生への執着を絶った時には、どんな極悪非道の人間でも、本心を吐露するものなのだ。かりに、彼が源義経の再来だったと考えれば、その時初めてこの言葉は、痛切なくらいの意味を持って来る。鞍馬山、京都、鎌倉、衣川——風光明媚《めいび》な故国日本の思い出が、しきりに彼の頭の中を去来したとしても、それは当然のことだろう。（…）われは故山に帰りたし——この痛烈な告白に、成吉思汗のすべての秘密はひそんでいる。これが、故国の山河とともに、黒髪長く、やわらかい日本の女性たちへの

追憶の一言だったと考えないで、いったいどういうふうに解釈するのだ？

自分の死期が近づいたことを悟ったとき、チンギス・ハンが義経であるなら、彼の心の中でモンゴルでの輝かしい栄光は雲散し、遥かなる祖国、おそらくは日本へ帰りたいとの願望が湧き上がってきたとしても、決して不思議ではありません。懐かしい風景をもう一度自分の目で確かめ、愛しい静の名残を感じられる場所を訪ねてみたいという強烈なまでの欲求が、抑えようもないほどに高まってきたのではないでしょうか。

故郷、そして母国への憧憬は、遠く離れていればいるほど、なお一層募ってくるものです。チンギス・ハンの最後の言葉は、彼の今生の願いである帰郷が、絶望的なほどに困難であることを感じさせます。

しかし、杉目行信を身代わりにして大陸へ脱出し、弁慶を前に出し異民族と渡り合ってきたであろうチンギス・ハン義経のことです。自分の心の中に秘められていた真意をはっきりと感じ取ったからには、どのような策を講じても日本に帰りたいと考えたことでしょう。

あくまでも個人的な推測ながら、異民族討伐の遠征を機に、本隊とは途中で離れ自分は日本を目指す、そしてチンギス・ハンは死んだこととし道中で埋葬する、そのような秘策が彼の頭に浮かんできた可能性も否定はできません。

チンギス・ハンは、即位後その素顔を側近以外には見せないように努めていたと言われていますから、決して不可能ではなかったはずです。ミイラや墓所などは、財宝を添えて後からいくらでも設《しつら》えることはできることでしょう。

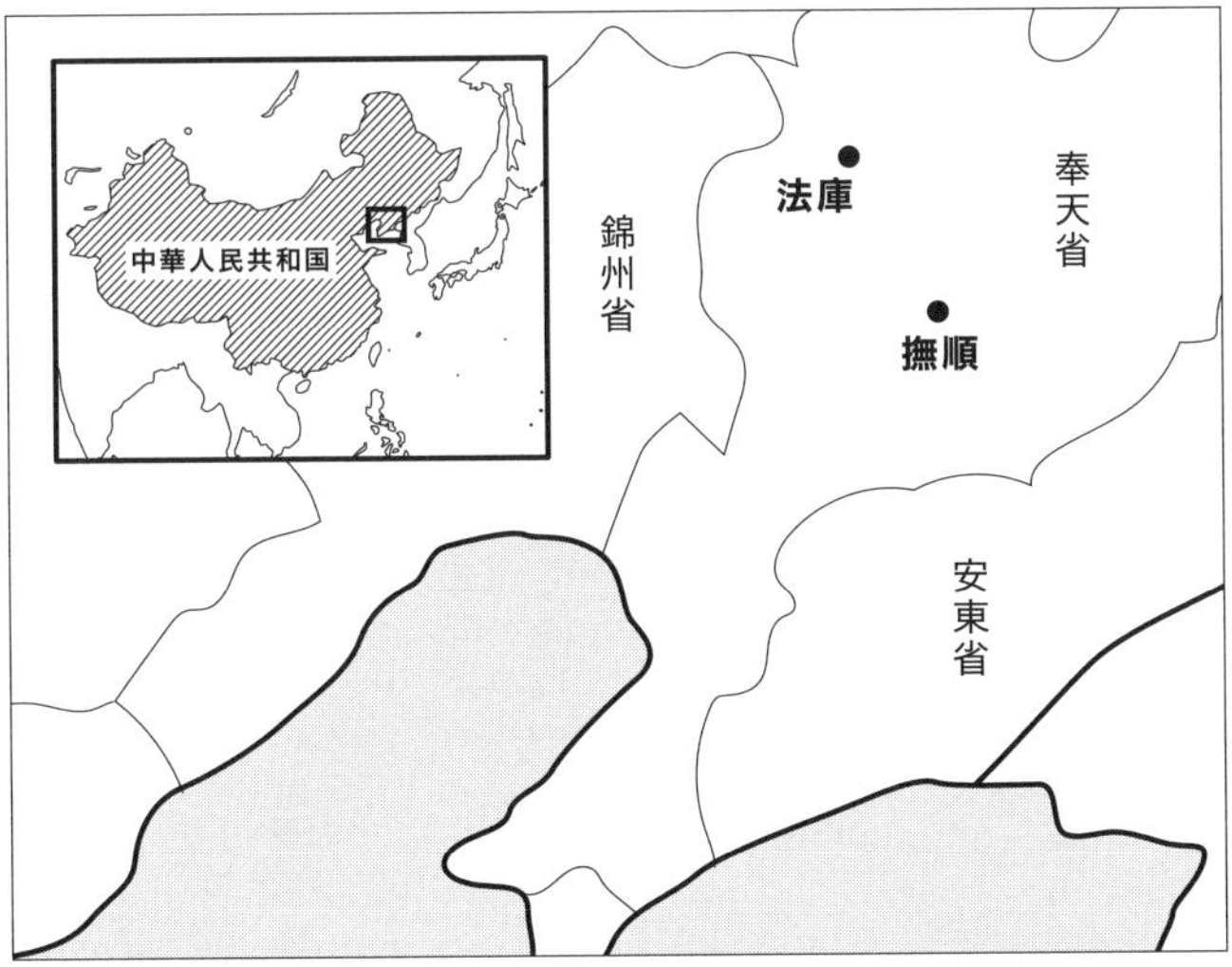

ここで、前出の横田正二氏が紹介する石川豊水氏（満州国奉天鉄道局に出向）の興味深い体験談をご紹介しましょう。

昭和一四年六月、石川氏は撫順から法庫周辺を結ぶバス路線の新線調査を命じられました。

法庫から西に少し行ったところに老爺廟という地点があります。この地の駐在所で石川氏は、警尉補の肩書を持つ日本人の警察官から思いもかけぬ文書を見せられました。

それは、日露戦争終結後、法庫の近くに駐屯した日本陸軍第三軍師団に属する軍人が、地元の人が所持していた古い書き物を翻訳した書付だったのです。

石川氏はその文章を見て驚きました。そこには、

「昔、ゲンギケイという人が、一党を連れてこの地にやってきて、ここで死んだ……」

と記されてあったからです。

それだけではありません。

老爺廟には、その地名が示すがごとく、昔、儒教の道士が守っていたという廟があり、警尉補の話では日露戦争以前には、ここに日本の兜が飾られていたというのです。

今や廟は朽ち果て、人もいません。そのわきに半分壊れた倉庫

のような建物があり、かつて兜はこの建物の中に飾られていたといいます。

この廟を出て北に向かって歩くと、小高い丘があり、ここに儒教風の丸みを帯びた低い墓がありました。

中央に一段と大きな墓石が立ち、向かって左に三基、右に二基の墓石が並んでいました。

中央の墓は誰か由緒ある人のものだろうと思い、よく見てみると、墓石の台石部分の一番上に絵柄が並んでいました。絵柄がはっきりしないので、石川氏はその部分に紙をあてがい、鉛筆でこすってみたところ、次第に絵柄が浮かび上がってきたのです。

驚いたことに、それは笹竜胆の紋でした。笹竜胆の紋が一列横隊に並んでいたのです。

中央の墓の左右に並ぶ五基、そしてカンゼ・チベット族自治州にあるという墓をあわせると、墓の主は計七名となります。

チンギス・ハンの一二人の側近武将のうち、義経の家来と推定される者が何人かいます。

サイタ　西塔坊弁慶
イサ　伊勢三郎
シュビ　鷲尾六郎
カサル　常陸坊海尊（カイソン→カイサン→カサン→カサル）
サブタイ　泉三郎忠衡（タイはモンゴル語で男の意）
ロクタイ　黒井景次（ロク→クロの逆）

以上の武将たちはちょうど六名、義経を合わせると計七名となります。いずれも東北や北海道に残された伝承に登場する義経側近の強者ばかりです。

法庫の周辺を地図で確認してみると、大陸の中でも日本にかなり近い場所であることがわかります。

死期を悟ったチンギス・ハンは、家来たちに命じて日本に向かった、いや少なくとも日本が見える場所を目指したとは考えられないでしょうか。

「一党を連れてこの地にやってきて、ここで死んだ」とは、日本への途上で力尽き、この場所で亡くなったと解釈することも可能です。

もしそうであれば、あと少し、あとわずかの体力があれば、日本が見える場所に辿り着けたのです。

薄れゆく意識の中、神々が住まう神秘的な鞍馬の森、陽光煌めく穏やかな鎌倉の海、平泉で耳にしたであろう大陸とは趣を異にする河川のせせらぎや小鳥のさえずりなどが、義経の脳裡には浮かんでいたのかもしれません。

彼の無念さはいかばかりであったことでしょう。

それでも最後の体力を振り絞り、少しでも高いところへと向かった場所が、墓所のある小高い丘だったのだとしたら、

「われは故土に帰らんことを望む」

その言葉の裏にある義経チンギス・ハンの狂おしいまでの悲しみと慟哭が胸に迫ってくるようです。

平家との戦で大戦功を収めたあと、頼朝から疎んじられたことは辛い出来事であったに違いありません。しかし、大陸に新天地を目指したことにより、結果的に大きく道が拓かれたことは確かです。

彼なりに折り合いをつけているであろうことは、「われこの大名《たいめい》をうけたれば、死ぬとも憾《うら》みなし」から窺うことができます。

しかし、日本の地をもう一度踏みたかった、できれば懐かしい鞍馬、平泉をもう一度訪問したかった、愛する静と幸せに暮らした頃の思い出に浸りたかった、この無念の思いが、その一瞬に迸らんばかりにこみあげてきたのだとしたら、なんと悲しく辛い最後なのでしょうか。

義経たちが日本に戻れなかったことは、彼やその一党だけの問題には留まりません。

もし義経がチンギス・ハンである何らかの証拠を携えて日本を再訪できていたら、巨大帝国である元と日本との間には友好関係が生まれていたに違いありません。

そうであるなら、その後の元寇も起こることはなく、アジア、そして世界の姿は現代とは全く違ったものになっていたはずです。

そのときにこそ、藤原秀衡が義経に向けて残していたとされる「大陸に渡って捲土重来を期せ」との密命が、見事に成就されたことになるのです。

義経は本当にチンギス・ハンになったのか、つまるところ八〇〇年前の話ですから、決定的な証拠を得ることは難しいのかもしれません。

しかし、秘められた真実は、求める者の前に必ず姿を現します。日本人の集合意識が高まれば、思いもかけぬところから、重要な情報が明らかになってくるかもしれません。

アイヌの人たちのために人生をかけた小谷部全一郎氏、義経伝説の真っただ中で育った岩手生まれの佐々木勝三氏、そして、義経の魂に導かれるかのように、さまざまな偶然により内外の膨大な資料を調べる機会に恵まれ、感動的な作品を書き上げた高木彬光氏、それぞれの立場からこの謎に果敢に挑戦し、状況証拠を読みやすい形で日本人の集合意識に働きかけることには成功したといえるのではないでしょうか。

義経公の御霊は今、彼岸で静御前と再会し、頼朝公とも互いの健闘をたたえ合い、皆で一緒に愛してやまないこの日本を天から見下ろしていることでしょう。

日本の行く末を見守り、ご加護を授けて下さいますように、その願いとともに、この壮大で感動に溢れた物語の幕を下ろします。

コラム

天城山心中事件と義経伝説

本章では触れませんでしたが、清・元・源をつなぐ不思議なドラマは、さらに驚きの展開を見せていきます。

清朝のラストエンペラー溥儀氏の実弟溥傑氏は、嵯峨公勝侯爵の孫にあたる浩《ひろ》さんと結婚、長女慧生《えいせい》さんが誕生し、日満親善のシンボルとうたわれます。

長じて学習院大学に進学した慧生さんは、八戸出身の大久保武道氏と在学中に出会い、お互いに強く惹かれあうようになります。

しかし、学内の華ともてはやされ、しかも一時は皇太子妃の候補者ともなった慧生さんは、満州国皇帝の血筋としての責任もあることから、大久保氏との交際を禁じられます。思い余った二人は、結局天城山で拳銃により自殺してしまうのです。

高木彬光氏は推理作家らしく、この事件から義経へと発想を思い切り飛躍させ、想像もできないようなドラマを紡いでいきます。

義経は八戸滞在中、地元の豪族の娘と深い仲となり、義経が旅立った後、この娘は鶴姫を産み落とします。成長した鶴姫は、地元の阿部七郎と恋に落ちるのですが、阿部家は頼朝に仕える家柄であり、義経の遺児との結婚など認められるはずもありません。思い悩んだ二人は、話に聞く義経を頼ろうと蝦夷逃避行を決行しますが、追手に詰め寄られ、夏泊半島まで辿り着いたときに胸を刺し違え、崖から海に飛び込み自決してしまうのです。

二つの事件の後半に登場する大久保武道氏は、鶴姫、阿部七郎と同じ八戸の出身でした。武道氏の父弥三郎氏は八戸市議、南部鉄道常務などを歴任した人物であり、地元の名士でしたが、家柄の違いはいかんともしがたいものがありました。

この世では結ばれない運命にあると感じた武道氏と慧生さんは、鶴姫と阿部七郎のように悲恋の果てに逃避行を選んだのです。その結果、二人が最後の場所に選んだのは、なんということか、源氏にゆかりのある天城山だったのです。

高木氏は、慧生さん、武道氏を鶴姫と阿部七郎の生まれ変わりではないかとの推察を進めます。その観点から見るなら、鶴姫と慧生さんの心中事件という、なんの脈絡もなく見える歴史上の点と点が、『源義経』「八戸」「天城」、そして「清・元・源」というキーワードで見事に一線につながってくるではありませんか。

輪廻転生があるなら、満州、東北、伊豆を結ぶ時間と空間を越えた二つのドラマは、清・元・源を象徴する出来事になってくるのです。

義経、元、清をつなぐミステリーに鳥肌が立つ思いがします。

第五章

千里眼事件と千島学説
～飛騨高山が生んだ二人の哲人の物語～

第一部　福来博士による千里眼実験

高山市での講演と国常立大神

飛騨高山の位山《くらいやま》は、国常立大神《くにとこたち》の聖山です。昭和二九年、国常立大神からのお言葉を受け、都竹《つづく》峰仙氏が位山を開いたとされます。

二〇二〇年九月二六日、蒲池《かまち》龍之助さん、和子さんご夫妻の主催で、高山市内で私の講演が行われたのですが、講演翌日に位山を登拝する予定になっていました。

じつは、今回の高山講演は台風、新型コロナ禍で二回延期となっており、三度目の正直で実現したのですが、後から考えれば、この時期に高山を訪問することには深い意味があったのでしょう。なぜなら、この時期は、国常立大神から降ろされたとされる預言書『日月神示』をモチーフとする前著『いざ、霊性の時代へ』を上梓した直後だったからです。延期となったことで、主催の皆様にはたいへんなご迷惑をお掛けすることになってしまいましたが、あたかも、新刊出版のご報告と御礼を国常立大神に捧げる機会をいただけたかのようで、私としてはこの上なくありがたいことでした。

会場は、入場制限のため、一人おきの着席でしたが、新型コロナウイルス感染が落ち着かない状況にもかかわ

福来友吉博士生家跡にて（2020年9月26日）

らず、定員一杯の方がご参加くださり、感謝しかありませんでした。講演は、高山市出身である福来友吉《ふくらいともきち》元東大助教授による千里眼実験の話から入り、二時間近くノンストップで突っ走りました。

講演前、蒲池さんご夫妻にご案内いただき、高山市の中心街にある福来博士の生家跡を訪ねています。私から見れば偉大な業績を残された方ですが、周りには生家を示す案内も碑もなにもありませんでした。まるで、福来博士の画期的な研究が、この地ではなかったことにされているかのようで、私としてはとても残念でした。

写真は福来先生の生家跡地で撮影したものです。

肉眼では確認できなかったのですが、何度撮り直しても写真には不思議な白い光が映りこんできました。ひょっとしたら、福来博士が喜んで歓迎してくださったのかもしれません。

福来博士による超能力実験

それではいったい、福来博士はどのような業績を残されたのでしょうか。
昭和三五年、月の裏面を撮影した写真がNASAにより発表されています。
その二八年前のこと、じつは、元東京大学助教授の福来友吉博士と超能力者三田光一氏の念写実験により、月の裏面とされる画像が撮影されているのです。当時は真偽の判断をすることはできなかったことでしょうが、昭和六〇年になり、遠く離れたこの二枚の写真がつながることになります。明治大学教授の後藤以紀工学博士が、撮影方向のズレを三角法で修正した上でこの二枚を比較したところ、両者が一致することが証明されたからです。

業績が正当に評価されないままに東大を追われた福来博上の名誉が、科学の進展により回復された瞬間でした。

実をいえば、日本国内とは異なり、福来博士の業績は海外では高

Fig. Ⅳ. 1

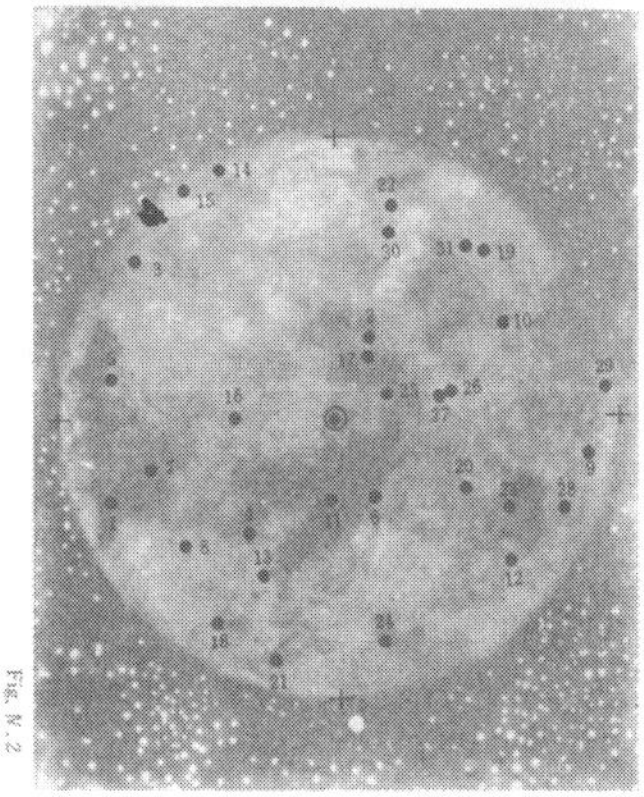

Fig. Ⅳ. 2

●図 Ⅳ. 1 は三田光一による月裏面念写図（昭和 8 年〔1933 年〕11 月 12 日）。図 Ⅳ. 2 は NASA 観測表による crater と Mare との位置を示したもの。

●Fig. Ⅳ. 1 is the thoughtograph of the hidden side of the moon by Kōichi Mita on November 12, 1933. Fig. Ⅳ. 2 is the location of major craters and Mares by NASA's table.

〔1〕 Tsiolkovsky, major crater
〔2〕 Korolev, major crater
〔3〕 Moscoviense, Mare
〔4〕 Ingeni, Mare
〔5〕 Mendeleev, crater
〔6〕 Apollo, major crater
〔7〕 Texas, major crater
〔8〕 Jules Verne, major crater
〔9〕 Orientale, Mare
〔10〕 Kibalchich, major crater
〔11〕 Oppenheimer, major crater
〔12〕 Cantor, major crater
〔13〕 Poincaré , major crater
〔14〕 D'Alembert, major crater
〔15〕 Campbell, major crater
〔16〕 Washington, major crater
〔17〕 Krylov, crater
〔18〕 Plank, major crater
〔19〕 Lorentz, major crater
〔20〕 Chebyschev, major crater
〔21〕 Schrödinger, major crater
〔22〕 Schrödinger, crater
〔23〕 Wiener, major crater
〔24〕 Zeeman, major crater
〔25〕 Galois, major crater
〔26〕 Confucious, major crater
〔27〕 Avogadro, crater
〔28〕 Pacificus, Mare
〔29〕 Veris, Mare
〔30〕 Kondratiuk(Mach),major crater
〔31〕 Timhomirov, major crater

後藤以紀著『月の裏側の念写の数理的検討』より
写真上　三田光一氏による月裏面念写像／写真下　NASA観測表によるクレーター等の位置を示したもの

い評価を受けています。高橋貞子さんという女性との念写実験に成功した福来博士は、この結果を学術論文にまとめ、世界で初めて英語、独語に翻訳し発表しており、しかも各国で行われた追試験も成功したからです。そのため、当初福来博士がThoughtgraphyと翻訳した念写は、国際的にNengraphyと表記されることになります。もちろん福来博士への敬意を表してのことです。

まさに快挙であり、この出来事を契機として、超心理学研究を掲げる施設が世界に増えていくのですが、福来博士の名前は我が国ではいまだに忘れ去られたままなのです。

見えない世界の探求を続けてきた私にとり、福来博士の勇気と行動力は、大きな励みになってきました。ですから、福来博士のご出身地である飛騨高山の訪問は、私にとって格別の感慨がありました。明治という時代に、透視能力や念写を大学の場で研究された信念と行動力に驚嘆するばかりです。それだけに、福来博士の業績が全く評価されていない現状はたまらなく残念です。

ではここで、福来博士が、どのような実験を積み重ね、いかなる経過で東京大学を追われることになったのか、その要点をまとめておきましょう。

東大の助教授時代、福来博士は、御船千鶴子《みふねちずこ》さん、そして裁判所判事夫人の長尾郁子《ながおいくこ》さんの二人の協力を得て、超能力の検証実験に取り組んでいます。

後に東大総長となる山川健次郎博士もその実験に同席していました。

千鶴子さんに対しては、一九一〇年（明治四三年）、厳重に封印された鉛管内の文字を読み取る透視実験が行われています。

千鶴子さんの透視は、予備実験の段階では成功したものの、彼女が透視に立ち合いを認めなかったことが、本番では大きな障害となりました。精神統一のためとして、彼女はあくまでも一人で透視を行うことを求めたのです。ところが、この態度に疑惑の念が向けられ、マスコミのバッシングにあった千鶴子さんは追い詰められ、最終的に服毒自殺を遂げてしまいました。

福来博士は、この悲しみに衝撃を受けるものの、翌年さらに長尾郁子さんの念写実験に取り組んでいきます。念写とは、観念の力で乾板を感光させることです。

しかし、郁子さんの実験に際し、東大理学部から派遣された助手が、実験箱に乾板を「入れ忘れる」という失態をおかすのです。

実験が始まるや、乾板が入ってないことに郁子さんが透視で気づいたため、その場は大騒ぎとなります。その助手は急いで立ち去り、状況を悟った山川博士は、その場で郁子さんと福来博士に謝罪する事態となります。

しかし、早々に帰京した助手、そして、のちに東大教授となる彼の上司から全く違った情報が新聞社に持ち込まれ、大々的に実験の失敗が伝えられました。

さらには、感光させた乾板が盗難されるという事件まで起こります。しかし、盗まれた乾板は、やはり郁子さんの透視により、破壊された状態で見つかったのです。

このような事実にもかかわらず、理学部の上司も、新聞社も、一度報じた内容を一切変えることはありませんでした。

山川博士も最終的には、反福来の論陣に加わっていきます。

福来博士、長尾郁子さんへの非難が集まり、ついには、ペテン師の汚名を着せられた郁子さんは、裁判官夫人でありながら、街を歩くと子供から石を投げられる有様となりました。

あまりの悲しみ、悔しさに苦しみぬいた郁子さんの肺は、その念の強さもあったのでしょう、ついにボロボロになり絶命してしまうのです。

郁子さんの葬儀の席で、福来博士は慟哭し、心労の重なった郁子さんの夫も程なく亡くなりました。何という悲劇でしょう。超能力研究に欠かせない重要人物をこのような形で失った福来博士に追い討ちをかけるように、学長名で退職勧告がなされました。

仕事半ばで大学を去ることとなった福来博士の心中は察するにあまりあります。しかし、傷心の福来博士に、その後あちこちから支援の手が差し伸べられることになります。そして、三田光一氏や高橋貞子さんとの出会いを通じて、世界に広まる研究を残されることになるのです。

映画リングのモデルとされる貞子さんは、郁子さんと同様に、重ねた乾板の中の一枚だけに文字を浮き上がらせることに成功します。従来の物理的な感光とは明らかに違う結果が得られ、さらに同様の事実が他国における追試験でも確認されるに至り、念写が世界的に認められていったのです。

ちなみに、福来博士が晩年を過ごされた宮城県仙台市には「福来心理学研究所」があり、福来博士の研究を今に伝えるとともに、定期的に会報を発行し、例会を開催しています。福来博士の母国である我が国においても、その業績を再評価する気運が盛り上がってくることを願ってやみません。

位山登拝

講演の翌日、蒲池さんご夫妻のご案内により登拝した位山で虹を上から見下ろすことができました。

このような体験は、人生で初めてでしたが、あまりの感動に思わず歓声をあげてしまいました。位山は、頂上へ向かうほど足が軽くなると言われていますが、私も中腹にある天の岩戸を越えたあたりから、実感できました。胸突《むなつ》き八丁《はっちょう》、頂上を間近にした場所には水場があり、流れ出る湧水はまろやかで美味しく、さらによく眺めると水の表面がキラキラと神々しく輝いていました。

頂上のすぐそばには、陰陽二つの大きな岩が鎮座していました。近づいてみると、両手がピリピリし始め、さらに二つの岩の間に入ると、両手の薬指がふるえ、手のひらが赤くなってきました。敏感な方は頭痛を訴え始めたほどでした。いにしえより祭祀の場として使われてきた神聖な磐座であったのでしょう。

この地に祀られる国常立大命の別名は艮《うしとら》の金神《こんじん》であり、艮とは北東を意味します。頂上はあいにく曇りでしたが、艮の方角に封じ込められたとされる国常立大命に感謝を捧げるために、私は北東を確かめ、その方向に向けひふみ祝詞を唱えました。

すると、霧雨とともに一陣の風が私たちの頭上を舞い、薄日が射してきたのです。何人かの方には、龍のエネルギーが見えたそうです。私たちの感謝の祈りに国常立大命様が応じてくださったかのようでした。

その時、蒲池和子さんが、「帰りにはきっと虹が見えるわよ」と口にされていただけに、帰り道の途中に虹を見下ろした時の感激はひとしおでした。

この先、自然回帰に向かう日本において、高山は間違いなく重要なスポットとなることでしょう。この地で活躍されるさまざまな方々とご縁をいただくことができて感謝しかありません。

蒲池龍之助さんに捧ぐ

この忘れがたい高山の旅において、蒲池龍之助さんには、最初から最後までたいへんお世話になりました。市民活動団体「あんきや」代表として、ご自身も楽しみながら地域社会に貢献されてきた蒲池さんでしたが、残念ながら二〇二二年一一月一日に急逝されました。この時期、思いもかけない別れが相次ぎ、私としては心沈む日々が続きました。深い感謝を捧げつつ、蒲池龍之助さんのご冥福を心よりお祈り申し上げます。

コラム

私的千里眼事件

福来博士は、千里眼事件を契機として、東京大学を追放されることとなりますが、この件以降、わが国においては超能力に関する研究は、公けに認められることはなくなりました。現在にいたるもその状況はまったくかわっていません。

そのような環境の中で教育されてきた私も当然遠隔透視、占いの類などは一切信じていませんでした。しかし……、

一九九一年のことでした。気に入ったマンションがあり、購入しようかどうか考えていたのですが、時はバブル華やかなりし頃、その金額はいかにも重い負担であり、しかもドイツへの留学の話もあり、ある程度しっかりとした蓄えも残しておかねばなりませんでした。

決断できずに夫婦二人で悩んだ末、意を決した妻が頼った先は、今は亡き占い師Hさんでした。占い師といっても、職業として標榜しているわけではなく、口コミで人が人を呼び、密かに評判となり、有名な政治家や経済人もひっそり通っているとの噂のある方だったのです。

いよいよ妻がHさんにお会いしてきたその日、帰宅した私に話しかける妻の顔がどこかしら青ざめて見えたのは、決して気のせいではありませんでした。なぜなら、聞いているうちに私も背筋が寒くなるほど

の空恐ろしさを感じることになったからです。

　じつは、妻も知らないことだったのですが、私が当時使っていた仕事机の引き出しには、日本全国の神社仏閣で買ってきたお札、お守りの類が無造作にしまい込んでありました。

　お土産としてもらったものもあれば、自分で記念品として買ってきたものもありましたが、問題なのは、神様の力を信じてのことではなく、観光地定番のペナントと同じように単なるコレクションとして扱っていたことでした。

　神ならぬ紙であるお札に神力などあろうはずはないと考え、時折眺めることはあっても祈りを捧げたりすることはなかったのです。

　さて、Hさんが、はじめに語り始めたのは、まさにこの机の引き出しの中の様子だったそうです。そして、〝こんなところにお札がいっぱい押し込められて、神様たちが怒っているよ。〟と妻に告げたそうです。私がその場にいれば、さぞ驚いたことでしょうが、机の中に何が入っているかまったく知らない妻はきょとんとするばかりであったようです。

　しかし、Hさんはさらに言葉を続け、今度は、机の上に置いてあった北海道で買ったアイヌの酋長の木彫りの小さなお面、さらには押入れに押し込んであったバリ島土産の民族衣装を纏った人形などを次々に言い当て、〝このように念が強いものは、ほったらかしにせずにどれも大切にしなければいけない、今回はしっかりと感謝を捧げて、神社でお焚き上げをしてもらいなさい〟、と告げたというのです。

アイヌのお面や押入れの人形は妻も知っているだけにその透視の正確さに驚き、あらためて〝神様が怒っている〟という言葉に戦慄するほどの恐ろしさを感じたそうです。もちろん私もまったく同様で、誰も知るはずのない机の中のお札を見通したHさんの能力に心底ぞっとしました。

いつもなら、このような話は訝しく思うのですが、このときばかりは否定する気持ちは微塵も湧いてきませんでした。その週末、Hさんが言い当てた品の数々を夫婦でかき集めて袋に入れ、近くの神社へと運び、お詫びとともに丁重にお焚き上げをお願いしてきたのです。

驚いたことに、Hさんの話はこれだけではありませんでした。

私の仕事が外科医であることを言い当て、〝外科の仕事には向いているけど、疲れると腎臓に負担がかかるから気を付けて。〟と言われたそうです。事実、私は何度も尿管結石を繰り返していたので、ここでもまた驚かされることになりました。

Hさんにみてもらうには紹介こそ必要でしたが、予約を取る際には、電話番号、住所はおろか、職業なども伝える必要はなく、名前を確認されるだけだったので、妻とHさんの間でトリックなど行うことは不可能でした。もちろん紹介者も、Hさんから詳しい事情を聞かれることはありませんでした。そのようなことをしたら、自らの評判を貶めることにもなるでしょう。それだけに、私たち夫婦はHさんの尋常ならざる能力を認めざるをえなかったのです。

このときは、後に触れるドイツ留学が決まるか決まらないかという時期でもあったので、この件についても妻は尋ねたそうです。

するとHさんは、〝とてもいい話である、後々にもよい関係が続くからぜひ行った方がよい、ただ、相手先のドクター（ドイツ・ハノーファー医科大学、Reinhard Pabst、ライナート・パプスト教授）は勤務先が変わるかもしれない、そうなるとこの話は無理かもしれない。〟、と答えたというのです。

勤務先が変わる？　まさか、そんなことまでわかるわけはないだろう、と私もさすがに半信半疑でした。しかし、その数週間後、パプスト教授から、〝他大学から招聘の話がきており、ひょっとしたら君を迎える話は先になるかもしれない〟との手紙が送られてきて（当時、Email はまだありませんでした）、またまた夫婦で飛び上がるほど仰天させられることとなったのです。

幸い、ハノーファー医科大学側では引き止めのために副学長のポストを用意したので、パプスト教授も翻意され、めでたく私は留学できることになりました。

後日談となりますが、私がドイツに到着した一九九三年四月、パプスト教授は、副学長から学長に昇進され、大学を挙げての華々しい学長就任パーティが催されました。光栄なことに私も参列することができたのですが、なんとも嬉しいタイミングであり、私にとってはこの上もなく幸運なことでした。

留学から帰国後もパプスト教授は、一外科医に過ぎない私たち家族のことを気に懸け、来日のたびにお忙しい中、時間を割いて私たちと会う時間を取ってくださいました。

私も、ヨーロッパでの学会発表のたびにハノーファーに立ち寄る時間を設け、その数は五回に及びました。パプスト教授が定年退官された今も連絡を取り合っています。まさに後々にまでよい関係が続く、とのHさんの御宣託通りになったわけです。

さて、マンションについても付け加えておきましょう。

かのマンションは半ば買うつもりで手付金をすでに払っていたのですが、Hさんの助言は、一言、〝今は買うな〟、でした。もちろん私たちはその一言を信じ、すぐ手付金を払い戻してもらい、キャンセルすることにしました。

その後、弾けつつあったバブル景気が一気に萎み、マンションは急速な値下がりを始めることとなります。Hさんのご宣託から半年ほどしてからのこと、住宅情報誌を眺めていると、なんと私たちが手付金をはらったあの部屋がそのまま掲載されているではありませんか。

最初のときよりも販売価格はぐっと下がっており、しかも、当時の販売会社は倒産し、他社に代わっていたものですから、私たちが手付金を払った記録などは残っていませんでした。

応対した販売員は、この先のさらなる値下がりを予想してからか、売り急いでいる様子が素人目にもはっきりと見てとれました。値段はさらに下がるかもしれないとの思いはありましたが、住みたいときが買い時と考え、その時点で購入する決断をしました。結局、この家には長女が大学を卒業して自立するまで二〇年以上にわたって住むことになりましたが、交通の便もよく、買い物にも便利、しかも環境も閑静で言うことなしの物件でした。Hさんの助言は、今は買うな、で、絶対買うな、ではなかったわけですが、その深い意味を後々理解することとなり、またしても助言の確かさに驚き、あらためて感謝の気持ちで一杯になりました。

このように、Hさんから頂戴したさまざまな〝お告げ〟のひとつひとつが私たち家族にとっては何物にも代えがたいほど貴重な道しるべとなったのです。

客観的に証明することはできませんが、すべて事実であることは私が身を持って体験しています。私が目に見えない世界を受け入れるきっかけの一つは、間違いなくこのHさんとの出会いでした。言うならば、Hさんこそは、私にとっては、見えない世界にいざなう千里眼そのものだったのです。

もちろんこのような世界は玉石混交、高い能力を持っていてもすべての人がHさんのようにふるまうわけではありませんが、能力、人徳ともに信頼に足る方は、金銭欲、名誉欲などのエゴから離れ、謙虚で人を脅かすようなことは言わない方が多いようです。

Hさんもご多分に漏れず、決して法外な見料をとることはありませんでした。見料は決まりがなく最後に伝えられるのですが、人によって異なっていたようです。まるでこちらの経済状況を見透かしているかのようでした。真に力量がある人は、自らの力がどこから与えられているのかということを十分に理解されており、お金を得るよりも悩んでいる人の力になれること自体が喜びであるようです。

特殊な能力があるとされる方から助言を受け取る場合、相手の言葉がエゴや欲に捉われていないかどうかなどを見極めること、他人の話をそのまま鵜呑みにすることなく、与えられた情報を自己責任で判断し取捨選択すること、などが不可欠な態度であると私は考えています。

第二部　千島学説が予見していた最新の幹細胞研究

千島・森下学説とは

さて、高山市出身の学者として、もう一人、決して忘れてはならないお方がいます。その人は、岐阜県吉城郡上宝村（現・高山市）出身で、岐阜大学農学部教授を務めた千島喜久男《ちしまきくお》博士です。

東大助教授の立場で千里眼実験を行った福来友吉博士が人文科学分野で研究を重ねたのに対し、千島博士は自然科学分野で貴重な業績を残されています。

千島博士が唱えた学説は、森下敬一博士によって継承発展され、「千島・森下学説」（以下千島学説）と称されていますが、統合医療に関わる人たちの間では、自らの治療体験がこの説で説明できるために、今でも根強く支持されています。

現在の医学界では、細胞は細胞分裂によってのみ増殖する、との説が定説として受け入れられています。しかし、千島博士は自ら重ねた数多くの実験結果をもとに、この説に敢然と反旗を翻しました。そして、〝細胞は細胞構造をもたない有機物から自然発生的に新生する〟という「細胞新生説」を提唱したのです。

また、赤血球は老化によって核を失った死の手前の細胞ではない、それどころか、核を得てどのような細胞にでもなり得る赤血球こそが万能幹細胞であり、すべての体細胞に変化する可能性を秘めている、しかも大量出血後などの危機的な状況を迎えると体細胞は再び赤血球に逆戻りすると説く「血球可逆説」、そしてさらに、造血は主として腸で行われる、骨髄造血は通常では起こりえない現象と主張し、有名な「腸造血説」などを千島博士は次々に唱えていきました。

正規の医学教育を受けた者にとっては、いずれもが従来の常識を根底から覆されるような説ばかりです。大学の授業では細胞分裂の動画を折に触れて目にし、臨床現場では骨髄移植により白血病の患者さんの命が救われているという現実を実際に体験している医師にとっては、細胞分裂も骨髄造血もごく当たり前の現象であり、否定されても容認できるものではありません。

しかしながら、私たち医療者が固く信奉してきた現代医学の常識には、全く問題がないのでしょうか。実のところ、従来の原理原則では説明できない数々の現象があることも確かなのです。

たとえば、お母さんのおなかに入っているときは無菌状態であるのに、生後まもない新生児の腸内にはすでにビフィズス菌の存在が確認されます。出産の際、産道から経口的に入るとの説もありますが、帝王切開で生まれた新生児には適用できるものではありません。

さらに言えば、脳細胞は細胞分裂しないので脳梗塞で一度失われた脳組織は再生しない、という説が現代医学の常識ですが、しかし、成人の脳は、

千島喜久男博士（1899〜1978）

胎児期に比べると重量も容積も著しく成長しており、細胞数も増えているという事実があります。

近年は幹細胞の研究が進み、さまざまな解析が進んできていますが、なぜ脳の細胞数が増加するかについての定説はありません。この謎を現代医学はいまだに解き明かしてはいないのです。

千島学説とセントラル・ドグマ

千島博士が細胞分裂説を疑うきっかけとなったのは、ニワトリの卵の黄身（卵黄球）が赤血球に変化（分化）し、その赤血球がさらに生殖細胞に変化している様子を顕微鏡下で観察したことでした。最近は滅多に目にすることはなくなりましたが、以前は、生卵の黄身に時折少量の血液が付着していることがあり、血卵と呼ばれていました。今思えば、卵黄球の一部が変化した赤血球であったのかもしれません。

千島博士が観察した赤血球は、タコの足状に細胞質を放出し、その細胞質が溶け合い、集団化し、その集団はしだいに細胞核をもつ一個の単細胞になっていきました。

このように、細胞が集合し（Aggregation）、溶け合い（Fusion）、分化発展（Differentiation）していく過程を千島博士は「ＡＦＤ現象」と名付け、生命生成発展の原則と提唱しました。そして、「ＡＦＤ現象」は、細胞新生の一つの過程になるが、「逆ＡＦＤ現象」は衰亡、退化、死への道となると考えたのです。

その後、千島博士は、幼生期のカエルを用い、その尾部毛細管壁から赤血球が血管外に徐々に脱出し（18～30

分の間に）、白血球に変化する様子を経時的に観察し、日本動物学会で発表しています。

このような観察結果から、千島博士は赤血球こそが細胞の分化発展の大元、と考えるようになります。しかしながら、現代医学においては、細胞は「ＤＮＡを含む核と細胞質と膜をもっていること」と厳密に定義されているため、核を有さない哺乳類（人を含む。鳥類以下の赤血球は有核）の赤血球を細胞と呼ぶことはできません。細胞を規定する根本条件に矛盾することになってしまうからです。

では、細胞とは言えない赤血球をどう解釈するのか、この点において、医学界と千島博士の見解はまさに真二つに分かれたのです。

現代医学や生物学における常識では、赤血球は成熟に伴って核を失い、間もなく寿命を迎え、脾臓などで処理される老化した細胞と考えられています。

しかし、千島博士は、哺乳類などの無核赤血球が核を生じる過程で核酸（情報貯蔵物質であるＤＮＡ、ＲＮＡの総称）が合成され、リンパ球やその他の白血球に移行する像を確認したことから、赤血球とは、多種類の細胞へ分化する能力をもつ多潜能（Poly potency）、又はすべての細胞へ分化する潜在的能力をもつ全能（Totipotency）細胞であると考えました。つまり、千島博士は現代医学における常識とは全く逆に、哺乳類の無核赤血球は、老化した死にゆく細胞ではなく、細胞に分化する前の幼稚園児のような状態と主張したのです。

もし、無核の赤血球の中にＤＮＡを含む核が後から生じてくる、という千島博士のこの仮説に従うなら、核内のＤＮＡは細胞質内の蛋白質から合成されるということになります。

しかし、現代の生命科学においては、ＤＮＡが生命活動の中心という厳然としたセントラル・ドグマ（central

dogma、中心原理）があります。

セントラル・ドグマとは、地球上の生物は、DNAの情報が、RNA（DNAの情報を伝達する物質）を介して伝えられ、蛋白質の構造や機能を決定し、生命活動が営まれると規定する大原則です。

セントラル・ドグマに従えば、生命現象の基本である生物の形態や機能などを決定する蛋白質の合成は、遺伝子情報の担い手であるDNAによりすべてが決定されます。したがって、細胞分裂における遺伝情報も、まずDNAの複製から始まります。次いでこの情報は、DNAの転写→RNAへの翻訳という経路に沿って伝達され、最後に、伝えられた遺伝情報に基づいて蛋白質が合成され、細胞が増殖するということになります。

当然のことながら、膜とヘモグロビンしか持たない無核赤血球には、DNAやRNAが存在しないため、生命科学の常識からは赤血球を大元の細胞とみなすことはできません。従って、核のない、つまりDNAを持たない赤血球から蛋白質増殖を伴う細胞の発生が起こるなどということは、現代の定説であるセントラル・ドグマに反した荒唐無稽な俗説とされてしまうのです。

しかし、千島博士は、数多くの観察から、

> 蛋白質を主体とする原形質（細胞質）がまず合成されて、その後で細胞質中にRNAやDNAを生じ、細胞核が新生することはたしかな事実である。（…）私の理論的推論によれば、細胞質（主として蛋白質）↓核タン白↓RNA↓DNAの順序で合成が行われるだろう。分子生物学では蛋白質を合成するのはDNAだとしているが、これはむしろ逆である。蛋白質からDNAを合成することは事実である。

赤血球が他種の細胞へ分化するときには、一度血球が破壊されたような形（私はこれを血球モネラとよんでいる）になるので、一般の血液学者はそれを赤血球が〝そのまま破壊し、消失するものだ〟と信じている。そのまま消失するものではなく、その赤血球モネラの中にＤＮＡを含む新しい細胞核が新生するのである。

との主張を取り下げませんでした。（『血液と健康の知恵』千島喜久男著より）

私自身、正規の医学教育を受けたものとして、セントラル・ドグマを固く信じてきました。しかし、後述しますように、千島博士が語る「モネラ」という概念を知ってから、私の信念は大きく変わっていくことになるのです。

細胞増殖は、細胞分裂によってのみ起こるのか？

繰り返しにはなりますが、現代生物学の定説によれば、生物の基本単位である細胞は、細胞分裂によってのみ増殖するとされています。

ところが、千島博士は、この定説に異議を唱え、赤血球の細胞質中には遺伝物質はないがＤＮＡの先駆的要素が存在する、その細胞質の変化によってＤＮＡが合成される、と提唱したのです。

ＤＮＡよりも蛋白質が先、と考える千島博士のこの説は、セントラル・ドグマと真っ向から対立することとなり、

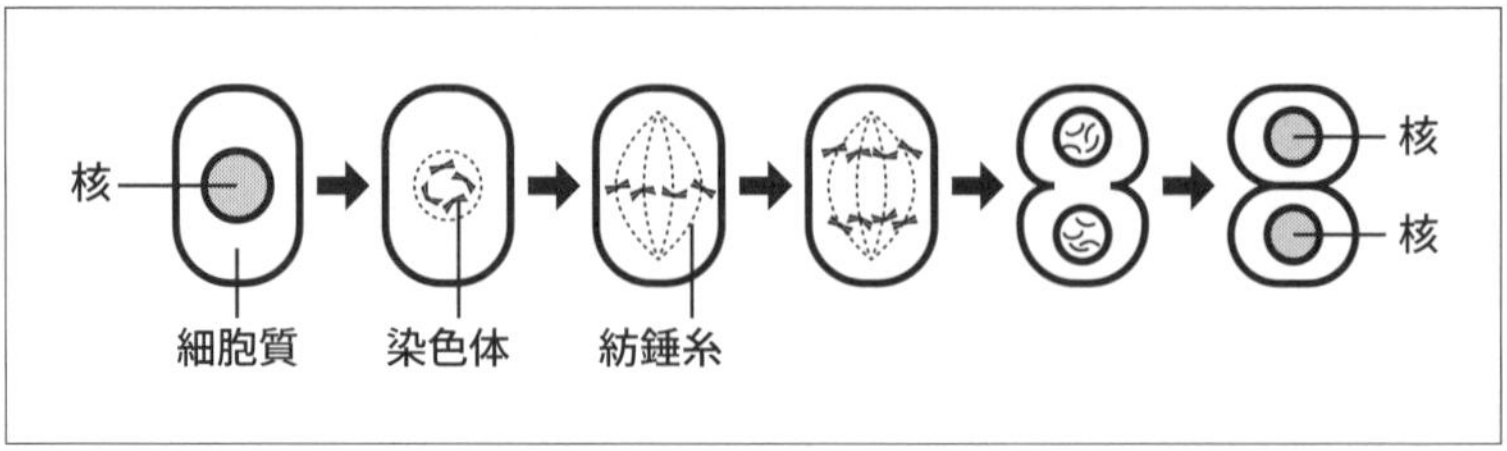

細胞分裂による細胞の増殖

孤軍奮闘の千島博士は圧倒的に不利にみえます。

しかしながら、核内のＤＮＡが合成される以前に、細胞内にすでに蛋白質が合成されているという事実があり、かのフランシス・クリック博士（ＤＮＡ分子の二重螺旋構造の発見者）も、蛋白質の酵素作用なしではＤＮＡ分子の合成自体不可能であることを認めていたことを論拠とし、千島博士は一切怯むことはありませんでした。

セントラル・ドグマ自体、矛盾を内包することを知っていた千島博士は自説を曲げることなく、鉄壁のセントラル・ドグマが支配する医学界や生物学界に敢然と挑んでいったのです。

> 親から子への遺伝質があるとすれば人間の場合赤血球の原形質（細胞質）の中にその素質が含まれ、それを母体として核酸ＤＮＡができることになる。だから遺伝の本体と考えられている遺伝子は、血液の中、特に赤血球中に存在するものと云われなければならぬ。古代人が血液を遺伝と同義語として使った事は正しかったわけである。だから健全な子供を生むためには血液、血球を健全、清浄にすることが先決問題である。

血液（特に赤血球）こそ親子の遺伝的形質を伝える本体である、赤血球からＤＮＡ

が生じるのだ、千島博士による既成の学説に対する堂々たる宣戦布告です。

遺伝における血液の重要性について、千島博士は、血という言葉自体、言霊的に霊（チ）に通じ、昔の人は、血を霊的なもの、生命の本体と考えていたのではないか、そして、血のつながりは、血統、血縁、血筋、血族などの言葉が示すように、古来遺伝と同義語とされてきており、旧約聖書でも、肉体の生命は血に宿ると記載されている、と述べています。

千島博士は、このように血液と遺伝に注目し研究を続けていくうちに、骨のないオタマジャクシで腸造血が観察されたこと、造血巣は下等動物から系統発生的に調べると消化器が造血の中心になっていること、などの事実に注目するようになり、造血に関する新たな学説をも構築していくことになります。

また、血液に関するこのような洞察が、さらなる千島流健康論に発展していきます。そして、千島博士は自らの健康論を通じて、〝血は生命の根源〟という先人の直感を現代医学が正しく理解するなら自ずと治療はかわるはずだ、との信念をもとに独自の健康論を展開していったのです。

千島博士による五大原理

以上のように、細胞新生説、赤血球分化説を主張した千島博士は、自身が打ち立てた八大原理のうちの次の五つの原理をもって細胞分裂説は誤りであると唱えています。

・第一原理（赤血球分化説）：人間や哺乳動物の無核の赤血球は、有核のすべての体細胞や生殖細胞を形成する母体である。
・第二原理（血球と組織との可逆的分化説）：断食や飢餓の場合や、発生過程の場合では第一原理に従って生じた卵黄球、脂肪、筋肉、その他すべての組織はそれぞれ、胚子細胞や血球へ逆分化する。この場合も一種の細胞新生である。
・第三原理（バクテリアの自然発生説）：有機物の腐敗によって親バクテリアの存在なしで、バクテリアが自然に発生するという事実は、これもまた細胞新生説の一種である。
・第四原理（細胞新生説）：オタマジャクシやニワトリの卵黄球を始め人間や哺乳類の赤血球は腸のモネラ（長堀注：核を持たない生物を意味する言葉、千島博士は、細胞が崩壊した無構造な状態をモネラと命名し、新たに細胞を生み出す原因物質と考えた）から生じる。赤血球は核がないから細胞ではないが、その無核赤血球から有核の白血球を生じ、更に生体のすべての体細胞や生殖細胞を生じる。病的の場合はがん細胞や炎症に関わる諸細胞、外傷の治癒組織細胞も赤血球から細胞新生によって生じることを発見した。
・第五原理（腸造血説）：食物消化産物から腸絨毛（長堀注：小腸表面のビロード状の細かい襞構造、次ページ図参照）の壁細胞を新生し、血球を生じる。赤血球は食べたものから造られる、つまり「食べたものが血となり肉となる」のだ。

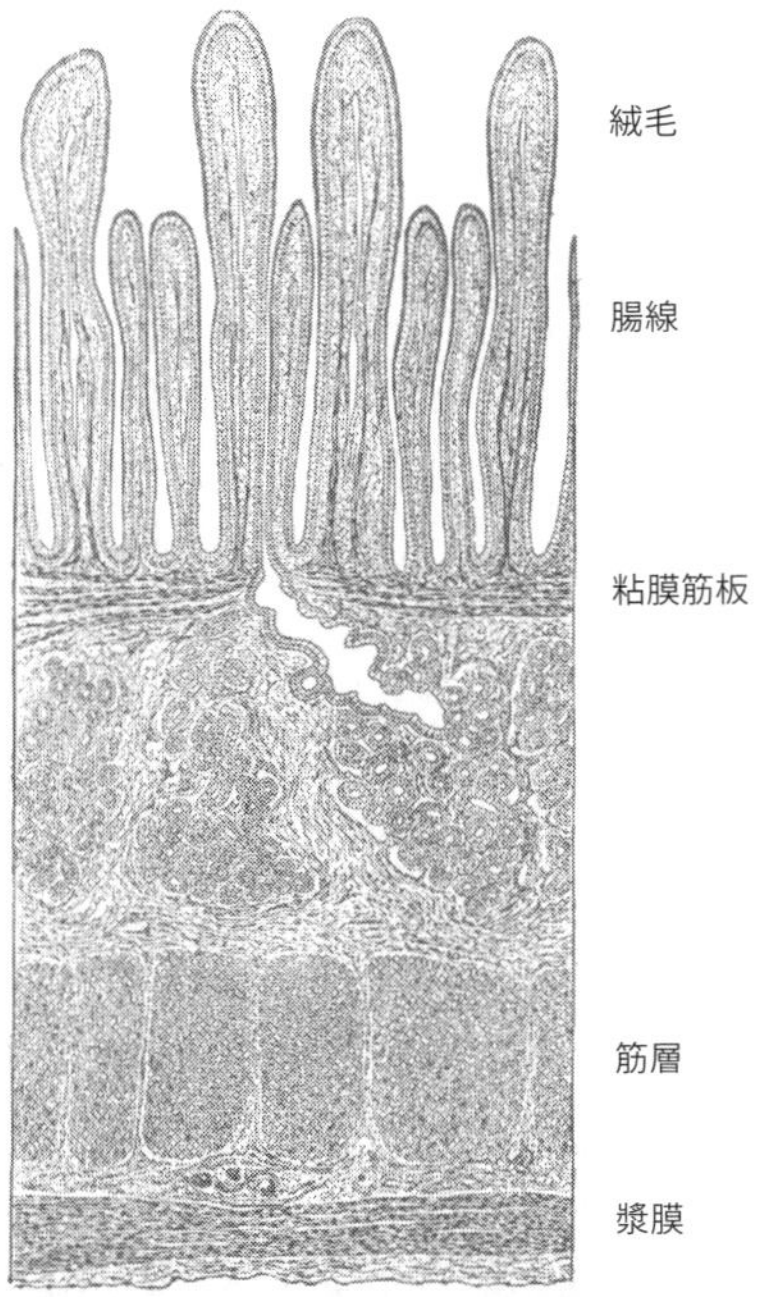

腸の絨毛構造『グレイ解剖学』より一部改変

時代は下り、東京歯科大助教授であった森下敬一博士も、ガマの赤血球を用いた実験において、赤血球が変化して細胞核を持つ一個の単細胞になっていく様相を確認しています。しかも、その新細胞を染色してみると立派な白血球であったことから、千島博士の学説を裏打ちすることになりました。

その後、森下博士は、腸造血説に基づいた健康論を応用したクリニックを開設し、食事と健康について、臨床的な経験を重ねていきます（二〇一九年一二月三一日にご逝去）。

森下博士はかつて、衆議院科学技術振興対策特別委員会にがん問題参考人として召喚され、血液の浄化の必要性などにつき、自らの理論を三回にわたり国会で証言しています（一九六六年四月七日、一九六八年三月二一日、一九六九年六月一二日）。しかしながら、当時癌研究所所長であった吉田富三博士は、がん専門の研究者だけで討論すべきとの見解から、第一回しか参加せず、がんと血液浄化の問題が研究者の耳に届くことはありませんでした。

脾臓の再生現象とモネラ

千島博士が第四原理で言及しているモネラという言葉を初めて耳にされる方も多いことでしょう。

私自身、消化器外科医として先達にあたる酒《さ》向《こう》猛《たけし》博士の著書『隠された造血の秘密』を読むまで、モネラはまったく馴染みのない言葉でした。

しかし、同書に記されていた〝赤血球はモネラから生じる〟との表現を目にした瞬間、私は思わずハッとしました。なぜなら、かつて学位研究に取り組んでいた時に解決されずに残された疑問が、このモネラ仮説により説明可能となることに気が付いたからです。未解決であった疑問を思い出すや否や、私は即座にかつての実験データを探し出し、もう一度見直してみました。すると、大変興味深いデータを発見することになったのです。

当時私は、脾臓という臓器についての研究をおこなっていました。学位研究の詳細をご紹介する前に、まず、その脾臓について簡単に説明させていただきます。

脾臓は、小児期においては重要な免疫臓器として働き、脾摘出後には重篤な感染症や敗血症が発症することが知られます。

解剖学的に見ると、胃の背側に接するように存在し、脾臓を栄養する動脈は、重要な血管である腹部大動脈（図参照）から直接枝分かれしています。また、血液を体に戻す脾静脈は、門脈（ほぼ全ての消化管からの静脈血を集めて肝臓に流す）というこれもまた重要な血管に合流しています。ですから、日々脾臓を流れる血

酒向猛博士

液量は膨大であり、体にも少なからぬ影響を与えているはずと考えられていました。しかし、最近の研究では、他の免疫臓器が発達してくる成人期においては、脾臓はそれほど重要ではないと見なされるようになっています。

ただし、東洋の陰陽五行説では、脾臓は、胃とともに「木火土金水」の五要素のうちの「土」に属し、消化吸収を調節し、体に必要な栄養物を全身に供給する作用があり、脾臓が弱ると消化不良、食欲不振などを生じると説かれています。

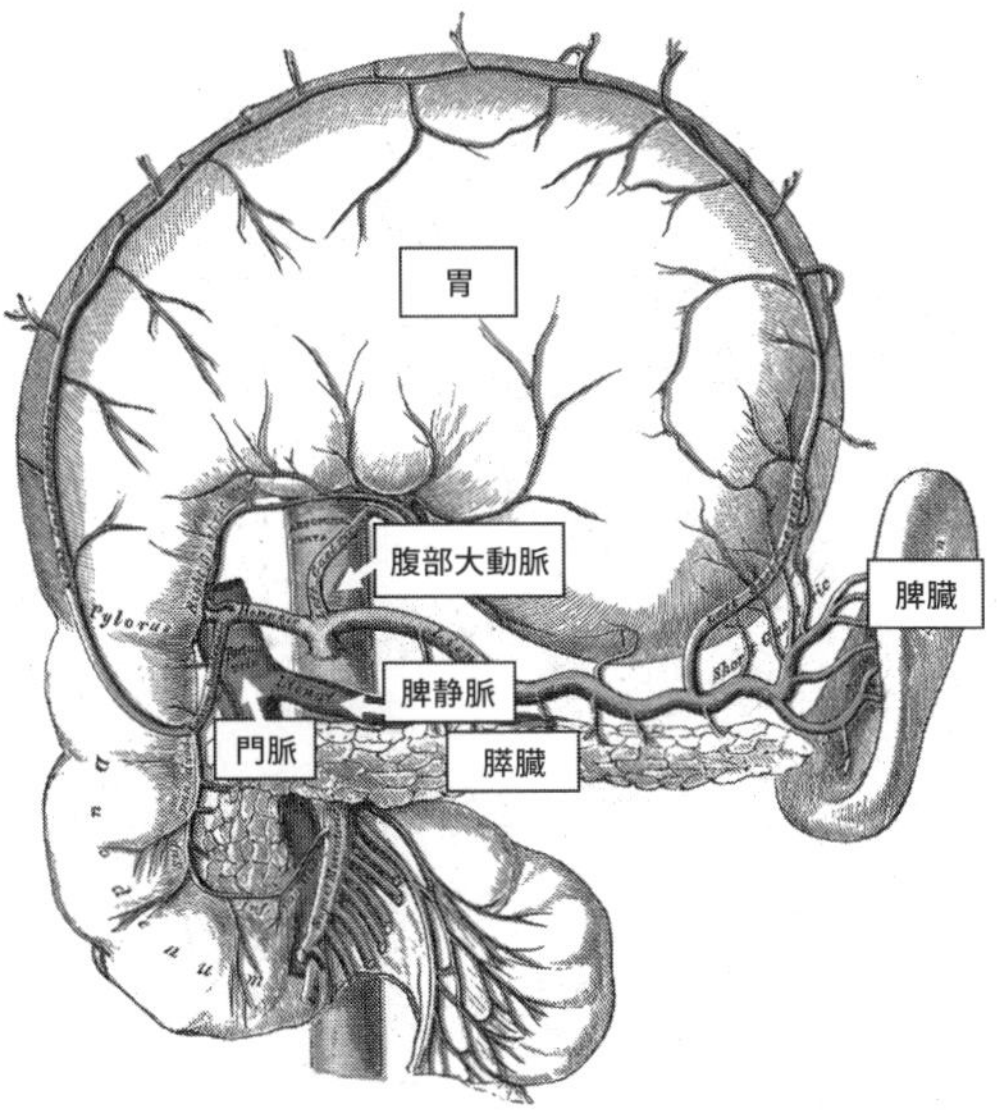

中央を縦走する太い血管が腹部大動脈。胃を挙上しその裏側を観察している。『グレイ解剖学』より一部改変

また西洋の神秘学においても、脾臓は消化管からの栄養摂取の調節に深く関わっているとされ、さらには霊的な傾向性を有し、切除してもエーテル体の脾臓が容易に発生してくると考えられています。

実際に、腹部の外傷などで脾臓が破裂した後、とび散った脾破片がお腹の中で再生し、生着している様子が観察され報告されています（脾症 Splenosis と称されます）。その様は、あたかもエーテル体の脾臓鋳型が存在するかのようです。

私の学位研究に選ばれたテーマは、まさにこの脾臓の再生現象だったのです。

交通事故などで損傷した脾臓から激しく出血すると

きや、胃がん手術などに際し、脾臓が摘出されることがあるのですが、その際、取り出された脾臓を細かくスライスし、今一度お腹の中に戻すという手術が当時行われていました。

脾臓の旺盛な再生能力に期待をかけ、脾臓の免疫能を温存することを目的として行われていたこの手術は「脾自家移植術（自家移植：自己の臓器をそのまま移植する）」と呼ばれていました。

移植された脾臓の再生過程とその免疫能を検討し、臨床データと比較分析することが私に与えられた研究テーマでした。

私は、マウスを用いた実験を開始し、取り出した後にその脾臓を三片に切り分け、そのうちの一片を同じマウスのお腹に戻すという手術を繰り返しました。その結果、自家移植された脾臓の組織は、驚くほど鮮やかに蘇ってくることが確認されたのです。この現象はじつに神秘的で、今思ってもとても興味深い研究でした。

結果的には、この研究成果がドイツ・ハノーファー医科大学のライナート・パプスト（Reinhard Pabst）教授に認められ、のちの研究留学につながっていきます。

脾臓の組織は、血管こそ老廃物をろ過するための特殊な機能を有していますが、その他はさまざまな血球、細い線維性の結合組織や膜から構成されており、肝臓や膵臓にみられるような消化液やホルモンを分泌する臓器独自の細胞はないとみなされています。

そのため、生体内における脾臓の内部は、体内を循環する白血球や赤血球などの血球がそのほとんどを占めるということになります。つまり、自家移植という操作により血流が途絶え、血球が崩壊して壊死（細胞や組織の死）に陥った脾臓の組織とは、まさにモネラの塊そのものになるのです。

すなわち、自家移植された脾組織の再生の研究とは、結果的には、生体内におけるモネラがその後どのような経過をたどるのか、を観察することに他ならなかったわけです。

先ほども述べましたように、モネラとは、古い生物分類学の用語で「核を持たない生物」を意味する言葉であり、千島博士は、細胞が崩壊した無構造な状態をモネラと命名し、無構造ではあるけれど、「生きている原形質（生命体）」と考えました。

そして、腸管内の食物残渣や崩れた細胞からなるモネラから新たな細胞が生まれる、つまり、千島博士は、自身の研究からモネラが新たに細胞を生み出す原因物質であると想定したのです。

病理学の帝王と称されるルドルフ・ウイルヒョウ以来（後述）、「細胞は分裂により細胞から生まれる」という説が医学の世界では燦然と輝く金科玉条とされてきました。したがって、当然のことながら、モネラから細胞が生まれるという細胞新生説は、現代医学界からは無視され続けてきたのです。私も脾臓再生の研究をしていなければ、おそらくは同様に考えていたことでしょう。

しかし、千島博士の説を頭において、かつて取り組んだ実験データを見直した私には、脾臓の再生が全く違った現象に見えてきました。

脾組織内で起きたＡＦＤ現象

それではここで、私が行った実験の結果をお示ししましょう。

この写真が、本章において最も重要な所見となります。

図1は、移植七日後の組織像です（カラー図1参照）。

移植された脾組織の中心部には、細胞構造のはっきりしない大きな壊死組織が広がっていますが、この物質こそが、千島博士が指摘するところのモネラに違いありません。千島学説に従うなら、この組織は、死んだ細胞ではなく、細胞を新たに生み出す原因物質ということになりますが、その説を裏付けるかのように、その周囲にはすでに赤血球とリンパ球の集塊が認められているのです。


つづいて、図2にその拡大像を示します（カラー図2参照）。

無構造の壊死組織（図右側）の周囲（図左側）に、赤色に染まる赤血球や濃い紫色に染まるリンパ球が集まっています。

図2の写真をさらに拡大してみましょう（カラー図3参照）。

モネラと思われる移植脾組織中心部の壊死物質の近くには、核が淡く染色される細胞が散見され、すぐそばには赤い細胞質と紫色に染まる核を有する細胞（有核赤血球か、黄矢印）が確認できます。

また、その外側には、融合した核を有する細胞を認めます（青矢印）。

また、核が濃い紫色に染まるリンパ球が、移植脾組織の外縁部に集中し（白矢印）、黄矢印が示す淡く染まる細胞とは、明らかに異なる所見を呈しています。しかも、これらの特徴を同じくする多様な細胞群は、それぞれ中心部から外側へとほぼ規則的に並んでいます。

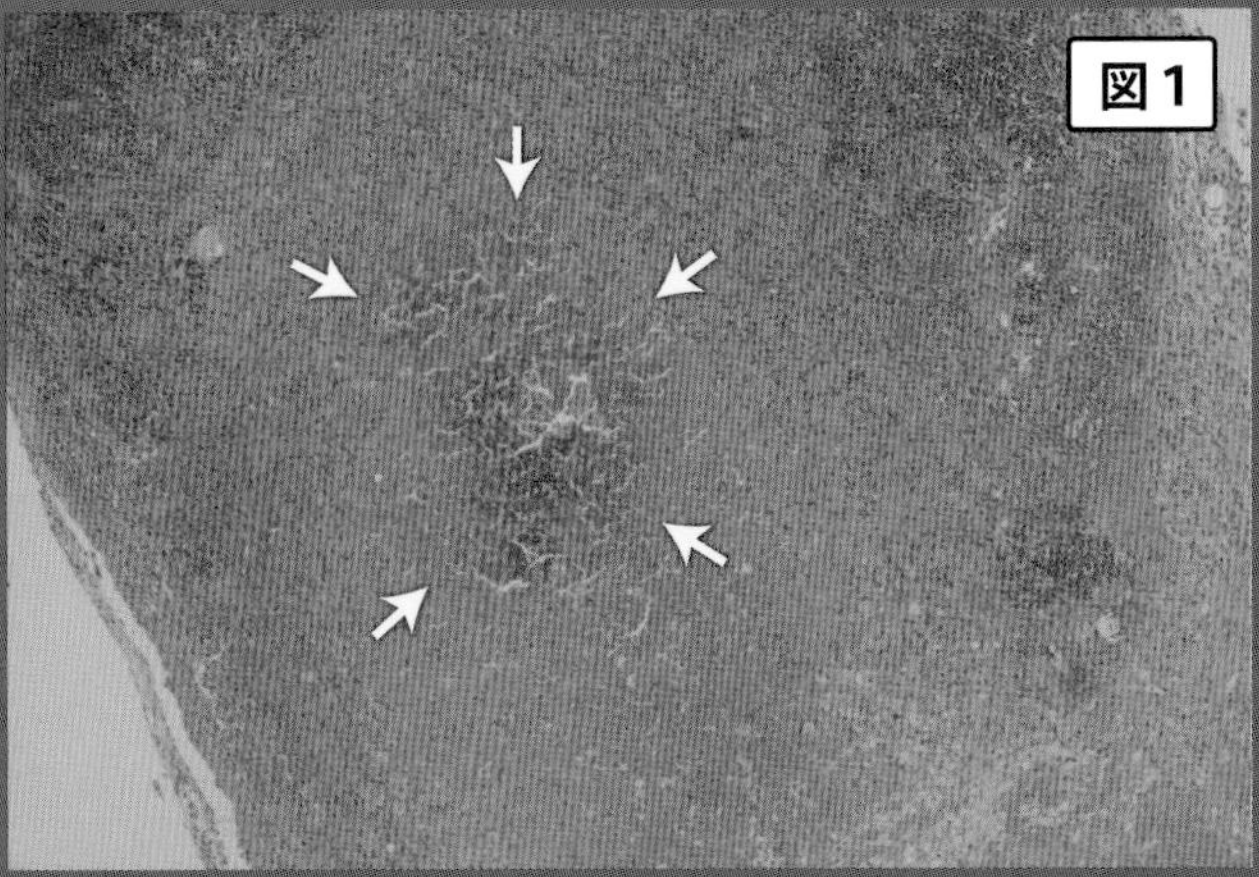

図１　移植脾組織　弱拡大による所見

移植７日後　　中心部に大きな無構造の壊死組織がみられる

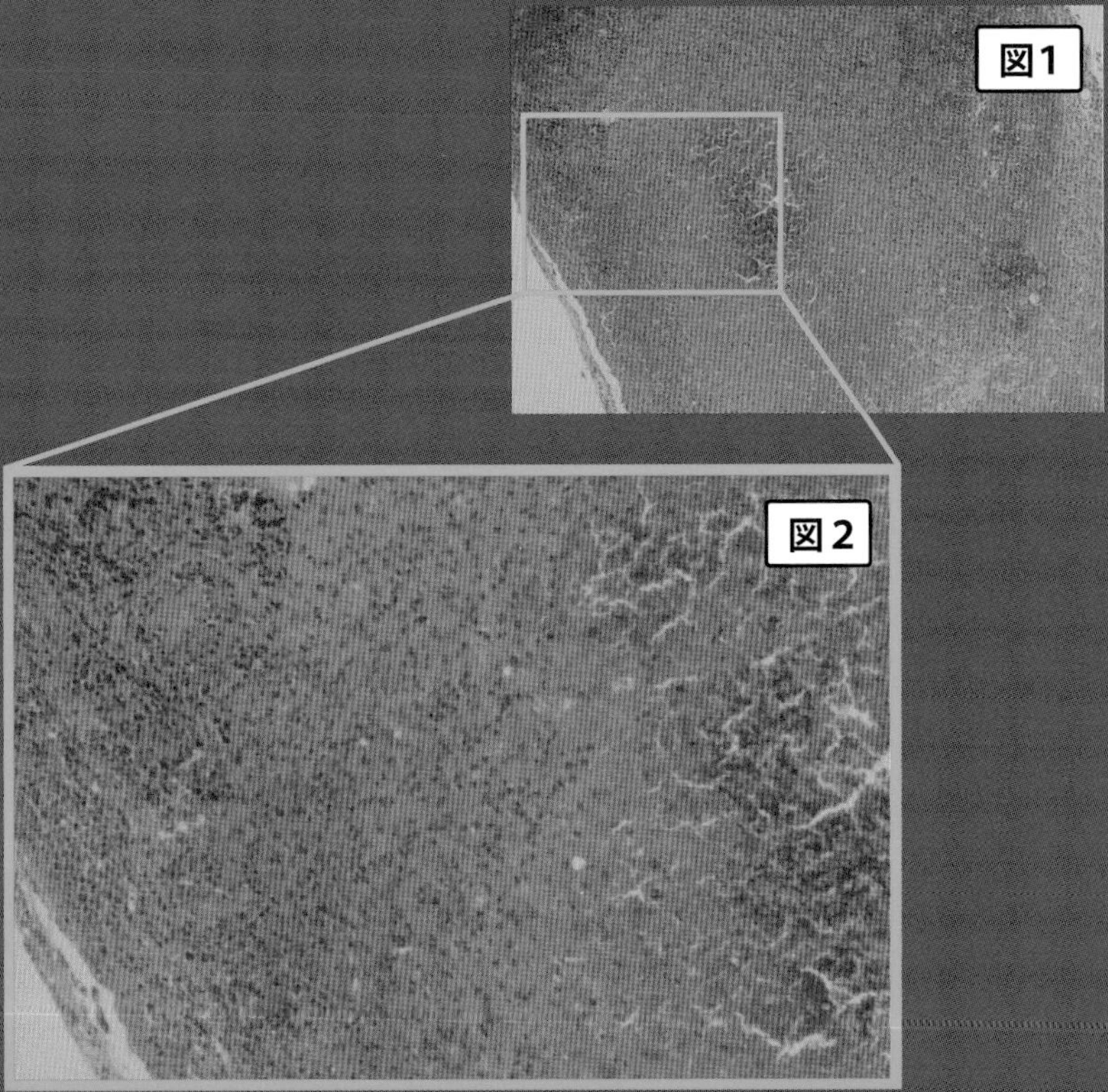

図２　移植脾組織　強拡大（×100）による所見

中心部の壊死組織（図右側）の外側（図左側）に紫色に染色された核を有する
細胞が存在している

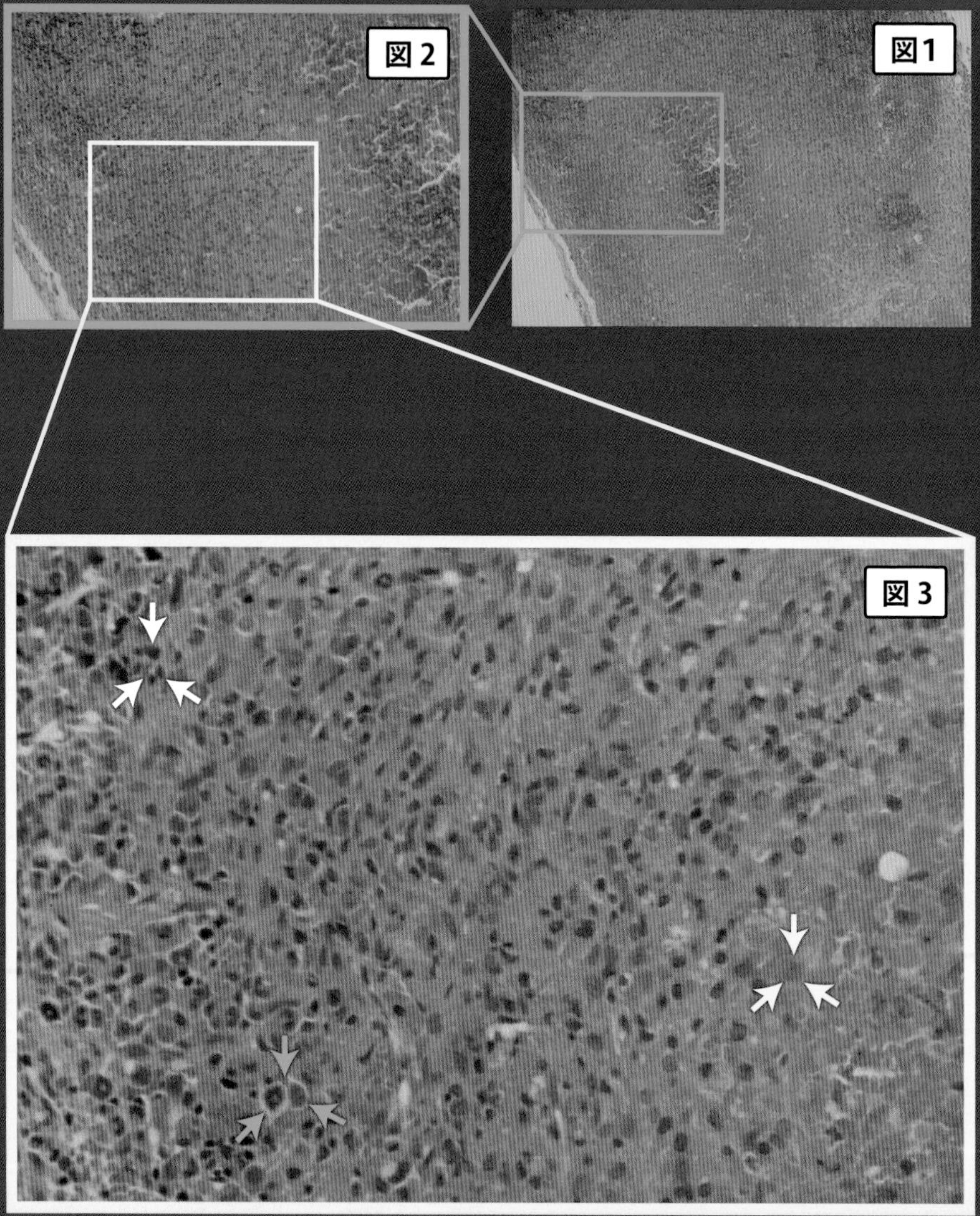

図３　「図２」のさらなる拡大所見

黄矢印：中心部（図右側）の無構造な壊死組織の近傍に、赤い細胞質と紫色に染まる核を有する細胞（有核赤血球か）を認める

青矢印：その外側に、複数の核が融合した細胞が散見される

白矢印：外縁部に、濃い紫色に染まる核を持つリンパ球が密集している

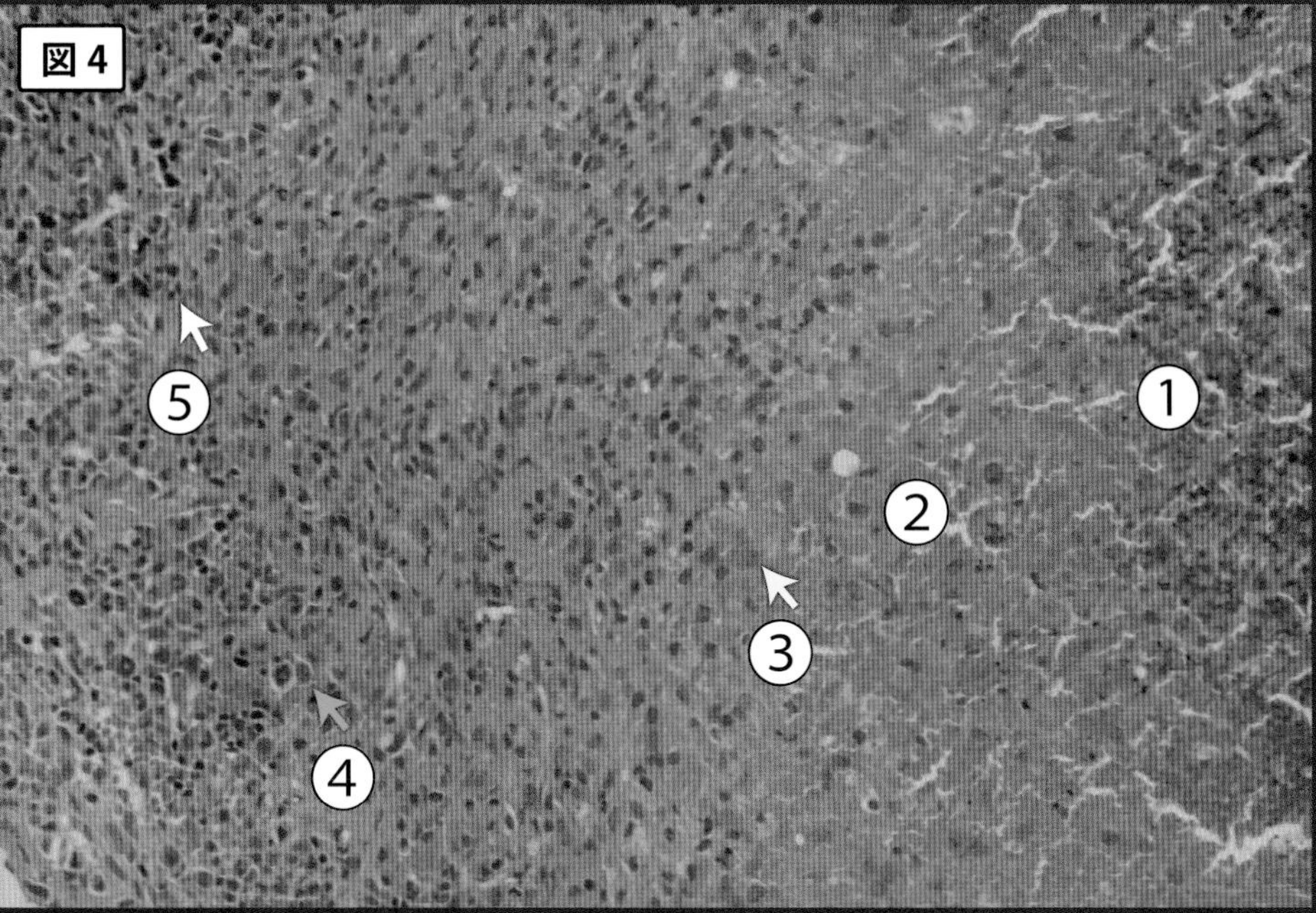

図 4　AFD 現象の過程と思われる規則的な細胞配列

中心部（図右側）から外側（図左側）に向かって、特徴を同じくする多様な細胞群が、ほぼ規則的に並んでいる
①モネラ→②赤血球→③有核赤血球④有核赤血球の融合→⑤リンパ球の放出へと変化していく過程が連続的に示されている

※この細胞配列は、千島博士が説く生成発展の原則である AFD 現象、つまり、細胞が集合し (Aggregation)、溶け合い (Fusion)、分化発展する (Differentiation) という変化そのものだが、この静止した画像から確認できることは、あくまでも脾移植片の壊死組織(①) の周囲に多種類の血球が出現しているという状況のみである（連続的な観察ではないことから、④の細胞群（有核赤血球の融合）からリンパ球が放出されるという千島博士が観察した現象そのものを見極めることはできていない）。

図5

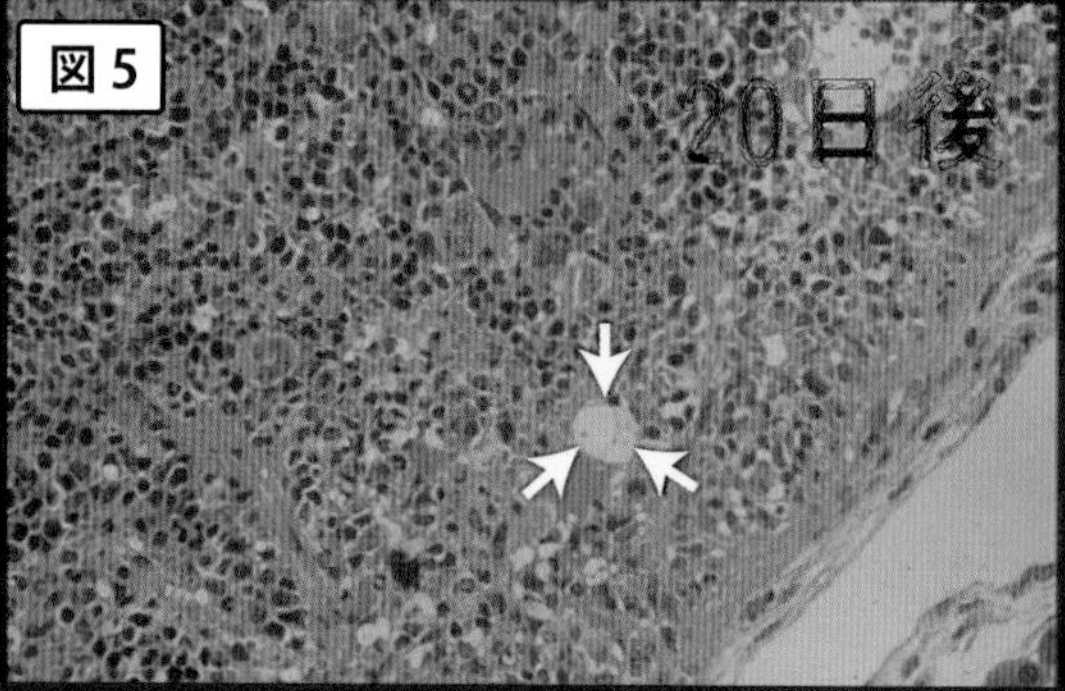

移植20日後

濃染する核を有するリンパ球で脾組織が充満している

小血管の再生が始まっている（黄矢印）

図6

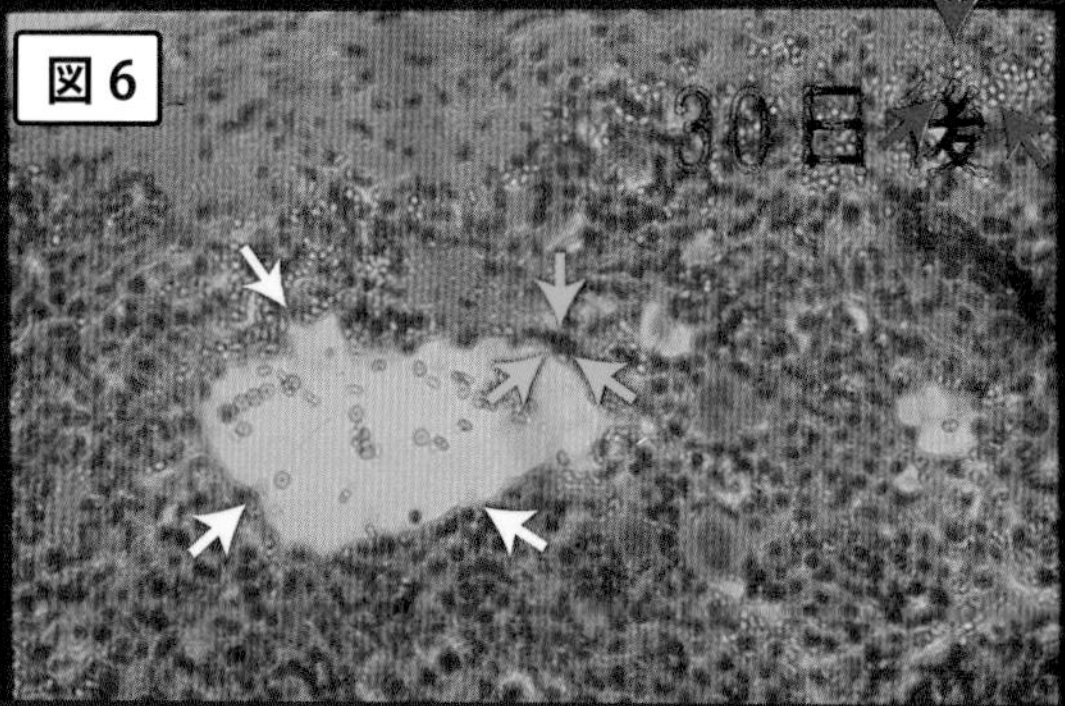

移植30日後

内部に赤血球を含むより太い血管が出現している（黄矢印）

血管の内側に沿い、複数の核が融合した細胞が認められる（青矢印）

組織内に赤血球（赤い小体）が激増している（赤矢印）

※千島博士は、血管内壁を構成する内皮細胞は、赤血球から分化すると述べている。
もし、そうであるなら、短期間で太い血管が出現した事実にも納得がいく。

千島博士のこの見解を裏打ちするように、近年の幹細胞研究により、血管内皮細胞と造血幹細胞とは、共通の幹細胞由来であることが実験的に確認されている。

この所見を千島学説に基づいて考察するなら、この一つのプレパラートの中に、①モネラ→②赤血球→③有核赤血球→④有核赤血球の融合→⑤リンパ球の放出へと変化していく過程が連続的に示されているかのようです。（カラー図4参照）

その細胞配列は、いうならば、千島博士が説く生成発展の原則であるＡＦＤ現象、つまり、細胞が集合し（Aggregation）、溶け合い（Fusion）、分化発展する（Differentiation）という変化そのものです。

ただし、この断片的な静止した画像から確認できることは、あくまでも脾移植片の壊死組織（①）の周囲に多種類の血球が出現しているという状況のみです。連続的な観察ではないことから、④の細胞群（有核赤血球の融合）からリンパ球が放出されるという千島博士が観察した現象そのものを見極めることができていません。また、厳密にいうなら、モネラ（①）から分かれたばかりの小片と、細胞膜に包まれ周囲と画される赤血球（②）を区別することも決して容易ではありません。このプレパラートから得られる情報に限りがあることは否めません。

とはいえ、移植組織片の中に血管像が確認されないことは確かです。したがって、周囲の組織と交通する血管網も構築されていないと考えられるため、当然、周りから移植組織内に血球が入り込むことは不可能であったはずです。しかしながら、不思議なことに、すでに夥しい数の血球が脾組織内に出現していたのです。いったいこれはどういうことなのでしょうか。

さらには、細胞が急速に増殖しつつあるはずのこの時期に、このプレパラート内には、細胞分裂像が見られていません。細胞分裂によらなければ細胞が増殖しないのであれば、この現象も理解することができません。

あくまでも静止画像にすぎないため、慎重な判断が求められますが、この観察結果から見る限り、この移植片内において、細胞新生が起こっている可能性も否定はできないと考えます。細胞新生を起こす原因物質は、もちろん中心部を占める壊死物質、つまり、モネラということになります。

脾組織内に現れた細胞はどこから？

移植された脾組織内の血球はどこから来たのか？

じつは、論文を最終的にまとめる段階で、研究指導の最終責任者であった外科学講座の教授も、「壊死した組織内の細胞はどこから来たのか？」と私に質《ただ》してきたのです。おそらくは、私と同じような疑問を抱いていたからでしょう。

モネラという概念のなかった私は、確信のないままに「周りの組織から流れ込んできたのではないでしょうか？」と答えるしかありませんでした。そうでなければ、移植片内に現れた細胞は「その場の組織から発生した」ということになってしまうからです。

細胞が細胞でないものから発生することなどあるはずがない、というのが現代医学の常識ですから、移植後まもなく多数の細胞が組織内に現れた、という事実を説明するためには、どこからか細胞が流入してきたのであろうと推定するしかなかったのです。

私の返答を聞いた教授はしばし考えこみ、心から納得している様子ではありませんでした。おそらくは教授の頭の中にも、移植七日後ではまだ周囲と交通する血管などは構築されていないはず、との思いがあったことでしょう。しかし、結局はクビを傾げながらも「まあ、そんなところでしょうかね」と認めてくれました。そして、お互い心の中にあったであろう疑念をそれ以上口にすることはなかったのです。

文章にすれば、たったこれだけの会話でした。しかし、今思い返せば、千島学説に深く関わるとても重要な内容を含んだやりとりではなかったか、と感じます。私は、あの時の会話を、教授の表情や話の間合いも含めて今でもはっきりと思い出すことができます。当時はまったく意識していなかったことですが、私の頭の中には当時の記憶が深く刻み込まれていたのです。

死んだ細胞の塊である壊死組織は、医学的には溶けて吸収されてしまうだけと考えられています。つまり、壊死した組織から細胞が生じることなどあり得ない、というのが医学的な常識です。

しかしながら、その反面、移植手術後早期の段階では、周りの組織から移植組織内に血球が入り込めるような血管は出来上がっていないため、外部からこの脾臓の組織内に細胞が入ってくることも不可能なのです。

それでは、いったい壊死した脾組織内の細胞はどこから来たのでしょうか？

脾臓再生に関するこの最も重大な疑問については、これ以上議論されることのないままに論文は完成し、その後の医学博士号の審査でも大きな問題とはなりませんでした。

そして「出現した細胞群は移植片の外から流れ込んできた」という暗黙の了解のもと、私に医学博士号が授与されたのです。ただ、私はこの時の教授とのやりとりが忘れられず、博士号が授与された後も、しばらくはすっきりとしない悶々とした気持ちが残っていました。しかし、時が経過し外科医としての業務が忙しくなるとともに、この時の疑問は、忘れ去られたかのようになっていきました。

ただし、決して消え去ったわけではなかったようです。なぜなら、酒向博士の著書を通じ、千島博士が説くモネラという概念を知ったとき、私の頭の中には、脾組織内に出現した不思議な血球群と中心の壊死物質のイメージが、鮮やかにフラッシュバックしてきたからです。

あの壊死組織こそが、新たに細胞を生み出す原因物質、つまり千島博士が上記の第四原理で語るところのモネラではなかったのか？

もし、そうだとすれば、直後に出現した細胞群はあの壊死組織から生み出されたものと言えないか？

私は、かつて研究に使ったデータを押し入れの奥から探し出しました。残念ながら、多くのデータは転居を繰り返したことにより失われていました。しかし、幸いなことに、最重要となるスライドを収納したケースがひとつ残っており、脾臓再生に関わる実験データを再度見直すことができたのです。

千島博士は、赤血球が脾臓の細胞へと分化していく時、一見して弱った細胞が壊れるかのようにみえる、しかし、これは赤血球モネラなのであり、このモネラ内部に新しい核を新生して脾臓の細胞へと分化しているのだ、と論じています。

脾臓には独自の細胞はないとみなされているため、千島博士が語る「脾臓の細胞」とは、主としてリンパ球を含む白血球や赤血球を指すと考えられますが、千島博士のこの見解は、私が研究データを再度観察して得られた推測と重なってきます。脾臓の機能は、これまでは、弱った赤血球や異物を除去することと考えられてきましたが、じつは、赤血球モネラから細胞が新生される場として、身体内において相応の役割を果たしているのかもしれません。
本来崩壊して死に至るはずの組織からモネラが再生し、ＡＦＤ現象により新たな細胞が誕生する、この「細胞新生説」は、移植された脾組織の再生現象を考慮すれば決して非現実的な仮説ではありませんし、私はこの説に生命の神秘さえ感じています。生気論（後述）に基づく千島学説の神髄といえるでしょう。

移植された脾組織の経時的変化

先ほどは、移植七日後の脾組織について観察しましたが、その後、脾組織が時間の経過とともにどのように変化するかについて、さらに詳細な実験を重ねていきました。文字がかすれていますが、図５には二〇日後、図６には三〇日後における脾組織の再生像が示されています（二二八ページ カラー図５・図６参照）。

移植二〇日後（図５）には、壊死組織はごくわずかとなり、全体がほぼ血球で占められています。赤血球を含む小さな空洞（黄矢印）が確認され、移植脾組織内で血管の構築が始まったものと推測されます。しかし、この時点においても細胞分裂像は観察されていません。

移植三〇日後（図６）になると、より太い血管（黄矢印）が出現してきます。この血管の内側には、核が融合した細胞が認められ（青矢印）、森下敬一博士が指摘する腸絨毛内の「赤血球母細胞」（二五四ページ参照）と同様に、血管

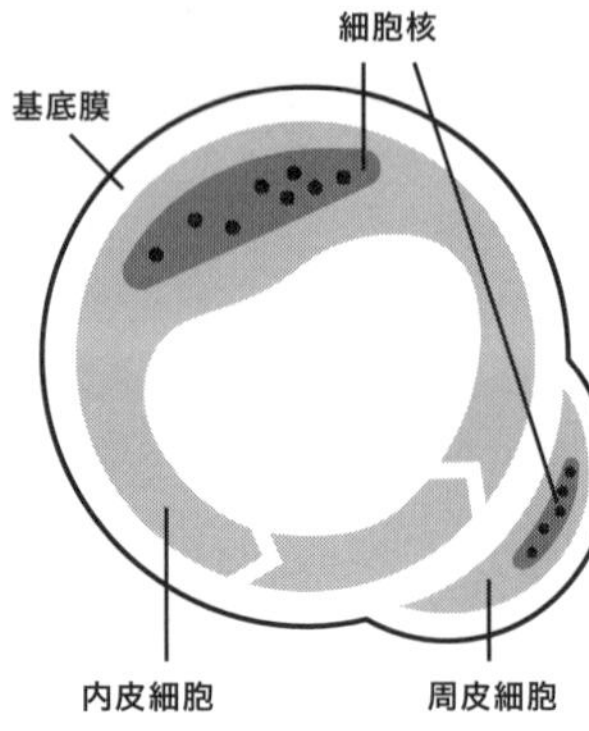

毛細血管の断面図

内に血球を放出する直前の細胞である可能性も否定できません。また、移植脾組織内には、赤血球と思われる赤い小体が激増しており（赤矢印）、移植脾組織内に、体内を循環する血液が流れ込み始めたことを示唆しています。

このようにして再生され、身体中を駆け巡るようになる血球群も、いつかはその寿命が尽き崩壊に至ります。しかし、千島学説によれば、そのときは再びモネラが形成され、さらなる細胞新生が引き起こされていくわけです。私が研究した脾臓は、モネラ形成における重要な場の一つであるのでしょう。モネラという物質を介し、見えない命が循環する有り様に、私は深い感動を覚えます。

思い起こせば、当時は、移植脾組織の外部から内皮細胞（血管内壁を構成する細胞 図参照）が進入してくるものと思い込んでいましたので、二〇日後から三〇日後に至る短期間で急速に血管の径が増大した事実に目を瞠《みは》りました。

千島博士は、血管の新生過程に欠かせないこの血管内皮細胞について、赤血球から分化すると述べています。もし、そうであるなら、短期間で太い血管が出現した事実にも納得がいきます。後述いたしますが、じつは、千島博士のこの見解を裏打ちするように、近年の幹細胞研究により、血管内皮細胞と造血幹細胞とは共通の幹細胞由来であることが実験的に確認されています。たいへん意外なことではありますが、研究者たちが意識するしないにかかわらず、近年における幹細胞研究の急速な進展は、千島学説を歴史の闇から掘り起こそうとするかのような方向に進んでいるのです。
次項で言及するプリオン現象も、その一つと考えられます。

プリオン学説とモネラ

千島博士によれば、赤血球は「未分化な幹細胞」になるのですが、常識的には、核酸が存在する核を持たない赤血球が幹細胞であろうはずもなく、膜とヘモグロビン（血色素）しか持っていない赤血球を細胞と呼ぶこともできません。

しかし、私が作成した一枚の写真が示すモネラ→赤血球とリンパ球の混在→リンパ球様の血球の集まりへと連続的に変化する所見は、千島学説を証明するものではないものの、モネラから生み出された赤血球の細胞質内で核蛋白やＤＮＡ合成が始まりリンパ球が誕生する、という千島博士の説と矛盾するものではないと考えます。

じつは、千島博士のモネラを彷彿とさせる「生命体」についての研究が、一九九七年、ノーベル生理学・医学賞を受賞しています。それは、アメリカの生化学者スタンリー・プルシナーが提唱した有名なプリオン学説です。

プリオンとは、牛における狂牛病、羊のスクレイピー病、人のクールー病やヤコブ病の病因とされる病原体であり、プルシナーは、核酸を含まない蛋白質であると結論づけ、プリオン（prion）と命名しました。プリオンとは蛋白感染粒子（proteinaceous infectious particle）の略であり、酒向博士は、このプリオン現象を、千島博士や後述のレペシンスカヤが唱えた細胞新生説に一つの根拠を与えるものと指摘します。
酒向博士の著書から引用します。

すべての動物体内には正常型プリオン蛋白質がまず存在している。この正常型プリオン蛋白質が異常型プリオン蛋白質に出会うと、蛋白質の立体構造が変化して異常型プリオン蛋白質に変換されてしまう。この反応が自己触媒的に連鎖反応のように進行して異常型プリオン蛋白質を増殖させると言うのである。

異常型プリオン蛋白質は正常型プリオン蛋白質と違って水に溶けにくいために、神経細胞に蓄積して神経細胞を破壊し、ある一定以上の量が蓄積すると狂牛病やヤコブ病を発症すると考えられる。最初、プルシナーはプリオン蛋白質がその配列情報をRNAに流し、それが逆転写酵素でDNAに伝わり、そのDNAから蛋白質が合成されるという増殖モデルを考案していたが、残念ながら蛋白質からRNAに情報が流れるという経路は証明できなかった。しかし、このモデルは千島の考えたモデルと全く同じであり興味深い。

もし、このプリオン現象が、生物が備える増殖メカニズムの一つということになり、必ずしも蛋白質増殖には核酸の関与を必要としないということになれば、核酸を持たない赤血球から蛋白質が増殖して核酸を生じ、新しい細胞ができると想定した千島博士の細胞新生説が、現実味を帯びてくることになります。

後に再度言及いたしますが、ウイルヒョウが説く機械的生命論によれば、生命とは細胞の中にしか存在せず、細胞の増殖はすべて細胞の分裂によるとされます。この説に対し、千島博士は、細胞とは呼べない生きた流動体の中から細胞新生が起こると考えたのです。

ウイルヒョウに始まり現代の生命科学を支配する機械的な生命論と、千島学説との対立は、生命そのものをどう捉えるのか、まだ人類がとらえることのできないパワーを認めるのか否か、という生命学における極めて重要で根源的な議論でもあります。

機械論では、多細胞生物は、一つ一つの細胞がレンガのように重なったに過ぎないと捉えますが、千島博士は、全体は部分の単なる算術的加算以上のものをもっている、と指摘しています。

量子論は、素粒子があたかも意識を有するかのように、お互いに共鳴しあっていることを明らかにしていますが、生命のすべても素粒子から成っている以上、お互いの共鳴作用が全体に影響を与えているに違いないのです。ゲシュタルト心理学においても、絵画や音楽のメロディは、色彩の点、音階の集合ではなく、全体としての新たな特有の性質を有すると説いています。

脳科学者の岩崎一郎氏は、心温まり、心を一つにできる人間関係を持ち続けられることが、幸せで豊かな人間関係を送る人のたった一つの共通点であることを明らかにしたハーバード大学の研究を紹介しています。そして、相手を仲間・同志、共同体の一員として受け入れる心の働きが、共感性、対等性、一体感を生み、「集合知性」を育むばかりではなく、このような共同体思考を通じ、信頼関係が深まり心が一つになれば、高いパフォーマンスが発揮され、集団としての力を向上させるとともに、一人一人に幸せをもたらすと指摘しています。（月刊誌「致知」2023年11月号）。二〇二三年秋に行われたラグビーワールドカップでも、「ワンチーム」の合言葉により一丸となった日本チームが、決勝トーナメントにこそ進出できなかったものの、世界の強豪にチーム力で勇敢に挑み、私たちに大きな感動を届けてくれました。体力に劣る日本チームの敢闘は「集合知性」の一つの現れであることでしょう。

じつは、意識がないと思われる単細胞生物であるゾウリムシも、エサがあれば近づき、毒物が流れてくれば逃避するという生きるための知性を有しています。であれば、ゾウリムシ同士で意識を伝え合い、協力し合うことも決して不可能ではないでしょう。そして、まったく同じことが、体を構成する一つ一つの細胞にも言えるはずです。

極言すれば、生命現象を支配するものは、宇宙に有るすべての存在同士のエネルギーの共振と、それらを大きく包み込む根源の意識、つまり宇宙全体を貫く「宇宙の意志」との壮大な共鳴作用です。人間も一人で生きていくことなどできず、他者や他の生物、そしてこの地球や宇宙との関係性の中で生かされているのです。

しかし、機械論は、目には見えないこの荘厳でかけがえのない宇宙の働きを、まったく考慮してはいません。

松下幸之助氏は、「宇宙根源の力には、物的法則と心的法則という2つの側面がある、心的法則がないがしろにされ、欲望だけを追求し始めたことが大きな不幸の元だ」との言葉を残しています。長らく物的法則に軸足を置いてきた科学の世界においても、同様の観点からの検証がぜひ必要なのではないでしょうか。

私は、千島博士が生命の元と捉える生きた流動体にこそ、宇宙を司る「宇宙の意志」が宿っているのだと考えます。宇宙の進化は、突然変異などの偶然性によって支配されているのではなく、「宇宙の意志」により必然的に起こっているのです。

しかしながら、私も科学的な研究に携わった一員として、機械論に基づいて生命現象を解明しようとしてきた先人たちの努力にも敬意を払っています。科学研究を推し進めてきた人は、おしなべて宇宙の真理を解明しようと尽力し続けてきたことは間違いないからです。

それではここで、機械論に大きな比重を置くようになったウイルヒョウ以降の医学界の歴史を振り返ってみましょう。

ウイルヒョウとその時代

ルドルフ・ウイルヒョウ（1821〜1902）

今から四〇年以上前、私が医学部の専門過程二年（入学四年目）に進級したときに病理学総論が始まりました。その冒頭で紹介されたのが、ドイツの病理学者であるルドルフ・ウイルヒョウの名前でした。
ウイルヒョウは若き頃より外科医として、そして病理学者として天才的な才能を発揮しました。そして、がんと肉腫を初めて組織学的に区別したばかりか、白血病、感染症、血栓など、今に至るまで汎用される重要な学術用語を創出したのです。数々の大きな業績を挙げ続けたウイルヒョウは、その後病理学の帝王として君臨していくことになりました。
日本におけるがん研究の開祖であり、コールタールをウサギの耳に一年以上塗り続けることにより世界で初めて実験的に腫瘍を発生させることに成功した山極勝三郎博士もウイルヒョウに師事しています。また、左鎖骨上部への特徴的ながん転移は、彼に因みウイルヒョウ転移と呼ばれていますが、この用語は現代においてもわが国では広く用いられていますから、現代においても彼の名を知らぬ医師はいないことでしょう。

一八二一年、プロイセン王国に生まれたウイルヒョウは、ベルリンにあったプロイセン陸軍士官学校で医学を学び、一八四七年には早くも同大学の教授に就任しています。そして、一八五六年にベルリン大学病理学教室教授に就任し、一八五八年には『細胞病理学』を著しています。その中で論じた「すべての細胞は細胞から生じる」(Omnis cellula e cellula)との記述こそが、細胞増殖は細胞分裂によってのみ生じる、という現代生命科学の定説になっていくのです。

医師、学者としてばかりではなく、一八六一年に結成されたドイツ進歩党の創設者として国会議員に選ばれたウイルヒョウは、その活躍の場を政界にも広げ、鉄血宰相として知られたビスマルクとも対峙していきました。

対外戦争に次々と勝利し、ドイツ帝国を統一した偉大な政治家であるビスマルクに論戦を挑み対等に渡り合うウイルヒョウは、国民的人気を博します。また、「医療は政治である」と宣言した彼は、ベルリンの下水道を整備して伝染病の予防にも大きく貢献し、まさに英雄的な活躍を重ねていったのです。

さらには、彼の関心は人類学や先史学にまで及び、有名なハインリヒ・シュリーマンによるトロイ遺跡発掘を支援しています。

ベルリン医学会会長、ベルリン大学学長の地位に登り詰めたウイルヒョウの発言はもはや神の声に等しく、その社会的影響力は絶大でした。医学界において彼を論破できる医学者などもはや存在しなかったのです。

当時死亡率が高く恐れられていた産褥熱の予防法を研究したイグナーツ・ゼンメルワイスは、塩素水による消毒法を導入し、産褥熱の死亡率を12・24％から2・38％へと激減させます。

しかし、このゼンメルワイスの斬新な研究に対し、ウイルヒョウは理解を示すことなく、強力な反対者の一人となるのです。医学界における絶対的権威であるウイルヒョウの力は絶大でした。外科学全般を大きく進歩させてきた消毒法の先駆けとなる業績を挙げたにもかかわらず、正当な評価を得ることができなかったゼンメルワイスは、失意のうちにウィーンから故郷のハンガリーに戻ります。そして、神経衰弱に陥った彼は、あろうことか、収容された精神病院で命を落としてしまうのです。

しかし、彼の死後、光学顕微鏡により病原性細菌の発見が相次ぎ、産褥熱は病原菌によって引き起こされることが判明します。そしてゼンメルワイスは院内感染予防のパイオニアとして名誉を回復したのです。

生気論と機械論

生命を論じる哲学である生命論は、生気論と機械論に大きく分けられます。

生気論とは、活力論とも呼ばれ、生命現象には物理化学的手法では解明できない非物質的な特別な力が働くことを認める考えです。それに対し機械論は、生命現象は、純粋に物理化学的法則に従うとし、目に見えない神秘的な力も、自然治癒力も否定します。

当時のドイツでは、ロキタンスキーらが支持する伝統的な生気論に基づく病理学説が主流でした。古代ギリシャの医聖ヒポクラテスやローマ帝国のガレノスらも生気論者でした。その流れを受け継いだ科学者の一人が千島博士になるわけです。

また、一八三七年にすべての生物は細胞とその産物から成ることを発見し、細胞学の父祖とされるドイツのシュライデン（Schleiden）、シュワン（Schwann）の両巨頭は、古い細胞の中で生じる基本的顆粒の凝集によって細胞は新生するものだとする細胞新生説をすでに唱えていました。この説は千島博士の主張そのものといえます。

しかし、一八四一年、細胞分裂説を唱えたレーマク（Remak）に続き、一八五五年、絶対的な権威をもつウイルヒョウが先述の『細胞病理学』の中で、機械論的な生命論を強力に推進し、生気論者を徹底的に攻撃したことから、生気論は次第に圧倒されていきます。

ドイツの博物学者ストラスブルガー（Strasburger）もこの説に賛同し、細胞分裂説が世界の学界における揺るがぬ大原則となり、今日にいたるのです。

レペシンスカヤの登場

世界を眺めると、千島博士に先んじて、細胞分裂説という不動の大原則に果敢にも異議を唱えた科学者がいます。旧ソ連の細胞学者、オルガ・レペシンスカヤです。

レペシンスカヤは、もともとは動物の細胞膜の研究に取り組んでいました。あるとき、膜の成長過程について、カエルのいろいろな発生段階で見ようと思い、発生初期のオタマジャクシの血液をとって研究をはじめました。そして、オタマジャクシの赤血球に膜があるかどうかを顕微鏡で調べていたときに、奇妙な像に気が付きます。

それは、まさに卵黄球から細胞までの発生の姿だったのです。

つまり、完全な細胞に混じり、未発達で核のないもの、今まさに核が生まれようとしている細胞などが存在しており、まるで細胞が生まれてゆく見取り図のようなものをその一画にみたのです。それは、私が移植脾組織内で観察した多岐にわたる細胞群が並ぶ所見に近いものであったのかもしれません。

オルガ・レペシンスカヤ（1871〜1963）

細胞構造を持たないオタマジャクシの卵黄球から細胞が生まれる姿を発見した彼女は、細胞は細胞から生まれるという生物学の常識をすてて、「細胞は細胞でないものから新しく生まれる」という後の千島学説につながる細胞新生説を唱えたのです。

最初の論文は一九三七年に発表され、千島博士が「赤血球が細胞に変わる」ことに気づいた年よりも三年早く、千島博士が論文を発表した年よりも十年先んじていました。

戦争のため、世界の情報交換が難しい時期でもあり、千島博士

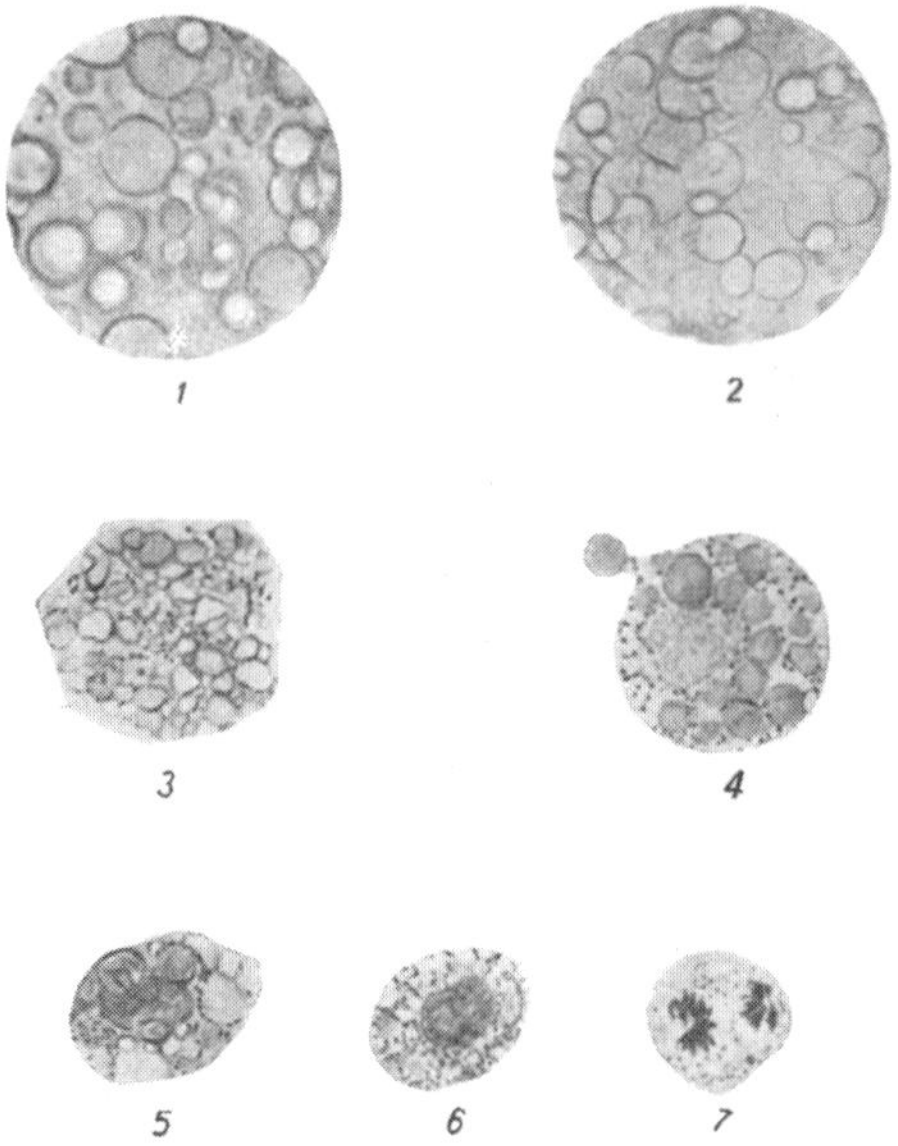

『細胞の起源』レペシンスカヤ著　より
無構造の卵黄球から細胞が出現し、細胞分裂（図中7）により増殖を開始する姿が捉えられている

がレペシンスカヤの研究を知ったのは一九五一年のことであったといいます。

レペシンスカヤは、自国ソ連では認められスターリン賞に輝きましたが、欧米や日本ではまったく評価されませんでした。しかし、千島博士は大いに勇気づけられ、私信を出しては彼女から返事がくるというかたちで、情報交換をするようになっていきました。

> **生きた物質とは、細胞構造を持たない核物質すなわち核酸を散在性に含んでいる蛋白または原形質であるということである。（…）生きた物質はどんな細胞の中にもあり、そして細胞の外にさえも存在する。よって生体とは細胞の総和ではなく、細胞の形をとっていない生きた物質も加わっている複雑な系である。**

このレペシンスカヤの言葉と、赤血球の細胞質中にＤＮＡの先駆的要素をもっている、その生ける細胞質の変化によって核酸（ＤＮＡ、ＲＮＡの総称）が合成される、と考えた千島博士の見解はそのまま重なり、二人は親交を深めていったのです。

ただし、細胞新生説では意見が一致していたものの、レペシンスカヤは、細胞が増殖する段階では細胞分裂が起こることを認めており、この点においては、千島博士とは意見を異にしていました（図参照）。レペシンスカヤ説は、〝細胞新生も細胞分裂も起こる〟、つまり千島博士の説と従来の学説を折衷したような説であり、私を含めた医療者にとっては千島博士の考えよりも受け入れられやすいことは確かでしょう。しかし、千島学説の真骨頂は、この「細胞新生説」にとどまらず、提言の幅を「腸造血説」、さらには「血球可逆説」へと広げたことにあるのです。

生気論と自然淘汰説

〝細胞は細胞からのみ生じ、遺伝子は不変〟、そして〝同じ遺伝子を有する細胞からは同じ細胞しか発しない〟と考える機械的な生物論が主流となるにつれ、ダーウィンやその後継者が唱えた進化論が広く受け入れられるようになりました。そして、科学の世界を席巻していくことになる機械的唯物論の流れに乗り、〝突然変異なくしては細胞の進化はありえない〟という考え方が、生物学における定説になったのです。

さらには、食物や生物をめぐる競争に勝った個体が子孫を残して繁栄する、要するに、不適者や生存競争に負けたものは淘汰されて亡びるという自然淘汰説も、生物進化の重要な要因として認知されるようになりました。

その結果、遺伝子不変の原則とともに、生まれつきの資質や遺伝性が偏重されるようになった反面、生後、環境の影響によって得た形質の子孫への遺伝は否定されることとなり、進化は突然変異や自然淘汰により達成されるとの考えが広まっていきました。

しかしながら、このような突然変異説に基づく考え方は、生存のための生物の最も重要な特性である〝環境への適応性〟を否定してしまうことになります。

千島博士はこの突然変異説に対し、自然界には突然ということはない、すべては連続的であり、突然変異は稀にしか自然界では起こらない、生理学と矛盾する、と異論を唱えたのです。

稀れにしか起らない突然変異、それは、原因も不明、方向性もない、デタラメな変化から、今日の人間や高等生物が、ただ、偶然、突然の変化の組み合せで遺伝し、進化したと考えることは、あまりにも環境に適応性をもつ生物や人間を機械的偶然の支配の結果だとするもので生物の合目的性を無視した誤解である。

千島博士は、住む地方への環境適応の例として、白色人種、黄色人種、黒色人種を挙げます。それぞれを突然変異説で説明しようとするより、永い年月の生活のために各個体の得た獲得性が遺伝的に徐々に固定化し、今日の体質的特性になったものと解釈した方が、偶然、突然にその人種が現れたとするより遥かに合理的である、つまり、必然に基づいて形質の発現がゆっくりと変化し、生命は環境に適応していくと考えたのです。

以上を踏まえ、千島博士は、環境が僅かずつ子孫の遺伝的形質に影響を与え、それが徐々に蓄積した結果、それがはっきりした遺伝的形質となる、即ち〝量の蓄積によって質的変化が起る〟という法則の重要性を繰り返し提言していきました。実際に、単細胞生物がごく稀にしか起こらない突然変異を繰り返し、今の人類に進化していくためには途方もない時間がかかるはずであり、その変化を期待するには、この地球の歴史はあまりにも短かすぎるのではないかとの説があることも確かです。

さらに千島博士は、現代生物学者は生物の意欲を無視して目的論（合終局性）を否定し、盲目的な機械論で偶然の変化として説明しようとするが、すべてはそれぞれの理由があって起こるのだ、特に生物は環境に適応して、生きようとする意欲や衝動を本能的にもっている、偶然と見えるのは人間の無知のためその原因を知らない場合に用いられる言葉にすぎない、と現代生物学の風潮に痛烈な批判を加えます。千島博士は、環境適応による進化の裏に、生きようとする生命の本能や意志を感じていたのです。その本能を支えているのは、進化を目指す地球上のすべて生物の心を、愛をもって見守る「宇宙の意志」ではないか、と私は考えます。

オパーリンによる生命自然発生説

旧ソ連には、千島博士と意見を交わした科学者がもう一人いました。

細胞分裂説、セントラル・ドグマが正統の学説とされる科学の世界において、生物の存在しなかった太古の地球で、最初の微生物はどのようにできたのか、という解決できない疑問に初めて挑んだ科学者、ソ連科学アカデミーのアレクサンドル・オパーリンでした。

生物が存在しなかった太古の地球には、生物に関係する有機化合物はまったくなかったので、はじめは地球上の無機化合物から有機化合物が合成されなければなりませんでした。

太古の地球の大気には、水素、水蒸気のみならず、火山の爆発などに伴い、メタン、アンモニアなども含まれていたと考えられます。高温の地球内部において合成された炭素化合物も大気や海水に噴き出されていたことでしょう。

当時は現在と異なり成層圏も形成されておらず、宇宙からの放射線や太陽からの紫外線が降り注いでいました。さらに落雷による放電、地熱などのエネルギーも加わり、炭素化合物から単純な炭化水素を主成分とする有機物が生まれ、その有機物が溶けあい重合し、高分子の蛋白質へと変化を遂げます。

続いて、これらの蛋白質分子が原始の海水中でぶつかりあい、原始的な物質代謝を行うコアセルヴェートと呼ばれる生命体の一歩手前の物質になります。そして、このコアセルヴェートが、アメーバのように海水中の有機物をとり入れ、進化と自然淘汰を繰り返して、成長、同化能力をもつ原始的な生命体に発展した、とオパーリンは生命の誕生を説明したのです。有機物が溶け合い重合し、さらにコアセルヴェートからアメーバに進化するという過程は、千島博士が唱えたＡＦＤ現象に重なってきます。

シカゴ大学のスタンリー・ミラーは、彼の師であるハロルド・ユーリーの原始的大気成分の研究をもとに、メタン、アンモニア、水蒸気を含む耐熱ガラスの実験装置を作成しています。そして、この装置に稲妻を想定した電気火花を通すことにより、原子が結合してアミノ酸が生成されることを実証し、オパーリンの学説を裏付けたのです。

オパーリンの学説は、パスツールによって否定された生命の自然発生（後述）を蘇らせ、ダーウィンが生物進化論で触れなかった微生物以前の問題をも解決したとして世界の脚光を浴びました。

ただし、オパーリンは生物が生物以外から誕生したのは、何億年も前のある時期のたった一度だけであるとして、今日の地球上には生命の自然発生はあり得ないと述べています。今日の地球には生命がすでに出来上がっていて、地球は新しい生命を発生させる段階を過ぎているからだ、というのがその理由でした。

オパーリンは一九五五年一一月八日、名古屋大学で生命の起源について公開講座を行なっています。興味深いことに、その講演のあと、オパーリンを囲んで専門的な質疑応答の集いがもたれ、その場に千島博士も参加し、オパーリンに直々に質問する機会を得ているのです。

千島博士は、この時に「バクテリアは今でも地球上で毎日発生している証拠はあるが、あなたはそれに対しどう考えられるか？」と質問しています。

オパーリンは、「最初に地球に発生した生命（バクテリア又は酵母）はただ一度だけのことであり、その後は再びバクテリアが自然発生することはない、それは現代の地球上にバクテリアが発生する条件がないわけではないが、若し発生したとしてもすぐにアミーバやその他の微生物に捕食されてしまうからだ。」

など三〇分にわたり解答したといいます。

この返答を聞いた千島博士は、アミーバや微生物による捕食、という理由には納得できませんでしたが、これ以上の質疑応答をする時間はありませんでした。

千島博士は、オパーリン自身、対談の席で千島博士やレペシンスカヤの細胞新生説は認めるとはっきり述べたと語っています。

実際に、オパーリンが説いた生命発生の過程はＡＦＤ現象を思わせ、コアセルヴェートとモネラという生命体の一歩手前の物質を想定した点においても、千島博士とオパーリンの見解は一致していたのです。しかしながら、その後オパーリン説は世界でもてはやされるようになるのに対し、千島説は黙殺されていきました。二人がさらに議論を重ね、互いの理解を深めることができていたら、世界における千島学説の立ち位置も変わっていたのかも知れません。

バクテリア自然発生説

オパーリンの生命発生説が受け入れられた一方で、現在においても、バクテリア、ウイルスといえども、親なしには自然発生しないと考えられています。一八五九年、細く長い首を持ったフラスコを用いてパスツールによって行われたあまりにも有名な実験により、バクテリアの自然発生が否定されたからです。

しかし、千島博士は、食べ物から赤血球が発生するのだから、バクテリアもバクテリアでないものから発生しなければならない、赤血球も単細胞であり、微生物と同じレベルであると考えました。

そして、パスツールの実験を追試した千島博士は、パスツールが唱えた説は、実験の範囲では事実であるものの、自然界一般の法則にまで拡大するには理論的矛盾をもっていることを見出したのです。

生命の自然発生には、（1）適当な温度（2）水分（3）空気（4）栄養分（5）一定の時間的経過（自然の季節のリズム）が必要であるものの、肉汁を摂氏一〇〇度の高温で煮詰めたパスツールの実験では、バクテリアの栄養源となる有機物が熱変性を起こし、さらには生物が生きるために必要な酸素を含む空気を加熱して追い出していることに千島博士は気づきました。

パスツールは、自身の実験結果から、バクテリアの発生は空気の中に混じる細菌やその芽胞＊が、肉汁の中に落ち込んだものと断定する一方、空気の中の芽胞を親としてバクテリアが分裂増殖する装置は作っていません。これはおそらくは世界でただ一人、千島博士だけが気付き発信したパスツール説の盲点です。

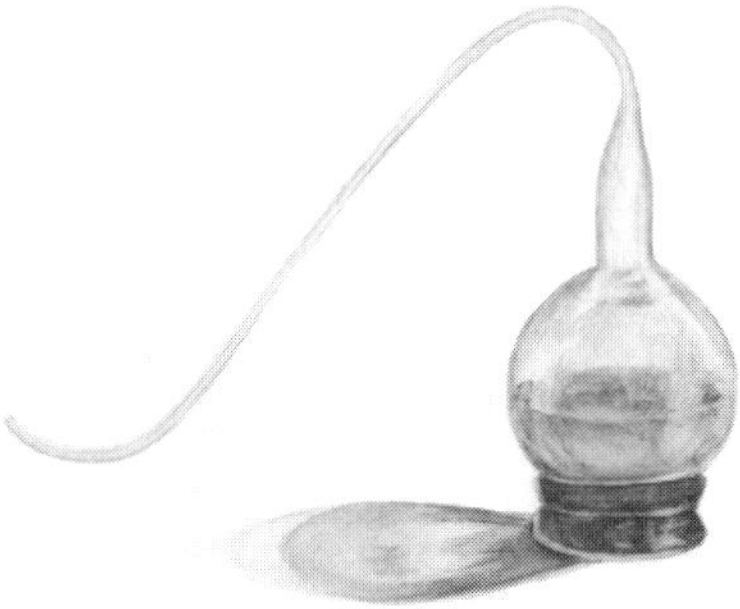

パスツールのフラスコ（swan neck flask）

さらに千島博士は、パスツールの実験からほぼ一〇〇年経過した一九五八年、カエルの血液を腐敗させてそこにバクテリアを自然発生させる実験装置の作製についに成功します。

有機物の腐敗から生命が発生する、この千島博士の快挙は、他の新説とは違って不思議と支持者があらわれたと悴山《かせやま》紀《き》一《いち》氏（千島博士の最後の直弟子）は著書『生命の自覚』の中で語ります。

赤痢菌の発見で有名な志賀潔氏は、

「滅菌した培養基から細菌はけっして発生しない。これは確信せざるを得ない。しかし、それでもなお、無生物から生物が生ずるということ

＊芽胞…一部の細菌が形成するきわめて耐久性の高い細胞構造。環境が悪化しても長期間休眠状態を維持したり、生き残ることが可能となるが、代謝が限られており分裂することはできない。

は、自分の脳裡から離れないでいる。そして、この考えは今日にいたるまで捨てたことはない。また、忘れたこともない。しかし、近年になって、四十余年来の空想がどうやら確からしくなり、徐々に証明されてくるような気運が見えだしたのは愉快である」

と述べ、自然発生説に消極的ながら支持を表明したといいます。

また、衆議院議員で科学技術庁の発足に尽力し、初代科学技術庁政務次官を務め、さらにＴＤＫを創設した斉藤憲三氏は、蒸した米に木灰をふりかけたところ、そこからバクテリアの一種である麹菌が自然発生することを発見しました。

この発見に関しては工業学技術院に追試の実験が依頼され、同院微生物学研究所の七字三郎所長の鑑定により、バクテリア様の微生物が自然発生するという事実が証明されたのです。

忰山氏によれば、千島説を支持する追試の実験結果もあり、一九七三年には、生物学界の大御所である今西錦司氏（京都大学名誉教授、日本における霊長類研究の創始者）が、

「バクテリアやウイルスは自然発生すると千島氏は唱えているが、こうした仮説はなり立つと思う」

との注目すべき発言をおこなったといいます。

ただし、千島博士はこの自然発生説だけではなく、他の学説でも学界と対立していました。自然発生説への反響はあったものの反発はそれ以上に強く、結局、この自然発生説は他の新説と同様に黙殺され、今に至るのです。

腸造血説

千島博士が唱えた学説の大きな柱の一つが「腸造血説（腸管造血説）」です。

現代医学の常識となっている骨髄での赤血球造血説を最初に唱え出したのはNeumann《ノイマン》とBizzozero《ビッツォツェロ》の二人であり、一八六八年に二人同時に別々に提唱しています。一九二五年には、Doan《ダン》、Sabin《セービン》、Cunningham《カニンガム》らが、ニワトリやハトを九〜一一日間絶食させたあとで骨髄が真赤になり赤血球が沢山存在するのを見て、赤血球は骨髄で造られると唱えました。

この説に対し、千島博士は、造血は栄養状態に支配されるため、長期の絶食後や大量出血のあとでは骨髄中に赤血球が多くなるが、それを健康な栄養のよい人や動物にそのまま適用するということは誤りである、健康な生体では骨髄は脂肪で充満されていて造血像がみられないが、DoanやSabinらは、絶食したトリ類で骨髄に赤血球が多数認められたことから骨髄造血説を発表したところ、それが血液学界の定説になった、と指摘しています。

千島博士は、決して骨髄造血を否定はしていませんが、健康な人の骨髄は脂肪で充満されており、細胞分裂は、極めて少ししか認められず限定的であり、全身の血液は賄えない、一日二〇〇〇億個の赤血球が骨髄で造られているとすれば、当然その赤血球を造る赤芽球細胞が活発に分裂していなければならないのに、そのような所見は確認されない、細胞分裂説を中心とする骨髄造血説は、矛盾だらけである、と論じたうえで、血液は主として腸でつくられるのだと唱えたのです。

それでは、腸で血液が造られると考えた論拠はどのようなものであったのでしょう。

現代医学においては、食べた物はまず胃腸の消化酵素によって、アミノ酸やブドウ糖といった小さな分子に分解された後、小腸粘膜を通過して血液やリンパの流れに乗り、栄養分として全身に運ばれていくと考えられています。従って、腸の粘膜は、食物の残りかすと必要な栄養素を分けるろ紙のような膜と理解されています。

しかし、千島博士は、ニワトリ、ウサギ、イヌ、ネコ、カエルなどを材料に、栄養状態の良いときと、絶食させたときとを比較しながらさまざま実験を繰り返した結果、食べものの消化物が腸の絨毛に附着し、それが腸粘膜に吸収される過程で、アメーバに近い状態に移行し、やがて赤血球に成熟し、それが血管に流れ込むのを確認したのです。

森下博士も、腸絨毛の上皮細胞が、ドロドロに消化された食物（千島博士が称するモネラ）をアメーバやゾウリムシのように、自らの細胞内に取り込んで消化同化していく様子を確認しました。

その後、絨毛の内奥組織に送り出された上皮細胞の核は、数十個の赤血球を含んだ「赤血球母細胞」に変化発展していきました。これらの所見から森下博士は、赤血球母細胞は、腸絨毛内の毛細血管に接触すると、血管内に赤血球を放出し、その新しい赤血球が全身をかけめぐることになると考えたのです。

千島、森下両博士は、このように赤血球がいくつか寄り集まり、一つの体細胞になっていく様子を観察したことから、食物は腸管の内腔で分解吸収されるのではなく、腸粘膜内に取り込まれた後、さまざまな変容を受け、赤血球という新しい細胞が作り出されると論じ、「腸造血説」を提唱したのです。

絶食や大出血のような危機に陥った時には、骨髄の脂肪などの細胞が赤血球に変わることも確認されており、赤血球↓体細胞への変化は可逆的と考えられます（「血球可逆説」）。千島博士は、このような根拠をもってDoan

やSabinの骨髄造血説に疑念を呈したのです。

森下博士は自ら観察した現象を実証し記録に収め、論文にして発表し学会にその是非を問いました。その衝撃的な内容にメディアも驚嘆し、一九五七年から翌年にかけ、読売新聞がこの成果を大々的に報じました。*この報道が、その後の三回に及ぶ森下博士の国会証言につながっていくのです（衆議院科学技術振興対策特別委員会）。

しかし、その後、森下博士の業績が否定されたわけではないにもかかわらず、腸造血説に関わる報道はぱたりと途絶えていきます。

そのような情況の中、二〇一八年、腸造血説に大きなインパクトを与える驚愕のニュースが世界を駆け巡ります。米コロンビア大学の研究チームが移植された腸にドナー（臓器提供者）の造血幹細胞が存在することを突き止めた**のです（造血幹細胞の同定法については後述）。

移植の際、提供者であるドナー腸管の血管内は、血栓で内腔が塞がることを防ぐために徹底的に洗浄されます。ですから、同定されたドナーの造血幹細胞はたまたま血管内に紛れ込んだのではなく、ドナーの腸管壁内に存在していた可能性が高いと考えられます。しかし、造血は主に骨髄内で細胞分裂によって行われるという現代医学の常識に基づくなら、本来造血の場ではない腸管細胞には造血幹細胞は存在しないはずです。それだけに、この研究成果が広く認められればそのインパクトは大きく、「腸造血説」を頭から否定することができなくなってくることでしょう。今後の研究の進展が注目されます。

＊一九五八年三月二八日読売新聞「世界の注目をあびる生理学の新説―血は腸で造られる　白血球は赤血球から発芽」
＊＊Newsweek電子版：「米コロンビア大学の研究チームは、移植された腸にドナーの造血幹細胞が存在することを突き止めた」https://www.newsweekjapan.jp/stories/world/2018/12/post-11376.php

骨髄造血と造血幹細胞

千島博士は骨髄造血を通常では起こらない現象と捉えていますが、ご存じのように、骨髄造血を前提とした骨髄移植は、白血病の治療においては今や欠かすことのできない治療法となっています。

現代医学における骨髄造血や造血幹細胞の研究は、実際にはどこまで進んでいるのでしょうか。

一九五九年、カナダトロントの血液学者アーネスト・マカロックは、放射線生物学者のジェイムズ・ティルとともに、マウスに放射線を照射して骨髄細胞を死滅させ、再度、他のマウスの骨髄細胞を注射するという実験を始めました。

致死量の放射線を被曝したマウスは、骨髄が冒され造血幹細胞の働きが障害されて、血球を作り出すことができなくなり、放置すると死んでしまいます。しかし、この実験により、他のマウスの骨髄細胞を移植することで、救命できることが明らかとなったのです。

しかも、脾臓に形成された細胞塊（コロニー）を調べると、その中には、赤血球、白血球、血小板に分化していく母細胞などあらゆる種類の血液細胞がみられ、染色体の分析から、一つのコロニーは、一つの細胞から形成されたことも確認されました。この細胞は脾コロニー形成細胞（CFU－S　colony forming unit-spleen）と名付けられました。

このようにして、骨髄における造血幹細胞の存在が証明されたことの意義は大きく、世の注目を集める幹細胞研究の端緒がここに開かれたのです。

その後、一九六〇年代後半、エドワード・ドナル・トーマスらによって白血病患者に対する骨髄移植による治療が開始され、その手法が確立されるとともに広く普及してきました。

しかしながら、骨髄移植の臨床への応用が進んだ現代においても、じつのところ、造血幹細胞の実態は明らかになったとはいえないのです。

遥かなる幹細胞の姿

その後、造血幹細胞研究の手段が進化し、寒天やメチルセルロース等の半固形培地を用いた培養コロニー法が開発されるに伴い、コロニー形成に必要な液性因子（コロニー刺激因子：colony stimulating factor CSF）が細胞培養上清＊から抽出できるようになりました。

この方法により、一個の幹細胞から生じる血液細胞の分化増殖の動態を生体から切り離した状態で観察できるようになり、造血のメカニズムを詳細に検討することが可能となりました。そして、今日の幹細胞研究につながる流れが出来上がっていったのです。

その結果、血液細胞はすべて骨髄に存在する一種類の造血幹細胞に由来するとの一元論が定説として定着し、長年の論争に終止符が打たれました。

骨髄造血幹細胞が証明されたことにより、骨髄造血説は決定的とも思える論拠を得ることになり、千島学説は、

＊上清…細胞を培養増殖させるために利用した溶液の上澄み液。生命活動に有効な成分が細胞から滲みだしていることがあり注目されている。

厳しい局面に立たされることになりました。

ただし、自治医科大学の三浦恭定教授が、「造血組織の中で、頻度の低い造血幹細胞の形を形態学的に同定することは不可能であった」と論文の中で当時を振り返り述べているように、脾コロニー形成細胞以降、機能的に造血幹細胞の存在が証明されてはいても、形態学的に造血幹細胞を同定することはできていなかったのです。

モノクローナル抗体による造血幹細胞の同定

一九七〇年代の半ば、ケンブリッジ大学のミルシュタイン博士の研究グループが、抗体を作り出すBリンパ球と、半永久的に生き続ける骨髄腫の細胞を融合させ、ハイブリドーマ（hybridoma）と呼ばれる細胞を作成し、単一の抗体＊を大量に作成する技術を開発しました。

このハイブリドーマが作り出す単一の抗体をモノクローナル抗体と呼びます。

私が一九九三年に渡独し、ハノーファー医科大学で取り組んでいた研究テーマの一つが、このモノクローナル抗体を用いた実験でした。

専門的な話になって恐縮ながら、当時行った研究は、二系統のモノクローナル抗体を用いた二重染色法という方法により行われました。

まず、一系統目のモノクローナル抗体により、ラット（ハツカネズミであるマウスの約一〇倍の大きさのネズミ）

＊抗体…抗原となる病原体に結合し、その抗原を中和したり破壊する蛋白質

＊＊特異抗原…ある種の細胞に限定された特有の抗原。

の白血球細胞膜表面の特異抗原＊＊を識別し、白血球を亜群（リンパ球、好中球、単球など、白血球に含まれるさまざまな細胞群のこと）に分類します。

続いて、分類された各亜群の細胞について、二系統目のモノクローナル抗体を用いて、細胞膜表面に発現する「接着分子＊＊＊」の相違を比較検討し、血管内皮細胞（血管内壁を構成する細胞）との相互作用を予測するというものでした。

このとき、モノクローナル抗体による細胞膜表面抗原の解析に使用されたのは、フローサイトメトリーと呼ばれる細胞分析法でした。この手法は研究だけではなく臨床面においても大きな革命をもたらします。ことに白血病や悪性リンパ腫などの疾患を詳細に分類することが可能となったため、各疾患に対し、より効果の期待できる治療法を選択できるようになったのです。

ドイツ・ハノーファー医科大学にて

さらに、フローサイトメトリーにセルソーターという装置を装着することにより、細胞表面抗原により分類された細胞を個別に分離採取することができるようになりました。その結果、造血幹細胞濃縮の研究に大きな進展がもたらされ、いよいよ造血幹細胞の姿を捉える日が間近に迫ってきたのです。

余談ながら、このフォトフレームは、私が帰国するにあたり、ハノーファー医科大学研究室のスタッフが作成してくれたものです。中央が主任教授のパプスト博士で、写真の右端にはフロー

＊＊＊接着分子…細胞同士の接着や相互作用に関わる蛋白質のこと。移植拒絶反応や免疫反応、がん転移などに関与する。

サイトメトリーの前で分析する私の姿が掲載されています。

パプスト教授の背側には、当時私が作成した実験ノートの一部が見えます。細かい字ながら、実験ノートの左端には「正」の字が並んでいます。

モノクローナル抗体を用いる実験は、多くの抗体と試薬を必要とするため、実験の手順が煩雑となります。私は小学校の学級委員の選挙のように、「正」の字を用いて終了した操作を順番にチェックしていったので、抜けや重複などの間違いを防ぐことができました。「正」の字を使いながら粛々と実験を進める私の手技に、ドイツ人スタッフさんたちは興味津々でした。

ついに捉えた造血幹細胞の姿とは

国際医療センターの三輪哲義博士は、造血幹細胞の細胞膜表面に存在する糖蛋白であるCD34に着目し、この細胞に対するモノクローナル抗体を用いた細胞濃縮法によりCD34陽性細胞を純化＊したところ、94〜99・8％の純度が得られたことを著書『幹細胞純化』のなかで報告しています。

さらにこの分画に微量混入する可能性のある腫瘍性血球を除去するため、B細胞性リンパ腫細胞の細胞膜に存在するCD19に対する抗ヒトCD19抗体が用いられました。そして、この抗体による処理を加えたことにより分離されるCD34陽性CD19陰性細胞の形態は、二〇〇八年の時点において、臨床の現場で鏡検できる最も未分化な血液細胞と考えられると三輪博士は評価しています。言葉を換えれば、最も「造血幹細胞」に近い細胞ということになります。

三輪博士はその細胞の形態について、小型～中型のN／C比（核と細胞質の面積比）が高いと表現していますが、その姿は、千島博士が唱えた赤血球から放出されたばかりの核、ないし幼弱なリンパ球にじつによく似ているのです。

また三浦恭定博士は、自著『血液幹細胞』（一九七七年）の中で、造血幹細胞の形態についておそらくはリンパ球様細胞、と予想していましたが、酒向博士は、この点を踏まえた上で、以下のような所感を述べています。

血液細胞の幹細胞となる細胞がリンパ球様細胞であるとの説を唱えたのは、マキシモフ（長堀注：帝政ロシア時代の組織学・発生学者）で1924年である。マキシモフはこのリンパ球様細胞を血液母細胞（hemocytoblast）と名付けている。結局、様々な論議があったが一番古いマキシモフの学説が、三浦が最新の学説から予想した幹細胞の姿に近かったことになる。

一方、千島は哺乳類の無核赤血球は芽を出すように細胞質を放出し、これはリンパ球様の細胞に移行すると、1954年「骨髄造血説の再検討」で述べている。また森下はヒキガエルの赤血球からリンパ球が新生してくる状態を動画にとらえ1958年に発表している。千島と森下の学説では、赤血球が造血幹細胞に相当する細胞となるわけであるが、赤血球から出てくる細胞はリンパ球であると観察している。赤血球の意味付けが違うが、千島と森下の見解も三浦の予想する幹細胞の姿には矛盾しない。

＊純化…多種の細胞を含む細胞群から目指す細胞のみを分離採取すること。

骨髄造血幹細胞の登場により、表舞台から追いやられたかのように思われた千島学説が、ここで朧気ながらも、再びその気配を感じさせ始めたのです。

その一方において、幹細胞の姿を視野に捉えながらも、幹細胞研究自体は一つの壁に突き当たります。

血液の細胞が常に造血器官で生み出されるためには、当然のことながら、造血臓器にはある程度の造血幹細胞がなければなりません。しかも、その一部は血液細胞に分化する一方で、自己を複製し造血幹細胞を残す必要があります。

つまり、造血幹細胞は、未分化な細胞であることに加え、「分化する能力」と「自己を複製する能力」を有していなければならないのです。しかし、この条件を形態学的に満たす細胞を検証することは簡単ではありません。なぜかといえば、ある細胞が分化能を有していたということを証明できた場合、すでにその細胞は分化しているため元の細胞の姿を残していないからです。つまり、細胞が分化してしまった時点では、元の細胞が自己複製能をもっていたかどうかを検証することは、もはや原理的に不可能なのです。この状況は、素粒子の位置と運動量は同時に決定できない、とする量子論における不確定性原理にそっくりです。

幹細胞も他の細胞と同様に、幹細胞の細胞分裂によってのみ生じる、それが現代医学に基づく定説になるのですが、幹細胞の自己複製の瞬間をとらえることができない限り、その証明は決して容易なことではありません。

しかし、造血幹細胞が、ＡＦＤ現象により生じるリンパ球に類似しているという事実は、造血幹細胞起源の探求という現代医学における極めて重要な課題に一つの見解を提供するばかりではありません。モネラからのリンパ球新生と造血幹細胞からの細胞分裂という二つの研究の流れを、レペシンスカヤ説のように細胞における一連の発生過程としてひとつに繋ぎ合わせる可能性さえあるのです。

細胞可塑性が千島学説を呼び覚ます

難局に直面していた幹細胞研究は、万能細胞の出現とともに意外な方向に発展していきます。少し時代が遡りますが、一九九八年にヒト胚性幹細胞株（ＥＳ細胞）が樹立され、学界だけではなく世間的にも大きな注目を集めました。

これまで、血液学者たちは、赤血球、リンパ球や顆粒球などのさまざまな血球には、それぞれの幹細胞が存在すると考え、さらには、血液細胞以外の細胞の大元ともいえる「未分化な幹細胞」を想定してきました。

しかし、ＥＳ細胞の樹立により、これまで明らかになってこなかった「未分化な幹細胞」を、ついに最新の生命科学が発見したのです。ＥＳ細胞の再生医療への応用に期待が高まると、各組織の幹細胞も再生医療の面から注目され始めます。そして、新たな観点から研究が行われた結果、造血幹細胞は、成熟血液細胞に分化するだけでなく、心筋、骨格筋、血管など多様な細胞に分化するという驚くべき性質をもっていることが明らかになったのです。

前出の三浦博士は、二〇〇二年の論文の中で、パラダイム・シフトともいうべき幹細胞研究における情勢の大転換を概観しています。

千島学説の主要な仮説にも関連してくるとても重要な所感であると私は感じます。

骨髄には血液以外の組織の幹細胞も含まれているとの報告が相次いでおり、早速臨床応用された例も報告されている。殊に血管内皮細胞と血液幹細胞とは共通の幹細胞由来であるとの研究や骨髄間質細胞に含まれる間葉系幹細胞が心筋や骨、軟骨等に分化するとの研究は早速血管疾患や、心冠動脈疾患の治療に応用され始めた。この他肝臓疾患も骨髄移植により治癒するとの夢が出て来た。それ以外にも神経その他の各組織には夫々の幹細胞があり、将来は治療への応用が期待されている。今後とも幹細胞の研究が今流行の移植／再生医療に広く直接役立って大いに発展するものと思われる。

先ほども述べましたように、血管内皮細胞と血液幹細胞とは共通の幹細胞由来、とは千島博士がすでに指摘していたことであり、私としても感慨深いものがあります。

三浦博士が言及している「間葉系幹細胞が心筋や骨、軟骨等に分化するとの研究」については、酒向博士が著書の中で詳細に紹介しています。

その中でも、骨格筋の細胞から血液細胞のすべてが発生したというイタリアのフェラーリらの研究や、骨髄に存在する一個の間葉系幹細胞から皮膚、腸、肺、肝臓など生体中のすべての胚葉（胎生期における外胚葉・中胚葉・内胚葉）の細胞に変化したことを証明したアメリカのダイアン・クラウスらによる研究などは注目に値します。

さらに増殖しないとされてきた神経細胞についても、驚くべき研究が明らかになっています。

アメリカのＮＩＨ（National Institute of Health 国立衛生研究所）の女性神経解剖学者エヴァ・メイジーは、雄のマウスの骨髄を若い雌に移植した四カ月後、移植された雌のマウスの脳の神経細胞が、雄特有のＹ染色体をもっているという驚嘆すべき事実を発見したのです。この現象を説明するには「雄のマウスの骨髄造血幹細胞の一部が雌の脳の神経細胞に変化した」と考える以外に答えがありません。

ちなみに、この論文は、雑誌「サイエンス」に投稿されますが、教科書に載っていない事実無根のアイデアを口にするのは無責任との理由で、しばらく保留されました。しかし、ようやく二〇〇〇年に掲載されています。その結果、「造血幹細胞が神経幹細胞に分化する」という、これまでの定説を覆す論文がついに容認されることになったのです。千島博士の細胞新生に関する学位申請論文は、一〇年間審査を保留されたうえに主任教授の退官とともに申請を取り下げるという無念の結末を迎えてしまいましたが、メイジーの論文がサイエンスに掲載されたことは、時代の変化を感じさせる衝撃的な出来事であったといえるでしょう。

この造血幹細胞のように、周囲の環境の変化に応じて自在に姿を変える性質を「幹細胞の可塑性《かそせい》」と呼びます。移植した細胞が、生着された神経組織の細胞と細胞融合を起こし、その性質を発現するようになったとの意見もありますが、細胞分裂以外の細胞増殖の可能性に言及し始めたことは、大きな潮流の変化には違いありません。

幹細胞の可能性が臨床的に大きく広がっていくことは喜ばしいことではありますが、他の組織の幹細胞との関係はどうなのか、全く別のものなのか、それともすべての体細胞に分化しうる同一の幹細胞があるのか、そのあたりの見解が一層混沌としてきたように感じられます。従来の定義では、幹細胞をとらえきれない時代になってきているといってもよいでしょう。

このような情勢の変化の中で、「幹細胞の可塑性」に関する研究が、じつは、千島博士の仮説の一つである「血球可逆説」を呼び覚ましていくことになるのです。

ES細胞からiPS細胞へ

ES細胞に続き、二〇〇七年には、京都大学の山中伸弥教授により人工多能性幹細胞（induced pluripotent stem cells:iPS細胞）が開発され、分化しきった細胞と思われた皮膚の線維芽細胞に、四つの因子を導入する操作により初期化することに成功しました。そして、ES細胞と同じく、あらゆる種類の細胞に分化する能力（多分化能）が備わっていることが証明されたのです。

皮膚の線維芽細胞に、あらゆる種類の細胞に分化する多分化能が備わっているのであれば、体のすべての細胞に多分化能が備わっている可能性があることになります。研究が進めば、やがては体中のすべての細胞から遺伝子操作でiPS細胞を作り出すことが可能になるでしょう。

しかしながら、これは、すべての組織細胞は可逆的分化能力を持つという千島学説の一つの原理を証明することに他なりません。「結局、最新の研究による結論は千島の学説に回帰することになる。」との酒向博士の指摘は、まさに正鵠を得たものといえるでしょう。

iPS細胞の臨床応用への期待が高まる一方、この細胞は癌化という課題を抱えていることが指摘されています。

初期化するために導入された c-Myc は有名ながん遺伝子であり、iPS細胞を用いて作成された第二世代マウスの二〇～四〇%にがんを生じたとの報告もあります。その後、c-Myc を除いた三因子でiPS細胞を発生させる方法が考案されますが、効率が低下してしまいました。

また、遺伝子導入のさいに使用するレトロウイルスは遺伝子を導入する部位が不安定であり、細胞内に潜んでいるがん遺伝子を活性化する恐れがあります。さらには、細胞増殖を抑制するブレーキ役として「RB」「P53」という二種類の酵素が備わっているのですが、細胞を増殖させるには、この増殖抑制酵素を破壊する必要があります。そのような操作は、がん化しかけている細胞を増殖させる可能性があるのです。

現在、パーキンソン病患者に対するドーパミン産生神経細胞移植、加齢黄斑変性症患者に対する網膜移植、虚血性心疾患患者に対する心筋細胞シートの貼付などの臨床研究が開始されていますが、やはりがん化の可能性がある細胞が混じるリスクが問題となっており、安全な細胞の選別法が課題となっています。

STAP細胞の登場

そのような折、二〇一四年一月三〇日、神戸市にある理化学研究所の小保方晴子、笹井芳樹、若山照彦、丹羽仁史らによってSTAP細胞（刺激惹起性多能性獲得細胞：Stimulus-Triggered Acquisition of Pluripotency cells）の発見に関する論文が科学雑誌ネイチャーに掲載されました。

生後一週間のマウス脾臓リンパ球に弱酸性の刺激を与え、増殖因子を加えて培養すると、あらゆる細胞に分化する多能性細胞ができた、との画期的な研究報告であり、華々しい記者会見が行われました。

しかし、程なくして、この論文に改竄と捏造の疑惑が指摘されることとなります。

理化学研究所が調査委員会を立ち上げ、論文内容の調査と追試実験が行われた結果、論文の一部に改竄と捏造が認められたため、ネイチャーの論文は撤回されました。結局、二〇一四年一二月一九日、理化学研究所側は、STAP細胞現象は確認できなかったと発表、STAP細胞とされたのは、混入したES細胞との結論で決着がつけられたのです。

画期的な論文に捏造が発覚し、理科系女子の星として世間からもてはやされた小保方氏への評価は一転し、世界的な不正事件の中心人物となってしまいました。

しかし、壮絶なバッシングに遭いながら、今や敵となった全メディアに囲まれ何重もの針の筵に座らされるような記者会見において、小保方氏は「論文の撤回に同意したことは一度もなく、取り下げるつもりはない」ときっぱり述べ、理化学研究所の報告書に対する不服申し立てを行いました。そのうえで論文作成上における画像使いまわしなどの手違いを認めつつも、前を見据えながら、「STAP細胞はあります」と堂々と述べたのです。

捏造や偽造を謝罪するはずの席で、なおそこまで彼女に言わしめた力とはいったいなんなのでしょうか。

ここで、理研の調査委員会と小保方氏が参加した再現実験について、どのように報告されたかを検証してみましょう。

報告においては、「研究論文で報告されたSTAP幹細胞とF1幹細胞（長堀注：株化*された細胞の第一世代）の樹立条件下でも、形態的に類似細胞の出現は認めたが、低頻度であり、継代樹立することはできず、これら類似細胞出現の意義を判定することは出来なかった」とされています。

そして、小保方氏が作成したとされるSTAP細胞（増殖しないので残されていない）から株化細胞として樹立したSTAP細胞とF1細胞が保存されていたため、その遺伝子を調査委員会が精査したところ、ES細胞由来である可能性の高いことが判明したのです。なぜ、STAP細胞の実験にES細胞が混ざっていたのかについては、小保方氏が使用している冷蔵庫からES細胞が発見されていることから、小保方氏が関わった可能性が高いということになります。

この点について、大学院生時代にがん細胞の株化細胞作製に取り組んだ経験を持つ酒向博士は、STAP幹細胞は世界で初めて作られた細胞で前例のない細胞であり、もともとES細胞のように未分化で全能性を持つ細胞である、従ってその遺伝子構成がES細胞とそっくりであるからといってES細胞と結論してしまうのは矛盾がある、と指摘しています。つまり、STAP幹細胞とES細胞の遺伝子が鑑別できるものであるという証拠は何もないため、両者の遺伝子構成がほぼ同じであっても不思議ではないということになるのです。

小保方氏は、二〇〇八年にハーバード大学大学院に留学し、STAP細胞の提唱者であるチャールズ・バカンティ教授のもとで研究に従事しています。同大での研究から何らかの現象を発見した小保方氏は、帰国後理研でSTAP細胞の研究を開始、その成果を以て若山氏の指導で論文を作成し、一流雑誌に投稿していますが、すべて却下されます。

＊株化…培養開始後、細胞は何回か分裂を繰り返すと分裂が止まり死滅する。その後、染色体の構造が変化して再び分裂を開始し増殖することがあり、このような細胞は何年にもわたり分裂を繰り返し（不死化）、株化細胞ないし細胞株と称される。

しかし、却下された論文に、笹井氏、遅れて丹羽氏が参加し、この論文を二～三カ月で受理されるまでに完成度を高めてしまうのです。再実験を行う時間もないはずの短期間での書き直しは、主に笹井氏が丹羽氏の協力を得ておこなったことが判明していますが、酒向博士はこの書き直しこそは、捏造と改竄であったのではと推測します。そして、その主犯は笹井氏、共犯は小保方氏で、再現性は低いもののＳＴＡＰ細胞の存在が事実であれば、少々の不正行為は許されると甘く考えていたのではないか、と推察しています。

少々の不正行為は許される、科学者がまさかそのような姿勢で研究に臨んでいるのだろうかと驚かれるかもしれません。しかし、この言葉は、その後、小保方氏を糾弾した側に、そっくりそのままブーメランとして戻っていくことになるのです。

理研を襲った大ブーメラン

ＥＳ細胞から網膜の分化誘導と立体的な網膜の生成に成功し、ＥＳ細胞研究では世界的な第一人者であった笹井氏を、この論文の書き直しという行動に走らせた原因は何であったのでしょう。

山中教授がノーベル賞を受賞して以降、ｉＰＳ研究に巨額の予算が毎年投入されるようになったことへの対抗意識、理研発生・再生科学総合研究センター副所長としての立場から資金調達の必要性に迫られた、などさまざまな事情が推測されていますが、実際にＳＴＡＰ論文がネイチャーに掲載される九カ月前に、すでにＳＴＡＰ細胞の特許が米当局に出願されています。もしこの申請が認められたら莫大な利潤を生んでいたであろうことは間違いありません。

しかしながら、特許申請でその内容が知られれば、他の研究機関が先に論文を提出してしまう可能性があるため、申請された以上は、学術論文提出を急がなければなりません。小保方氏には、特許申請、更には論文提出を急ぐ必要があり、同時に、研究センターの副所長であった笹井氏にも、小保方氏を強力にバックアップしなければならない理由があったのです。

ところが、理研の調査が進むなか、論文作成における責任の追及を逃れるかのように、そしてすべての責任を負うかのようにして笹井氏は自殺してしまうのです。

笹井氏の自殺とともに、真相の究明は曖昧となり、小保方氏に不正の全責任があるかのような印象を受ける最終報告がなされることになります。

しかし、調査の過程において、理研の調査委員会に特大ブーメランが襲い掛かることになるのです。

船瀬俊介氏が詳しく当時のメディアの報道を著書『ＳＴＡＰ細胞の正体』で紹介していますが、じつは、二〇一四年四月二五日、ＳＴＡＰ細胞論文問題で理研の調査委員長を務めた石井俊輔研究員が、過去の論文において画像データの切り貼り、順番の入れ替え操作などを行っていたことが明らかとなったのです。他の調査委のメンバーである古関明彦ディレクターにも画像すり替え疑惑が指摘され、調査委自体が崩壊の危機に陥りました。

理研は火消しに躍起となりましたが、あたかも小保方氏の執念が反抗の狼煙をあげたかのようです。

その三日後、小保方騒動に対し、その未熟さを指摘していた山中伸弥教授が、緊急記者会見を開きました。

〝山中教授の研究論文に疑惑がある〟、「週刊新潮」が突き付けたこの疑義に対し山中教授はまったく反論できず、会見の中で、「科学への信頼が揺らいでいる中、この報告をすることを心よりお詫びする」と述べ、衝撃的な謝罪会見を行ったのです。

「週刊新潮」の取材により、実験で使うES細胞の遺伝子を解析した電気泳動の画像の元のデータが実験ノートにはない、他の実験で得たきれいなデータを使いまわした、などの捏造が明らかになったからです。

しかしながら、産経新聞二〇一四年一二月二四日編集日誌に「14年前の古い論文で一般的なデータ保存期間を大幅に過ぎており、不正な点もなく謝罪の必要は全くなかったが、それでも頭を下げたことに驚いた。」と論じられているように、この件については、〝不正な点もなく謝罪の必要は全くなし〟とみなされました。平均値のデータにばらつきがあるのに標準偏差（長堀注：平均値からの散らばり具合を示す）がほぼ同じという捏造疑惑に関するコメントはなされていませんが、その後もメディアから深く追及されることなく沈静化していくのです。

さまざまな紆余曲折はあったものの調査は終了し、二〇一四年一二月一九日にSTAP細胞検証実験の結果発表の記者会見が行われていますが、日本科学界への信頼が大きく低下する中で、最終報告が行われたことを忘れてはなりません。

会見の最後で、責任者の相澤真一チームリーダーが述べた「小保方さんに対して、このような犯罪人扱いした検証実験を行ったことは、科学のやり方ではない。深くお詫びする」は、今更ながら、じつに意味深長なコメントです。

その裏には何か言えない本音が隠されていたのではないか、主犯は小保方さんではなかったのではないか、そのような思いにとらわれるのは、私だけではないことでしょう。真相の究明が中途半端になった感が否めない中、STAP細胞についても、完全には否定していないような印象を私は受けたのです。私はSTAP細胞はあったのであろうと考えています。ただし、その再現確率はとても低かったのでしょう。STAP類似細胞の正体はなんだったのか、その検証も十分になされないままに、この問題は幕が下ろされてしまいました。

細胞可塑性と血球可逆説

造血幹細胞は、おそらく今も全身の血管や臓器の中を縦横無尽に動き回っているはずですが、幹細胞に限らず、細胞の培養自体、簡単なことではありません。私も先輩外科医が行う実験を見ていましたので、組織から採取する細胞を取り出し、培養株を樹立することがいかにたいへんなことであるのか、十分に承知しています。

この点について、酒向博士は、

私は、血漿《けっしょう》＊も流動する生命体であると考える。血液において血球と血漿は両方で生命現象を司っているし、分離したら生命体として存続が不可能になる。

と述べていますが、まったくその通りです。細胞だけ採取してきて培養液の中で生かすことはできても、それ

＊血漿…血液の血球成分（赤血球、白血球など）以外の液体成分

は多細胞生物である高等動物の生体内で活動する細胞とは似て非なる振る舞いなのです。

細胞の培養を行うために、血清、生理的食塩水などさまざまな培養液が工夫されてはいますが、培養液自体は生体内の血漿そのものとは大きく異なります。培養液が空気と直接触れ合うことはもちろん、湿度や温度も、細胞が成長する生体内の条件とかけ離れた環境であることを理解する必要があります。顕微鏡での観察時を含め、培養細胞に光線を照射すること自体、少なからぬ影響を与えるはずです。

このような実験手法の限界を考慮すれば、造血幹細胞の観察、検証がいかに困難であるかが理解されてきます。幹細胞の臨床応用には高い壁が存在することは明らかなのですが、しかし、現在、幹細胞研究は、従来の議論をはるかに越えて、大きな転換期を迎えつつあります。

NIHのエヴァ・メイジーが、雄のマウスの骨髄細胞の一部が雌の脳の神経細胞に変化したことを実証したように、すべての細胞が周囲の環境の変化に応じて自在に姿を変えるという「細胞可塑性」が注目されるようになってきているからです。細胞分裂以外にも細胞増殖の可能性がある、このように科学者たちが語り始めた現況を千島博士がご覧になったら、どのように思われるのでしょうか。

じつは千島博士の真の凄みは、幹細胞の議論を超越した「細胞可塑性」について、すでに「血球の可逆性」という用語を用いて予見していたことにあります。

あの時代に、細胞可塑性の可能性について提言していた科学者は世界で千島博士ただ一人でした。遺伝子操作ですべての細胞からiPS細胞を作り出すことができるようになれば、これは千島博士が唱えた「すべての組織細胞は可逆的分化能力を持つ」という学説を証明することである、と酒向博士は評価していますが、まさにその通りです。

すべての細胞が周囲の細胞の環境により変化して、すべての細胞に変化するということになれば、体の中は幹細胞で満ちあふれ、細胞あるところに造血機能があるということになります。当然のことながら、腸に造血幹細胞が存在しても決して不思議とはいえなくなるのです。

「細胞可塑性」の研究はいま加速しています。まもなく細胞の真の姿、その驚嘆すべきふるまいが明らかになってくることでしょう。プリオン学説のように異なる観点からの研究が進展すれば、モネラの秘めたる能力が明るみに出る可能性もあります。このような流れは、最新の科学が千島学説に貼られた封印を剥がすきっかけとなるに違いありません。その日が一日も早く訪れることを願っています。

高久史麿博士に捧ぐ

先ほども述べましたが、二一世紀初頭における幹細胞研究を含めた血液学の集大成が、三輪哲義博士が著した『幹細胞純化』という書籍でした。

その後、幹細胞研究は、ＥＳ細胞やｉＰＳ細胞研究に移っていくのですが、その直前における我が国の幹細胞研究のエッセンスがこの本にまとめられています。

この書籍の監修は、東京大学名誉教授であり、国立国際医療センター総長、自治医大学長、日本医学会会長を歴任された高久史麿《たかくふみまろ》博士でした。

このような輝かしい経歴からすれば、高久博士が血液学にとどまらず、日本医学会の大御所ともいえる存在であったことがお分かりいただけるでしょう。

『幹細胞純化』には、CD34、CD19というモノクローナル抗体を使い、当時もっとも高純度に分画された造血幹細胞の写真が掲載されています。その形態は、千島博士が体細胞の元になると考えたリンパ球とよく似ているという事実に私は注目していますが、それだけではなく、この研究を血液学の重鎮の立場から監修されたのが高久博士であったことにも驚きを禁じえません。なぜかと言えば、私は以前に高久博士に実際にお会いし、手紙のやり取りをしていたからです。

高久博士は、自治医大学長を務められていたこともあり、大学近くの宇都宮市在住のアーティスト篠崎崇氏と親しくされていました。その篠崎氏が東京・神楽坂にあるヒカルランド社で講演を行った際、参加されていた高久博士に私を紹介してくださったのです。

そのとき私は、「お忙しいことは重々承知しておりますので、本棚の片隅にでも置いていただけたら」と申し添えて、拙著『見えない世界の科学が医療を変える』を高久博士にお渡ししました。

すると、それからほどなくして高久博士は、「院長の職にありながら、このような本を書くエネルギーに敬服します」とのもったいないお言葉を添えられた手紙とともに、サイン入りの自叙伝を送ってくださったのです。その一か月後、さらにご自身の特集記事の入った医学雑誌にサインを入れて送ってくださり、私は驚くとともにたいへん感激しました。

普段お会いできないようなご高名な先生にお渡ししても返信は頂戴できなくて当たり前、受け取っていただけるだけで上出来と私は考えていたからです。

今回、血液学の定説とは異なる千島学説を取り上げるにあたり、血液学者としての王道を歩んでこられた高久博士と前もってご縁をいただいていたとは、なんという展開なのでしょうか。しかも、拙著をお渡ししたときに「私はいただいた書籍は必ず読みます。」と微笑みながら私に語りかけ、そして、実際にご丁寧な感想までお寄せくださったのです。高久博士の薫陶を受けた私の友人は、そのご人格を皆が称賛していると語っていましたが、まさにその通りであったのでしょう。

高久博士なら、千島博士の論文を頭から否定することなく、まずは目を通されたのではないか、と私は感じています。細胞可塑性の研究が進展していることもご存じだったはずの高久博士は、千島学説についてどのような感想をお持ちになったのでしょうか。

残念ながら高久史麿博士は、令和四年三月二四日、九一歳で旅立たれ、千島学説をご紹介することも、かなわぬ夢となってしまいました。

高久史麿博士に深甚なる感謝を捧げつつ、ご冥福を心よりお祈り申し上げます。

科学研究の宿命

私のような一臨床医が大きなことを語ることはできないのですが、今更ながら、研究とは行う時期があるものだということを実感しています。もし、私の論文完成が遅れたら、おそらくは医学博士号は取得できなかったことでしょう。なぜなら、その後の研究により、脾臓は成人では大きな働きをしていないと見なされるようになり、外科分野において一世を風靡した「脾臓とがん免疫能の研究」は下火となってしまったからです。

その潮流の中で、脾臓の研究が評価されたために実現した私のドイツ留学も、実際には脾臓ではなく、がん転移や移植の拒絶反応に関わる接着分子について研究することになりました。帰国してからは、がん細胞表面の接着分子発現の研究を深め、さらにはPCR法を用いたがん遺伝子の研究にも取り組むようになりました。

じつは、この時の研究で学んだPCR法についての知識が、後の新型コロナウイルス感染報道への違和感につながるのです。

本来、PCR法は、がん遺伝子のような部分的な変異を増幅することにより、感度を上げて検出する方法です。ですから、PCR検査によりウイルス検出を試みると、ウイルスの一部の遺伝子を増幅させて判定を行うことになります。

PCR検査におけるこの増幅回数をCt値と言いますが、Ct値＝40つまり二倍となる増幅を40回かけると、ウイルスの遺伝子は、一兆倍に増えます。しかも、検体が遺伝子のごく一部でも反応するため、粘膜の表面にあり感染を起こしていない新型コロナウイルスや、類似の遺伝子を有する他のウイルスの断片でも陽性となってしまうことがあります。つまり、PCR検査があくまでも遺伝子の部分的な検査であることから、目指すべき新型コロナウイルスではない検体が陽性となる（疑陽性）可能性が格段に高まってしまうのです。

その一方、これまで一般的にウイルス検出に用いられてきた「抗原検査法」では、「ウイルスの遺伝子の一部」ではなく、「ウイルスそのもの」が、ある一定数存在しなければ陽性になりません。増幅もかけませんから、陽性率はＰＣＲ検査より下がりますが、疑陽性の率はぐっと下がります。ＰＣＲ検査が新型コロナウイルス感染症の診断において適切な選択であったのか、今後とも引き続き検証すべき問題と私は考えます。

ただし、一つ言えることは、ＰＣＲ検査自体は、がんなどにおける遺伝子変異を検出するためには素晴らしい手法であるということです。科学自体に罪はないのです。かつてのヒーロー鉄人28号と同様に、リモコンを誤った気持ちで操れば、鉄人は悪い振る舞いをしてしまいます。ＰＣＲ検査という手法も、鉄人のリモコンによく似ているといえるのではないでしょうか。

二〇二三年九月一六日、ＮＨＫの報道番組「ニュースウオッチ９」で、キャスターが、前日一五日に放送された報道に対し、「(…) この方たちは、ワクチンを接種後に亡くなった方のご家族でした。このことを正確に伝えず、新型コロナに感染して亡くなったと受け取られるように伝えてしまいました。取材では、ワクチン接種後に亡くなった方のご遺族だと認識していました。番組は、コロナ禍を振り返りご遺族の思いを伝えるという考えで放送しましたが、適切ではありませんでした。取材に応じてくださった方や視聴者の皆様に深くおわび申し上げます。」と謝罪を行っています。

しかし、これほど重大な事例であったにもかかわらず、その後も検証番組は放送されていません。他局も後追い取材を行わないどころか、ワクチンの安全性が確認されないままに、引き続きワクチン接種を推奨するという異様な状況が続きます。今回のコロナ禍とはいったいなんだったのか、その真相の一端を窺わせるような出来事だったといえるでしょう。

二〇二三年一〇月二日、本年のノーベル生理学・医学賞受賞者に、新型コロナウイルスのmRNAワクチン開発で大きな貢献をしたとしてカタリン・カリコ氏ら二人が選ばれ、そのニュースが世界を駆け巡りました。

mRNAは、ヒトに投与すると体内で炎症が引き起こされるため医薬品に使うことは難しかったのですが、カリコ氏らは、mRNAを構成する物質を別の物質に置き換えることで炎症反応が抑えられることを発見、二〇〇五年に論文として発表しています。

受賞までは一八年、長いようにも思えます。

しかしながら、かの野口英世博士は、黄熱病や梅毒スピロヘータの「病原菌」などを次々に発見し報告したにもかかわらず、電子顕微鏡の開発とともに、黄熱病の病原菌が、じつは光学顕微鏡では確認できないはずのウイルスであったという事実が判明、その発見のほとんどが間違いであったことが確認されました。

科学研究にはこのような出来事が起こりうるため、受賞対象となるコア研究開始から受賞までは長い年月を置き、新たな手法が開発されるであろう後の世における検証期間を設けているのです。

コア研究から受賞までの期間を見ると、一九四〇年代が一八・五〇年だったのに対し、二〇一〇年代は二九・一八年、二〇二〇年代は二六・二七年と約一〇年長くなっています。

カリコ氏の一八年は、やや短い印象がありますが、決して短すぎるということはないでしょう。ただし、カリコ氏の発見に基づいて開発された新型コロナウイルスワクチンは、その臨床治験が開始されてからまだ二年ほどしか経過していないという事実を忘れてはなりません。

厚生労働省のホームページにも、二〇二三年一〇月の時点において、

「新型コロナワクチンは、臨床試験（第Ⅲ相試験）で、有効性と安全性に関して厳格な評価が行われた後に承認されています。その上で、効果の持続性等を確認するために、臨床試験の一部が継続されています。」

と記し、まだ臨床試験が終了していないことを明記しています。つまり、このワクチンについては、長期的な有効性や安全性についてはまだ確定されておらず、今後の検証が必要な段階にあるのです。

今回の受賞記者会見においても、安全性に関する質問がなされましたが、ノーベル賞の選考委員会は、

「ｍＲＮＡワクチンの接種は始まってまだまもないが、すでにのべ１３０億人が接種を受けている。副反応も限定的で大きな懸念とは考えていない。有害事象として特に若い男性で心筋炎が出ることがあるが、ほとんどの場合は軽度で、特に長期的な影響なく解消するということだ。コロナに感染する方が長期的な健康への影響がある」

と応じています。このコメントでは、ワクチンそのものによる長期的な影響の可能性については語られておらず、ワクチン接種後に亡くなった方への配慮もありません。この点についてはメディアも全く論評しておらず、どう解釈するかはすべて個人に委ねられているといえます。

今回使用されたワクチンは、接種直後の重篤な合併症に加え、接種により導入されるｍＲＮＡの情報がＤＮＡに逆転写され、深刻な影響を長期にわたって及ぼす可能性があるとの懸念も指摘されています。

しかし、千島博士が提唱したように、モネラという無構造の生命体から核酸、そしてＤＮＡが生み出されてくるのであれば、たとえＤＮＡに損傷を生じたとしても、ワクチンの影響は次第に薄れ、遺伝子情報の乱れは修正に向かうことが期待されます。

私をドイツ留学へ導いたPabst教授(当時Hannover医科大学学長)。Pabst教授は、ドイツ解剖学会の重鎮で、日本でも有名な教科書SOBOTTAの編集主幹を長らく務められました(2007年7月7日 浜離宮にて)。

つまり、接種後急性期の反応をしのぐことができれば、接種を受け続けない限り、遷延するさまざまな症状は徐々に回復してくるということになります。私が日頃臨床の現場で経験している印象もまったく同様であり、腑に落ちます。

さまざまな情報や憶測が乱れ飛んでいますが、

〝他人の話をそのまま鵜呑みにすることなく与えられた情報を自己責任で判断し取捨選択すること〟

このような態度が、超能力だけではなく、メディアの報道に対しても必要な時代になったといえそうです。

この先は、人に優しい医療が展開され、国民ファーストの観点から食と環境が改善されていくことを願うばかりです。

第三部　千島・森下博士による現代医療への警告

エントロピー増大の法則

「現代医学の医療ミス、医薬公害、医療荒廃や環境汚染をこのまま放置すれば、ガンを始め、慢性的難病、奇病、医原病が益々増加し、国民は誤った現代医学、医療の犠牲となる」

千島博士が残した現代社会へ向けた警告です。

さまざまな薬害が続発し、農薬や化学肥料による土壌、水質汚染が拡大する一方の現状を見るにつけ、千島博士の恐ろしいまでの先見性に背筋が寒くなる思いがします。

千島博士は、現代医学における薬物治療全盛の風潮に強い警鐘を鳴らすとともに、健康的な生活を長く続けるにはどのような生活態度が望ましいかについて、傾聴すべき数々の提言を行っています。

現代科学には、エントロピー増大の法則という説があります。

部屋を放っておくと散らかっていく、熱いお湯はエネルギーを失って冷めていく、という現象を見れば明らかなように、物事は、放っておけば、エネルギーを失う一方向に流れ続け、戻ってくることはない、という法則がエントロピー増大の法則です。人は必ず死ぬという真理も、このエントロピー増大の法則の支配を受けるとされており、この宇宙全体もこの法則に従うなら、冷たい死の方向に向かっていると考えられます。

しかし、千島博士は、このエントロピー増大の法則にもきっぱりと異議を唱えました。そして、エントロピー増大の法則は、自然界の一方だけを支配する死の法則であり、自然界には、もう一つ、生の法則がある、と主張したのです。

その主張は、細胞の死骸を含むモネラから細胞が誕生する、という自らの観察結果をもとに、「死から生がうまれる」、つまり「死と生の循環」という人類にとって見過ごすことのできない哲学的テーマについて、重要な見解を示しています。モネラが持つ神秘的な力に、宇宙を支配する生の法則を感じ取った千島博士は、現代科学が否定してきた生気論を強力に推し進めていったのです。

食事の3S主義

千島博士は、自らが打ち立てた原則に基づき、健康を維持するには、食事と血液の浄化が大切と提唱しました。常識的に消化とは、試験管の中での化学反応と同様に、食べ物が消化液により分子レベルにまで分解される現象と理解されています。もしそうであるなら、腸管表面を構成する細胞組織は、その細かな分子を選り分け吸収するフィルターのようなものであり、食べるものにはあまり神経質にならなくても、ある程度は腸管がうまく対応してくれるはず、という印象を抱きがちになります。

しかし、千島博士は、消化とは食物モネラからの細胞新生であると考えたのです。その説に従うなら、食物の持つ生きる力がそのまま消化管で血液細胞や体細胞に変わっていくということになります。西洋でも「You are what you eat」、食べたものがそのまま体を作るといわれていますが、食物の質が直接に健康に影響してくることを直感的に感じ取っていたのでしょう。食品添加物や保存料などをできうる限り避け、新鮮で生命力のある素材を摂ることが望ましいということは、今さら強調するまでもないことです。

千島博士は以上を踏まえ、農薬や有害添加物を含まない自然の菜食、少食、咀嚼を励行することが栄養学の実用的基礎になると提唱し、菜食、少食、咀嚼の頭文字をとって、食事の3S主義と称しました。

さらには、気血動の調和の大切さを訴え、

> 健康で正常な機能をもつ細胞を造るためには、日常生活に於て気（精神）、血（食物と血液）と動（運動）の調和によって清浄な血液、血球を造ることが必要である。殊に心身共に健全なる子孫を造るためには、妊娠1ヶ月前に血球から生殖細胞が出来るのであるから、受胎1ヶ月前から気血動の調和した生活をすることが大切である。
>
> 生長《ママ》は腸で造られる赤血球の性質に依存するから、生後は、食物や精神の安定、化学的物質によって血液の汚染することを防止することが大切である。

と述べていますが、いずれも健康的な日々を送るために不可欠の心得といえるでしょう。

クロロフィルとヘモグロビン　〜原子転換とクロロフィル〜

千島博士は、菜食と肉食について、とても重要な提言を行っています。

明治の頃、東京大学の教授であったドイツのベルツ博士は、日本滞在中に肉食と菜食の優劣を比較するために、自分の抱え車夫二人に菜食（米、バレイショ、大麦、粟、ユリその他の野菜）を食べさせ、八〇キロの巨軀を乗せて、毎日四〇キロを走らせました。二人の車夫は元気でそれに耐えたといいますが、こんどは二人に肉食をさせてみました。二人は始め大変喜びましたが、三日目頃から体がつかれて以前のように四〇キロの道を曳いて走れないと言い出しました。そこで以前のような菜食に戻したところ、前と同様の耐久力を取り戻したというのです。

ベルツ博士のこの実験は少人数で統計学的に問題もあることを認めた上で、千島博士は、菜食主義の田舎の子供と、肉食を多くとる都会の子供との比較研究に言及し、田舎の子供は体位は小さいが持久力が都会の子供に勝っていたという結果を紹介しています。

一昔前は、トンカツをトン勝つにひっかけ、スポーツ選手たちが縁起を担ぎ試合前の食事にトンカツを選んだとの話を耳にしましたが、栄養学の進歩とともに、現在では、消化に負担のかかる食事はスポーツ前に控えることが常識となりました。

しかしながら、肉食が主体の欧米人は体が大きく、従来、筋力、瞬発力では日本人はかなわない面があったことは確かです。大谷翔平選手の活躍で日本人のイメージはかなり変わってきたとはいえ、蛋白質、鉄分、ビタミン類を効率よく摂取できる肉食は、血液を増やすには有利と見なされており、菜食は貧血につながる、との説も広く信じられています。

実際、肉類に含まれるミオグロビンは、ヘム（鉄ポルフィリン）とグロビン（球状の蛋白質）から成ります。鉄は、全身に酸素を運んでくれる赤血球ヘモグロビンの重要な成分であり、肉食は、この鉄を効率よく体に提供してくれることは確かです。しかし、アーモンド、カシューナッツなどのナッツ類、ゴマ、カボチャの種、ひよこ豆、レンズ豆や、ブロッコリー、ホウレン草、ケールなどの濃い緑色野菜などからも、鉄を摂取することは可能です。

その他に植物由来の鉄の原料と考えられている成分が、植物の光合成においてエネルギー転換に関わるクロロフィル（葉緑素）です。

クロロフィルの構造の中心はマグネシウムであるのに対し、ヘモグロビンの中心は鉄です。しかし、両者ともポルフィリン環を有し、四つのピロールリングで結ばれているという構造はほぼ同じ、つまり、クロロフィルとヘモグロビンという二つの色素の化学構造式は実によく似ているのです。

千島博士は、これを偶然とせず、クロロフィルに含まれるマグネシウム（Mg）が原子転換により、鉄（Fe）に変化し、ヘモグロビンに変わるのではないかと考えたのです。

ケルブランの原子転換説

原子転換説を初めに唱えたケルブラン（Kervran）博士は、有名なフランスの科学者で、微生物や生物体は非常に低いエネルギーで原子転換をする能力をもっていることを実験により実証しています。

ケルブランは、石灰分のないフランスの粘土地帯で飼われ、やわらかいカラのタマゴを生むニワトリに雲母を与えたところ、翌日七グラムもある硬いカラのタマゴを生むことを確認しています。

カラの主成分であるカルシウムは、雲母にはわずかしか含まれていないものの、カリウムはかなり多く含まれていることが判明しているため、電解質の収支から、〝カリウムから生体内の原子転換によりカルシウムが合成されている〞とケルブランは結論付けました。

原子物理学では、巨大なエネルギーを使うサイクロトロン装置でなければ原子転換は不可能と考えられています。しかし、生物の体内では、はるかに容易に原子転換ができ、その主役は、微生物であると推測されています。この原子転換説によれば、草ばかり食べているニワトリや牛がタマゴや乳を毎日生産したり、草食動物である象が立派な牙を持っている謎も説明可能となるのです。

千島博士は、原子転換説を知ると、緑色のクロロフィルから赤色のヘモグロビンへの転換は、生体内における原子転換によると考え、ケイ素（Si）とリチウム（Li）の結びつきから、マグネシウムが鉄に転換する過程について、次のような関係式を考えたといいます（『生命の自覚』忰山紀一著より）。

Mg ＋ H → Si

Si ＋ 4Li → Fe

もしクロロフィルがヘモグロビンに変わるというこの仮説が検証されれば、菜食主義者に貧血が生じない理由の一つになるでしょう。

また、植物の葉緑素から血色素が生じるのであれば、菜食のウサギが野山を駆け回り粗食しか摂取していない飛脚が強靭な脚力を有していることや、ライオンが草食動物を捕食する際には、まず植物を豊富に含む内臓から食べるという行為も腑に落ちます。

じつは、千島博士は、一九六三年八月八日、ケルブランとパリで会っています。

前日に、パリで行われた千島博士の講演を、ケルブランとパスツール研究所のステファノポリーが聞いており、食養の大家である桜沢如一氏を介し四人で会食しているのです。

その際、赤血球分化説など千島博士の唱える説にケルブランは大いに共鳴し、「自分の研究は、原子レベルであるが、あなたの説は細胞レベルである。しかし、原則的にはお互いに可逆的であり一致している。」との感想を述べたといいます。

論文を交換し合い、お互いの学説を知ったのは、そのときが最初であったのですが、二人は共鳴し合い、ほとんど完全に意見の一致をみました。さらに千島博士は、ケルブランが唱えた生体内原子転換説によって自分の学説が説明できることを知ったのです。

千島博士が唱えている血球可逆説を理解するためには、窒素分を含む赤血球とそれを含まない脂肪との転換に必要となる〝窒素が消える過程〟が説明できなければなりません。

しかし、窒素が生体の中で、N（窒素）→C（炭素）＋O（酸素）に転換したと考えるなら、窒素が消え去ってしまう過程が納得できます。逆に、栄養不良や断食のときに、脂肪から窒素を含む赤血球に逆戻りするときには炭素と酸素が結合して、窒素になればよいということになります。

植物の根に共生し、窒素をマメ科植物に供給する根粒菌も原子転換を行っているものと推定されています。おそらくは、腸管の微生物も原子転換を行い、宿主と共生していることでしょう。生物が共生し、進化していくために不可欠である原子転換は、宇宙からこの地球に与えられた「愛の反応」であるに違いありません。

節食と断食

千島博士は、血液やその中の赤血球は食物の消化産物から造られると考えました。しかし、もしそうであるなら、絶食すれば腸での造血は止まることになります。

そこで、少食、節食すると細胞はどうなるのかについて、千島博士は実際に動物実験を行っています。そして、体細胞が血球に逆分化して若返り浄化されることを確かめたのです。

千島博士は、節食に伴い、腸粘膜の絨毛が次第に退行し、腸管壁の筋層も薄くなり、腸内のバクテリア、寄生虫が殆んど消失し、肝臓、膵臓の細胞が赤血球に戻っていったことを確認しています。その際、一時的に肝機能の低下がみられましたが、その理由として、肝に蓄積されていた老廃物、有害物質が、赤血球に戻る際に遊離し、血中から尿中に排泄されるため、と千島博士は説明しています。

また、クラゲを用いた実験も行っています。クラゲを食物のない海水におくとまず触手が次第に吸収され、体も小さくなり遂には発生の初期のような細胞の塊になりますが（逆成長 De-growth）、給食によって普通の成長を遂げ、

成体に戻ったことが確認されました

これらの観察結果から、千島博士は、断食、節食によって、時間が逆戻りし若返る、人間の場合は、細胞は組織に蓄積している老廃物を排泄し組織を若返らせる、と考えるようになり、節食、そして菜食を勧めるようになったのです。

ただし、断食は、自分の意志によって一定期間食を断つことであり、その一方、飢餓は食べたくても食べるものがなく仕方なしに食べられない状態であり、活発な積極性を失うなど、精神への影響が懸念されると千島博士は注意を促しています。

そのうえで、断食や半断食などマイナスの栄養学の価値を見直していかなければならないと強調し、次のような古い諺や古人の言葉を引用しています。

「美食大食短命の元」「美貌半食」

「腹八分に医者いらず」「山中に長命多し」

「酒肉を多く食して肥えたる者は生涯出世、発達なく慎まざれば老年凶なり」

普段過食に走りがちな私たちは戒めをこめ、千島博士からのこの提言を受け止める必要があります。実際に、絶食や節食などにより健康を回復した人たちが、私の周りにもいます。

拙著で何度もご紹介している大阪の鍼灸師、森美智代さんは、難病の脊髄小脳変性症を甲田式食事療法で克服されたことで広く世に知られます。

森さんは、この療法を開発した大阪大医学部出身の甲田光雄医師から、直接の指導を受けています。いわば生粋の甲田式療法の伝道者といえます。

森さんは、甲田医師による指導の下、一九八六年末から八年三カ月にわたり、脊髄小脳変性症克服に向けての挑戦を続けました。そして、玄米生菜食（玄米を含めて生のものだけを食べる）を継続しながら、間に「断食」をはさむことにより、人間が本来持っている自然治癒力を高め、病の治癒を目指したのです。

森さんが注目を浴び始めた頃は、医療界からは、青汁一杯で生きていけるわけはない、などの批判を浴び、新聞、テレビなどメディアの取材がたびたび入りました。世間の目は半信半疑であり、少食は社会的に全く認知されていない状態だったのです。

そんな時、森さんは、とあるテレビ番組の企画により、理化学研究所・微生物系統保存施設室長、辨野義己《べんのよしみ》博士による精密検査を受けることになりました。

その結果、森さんの腸内細菌は草食動物に近く、人間として特異的であることが判明しました。

たとえば、食物繊維を分解してアミノ酸を作り出す「クロストリジウム（長堀注：クロストリジウム属のうちのサーモセラム種）」という菌が一般の人間の腸の中より一〇〇倍近く認められました。また、腸内の嫌気性菌が通常人の十倍ほど存在し、免疫を調節する菌群が多いことも確認されました。

一般の人たちにとっての青汁は、ダイエットに役立つヘルシーフードであり、それだけで生きていくことはできないのですが、森さんの場合は、れっきとした栄養源になっていることがわかったのです。その上、ルイ・パストゥール医学研究センターの岸田綱太郎博士の研究により、森さんのインターフェロンαが、平均値の四倍存在することも明らかになりました。

さらに、放射性同位元素を用いた研究により、尿から排泄される老廃物（尿素窒素）が再吸収され、窒素がアミノ酸に変化し、蛋白質として利用されていることも判明しています。このような細菌は、腸内にある「アンモニア」からアミノ酸を作り出す「アンモニア利用細菌」と称されており、いわば老廃物を栄養にできる「リサイクル細菌」です。この種の細菌を大量に腸内に持っているのは、森さん以外ではパプアニューギニアの高地人だけといわれます。彼らの食事のほとんどがイモ類であるにもかかわらず、筋骨隆々の体を保つことができているのは、尿素窒素や空気などから取り入れた窒素を利用して、腸内細菌の働きによりアミノ酸を合成しているからと考えられています。

大切な腸内細菌を整えたり、免疫力を高めたりという検証結果が明らかになってきた少食ですが、誰でもすぐにできるわけではありません。単に食事を減らすだけでは栄養不足になり、かえって体を危険に晒すこともある、と森さんは注意を喚起します。少食を続けるには、徐々に食形態を変え、腸内細菌叢の変容を促すなど、相応の準備が必要であることを忘れてはなりません。

腸内細菌叢に関する研究が進むにつれ、有名なロシアの微生物学者、イリヤ・メチニコフは、北欧に長寿者が多く、そこでは酸敗乳を飲んでいるという事実にヒントを得て、牛乳の酸敗による乳酸菌牛乳（ヨーグルト）を推奨しました。

しかし、デンマークの長寿研究家で医学者オルラ・ヤンセンは、一九四五年、ヨーグルト又は酸敗乳中にいる乳酸菌は、私たちの腸内では全く繁殖できないものであることを指摘しています。

実際に、乳酸菌製品に含まれている連鎖状球菌や、桿菌状の乳酸菌を糞便中に見ることは稀れであり、健康人の糞便中に見出される乳酸菌は、エンテロコッキィ（Enterococci）と二種類の桿菌（Bacterium bifidum など）であることが明らかとなっています。

そして、肉は腐敗菌（クロストリジウム・ウェルシュ種など）の発生を促す一方で、魚肉や植物性蛋白質は腐敗菌の代りに乳酸菌の増殖を助けることもわかってきました。また、腸内容が長く停滞することが腐敗を起す決定的な条件となるため、便通をよくすることが重要となります。肉食が主体の欧米人の腸が日本人と比較すると短いことにも重要な意味があるといえそうです。（ただ近年においては差がないという報告もあるので、食生活の変化が影響を与えている可能性もある。）

また、野菜その他植物食（漬物など）、納豆などは、腸内で酢酸菌、酪酸菌、乳酸菌の発生を助け、腐敗菌を抑圧するのに役立つと考えられるため、積極的に摂取することが推奨されます。

がんと食事

「自然を尊び、自然と共に生きるものは栄え、自然に叛き、不自然な生活をするものは亡びる」

千島博士は、この言葉とともに、がん細胞も赤血球の変化したものであり、その原因は反自然的な生活にあると述べ、現代人に強い警告を発しています。

食べたものが直接がんの発生につながることもあり、何を食べるかということは、健康そのものに直結する重要な問題であることは疑いようもありません。

このような見解をさらに発展させ、千島博士は、がんの原因は「気血動」の不調和な生活の結果であると唱えました。

先述しましたように、「気」とは精神、「血」とは血液及び肉体、食物、「動」とは運動のことです。そして、「気」における精神的ストレスの持続、「血」における食生活の乱れや化学的発がん性物質、環境汚染による血液の汚染、病的変化（アシドーシス）、「動」における運動不足に伴う血液循環や血液組成の悪化、特に酸素不足など、「気血動」の乱れによる不衛生、不健康な心身生活の相和が、慢性炎症の一種であるがんとして発病するのだ、と千島博士は説いています。

つまり、精神の安定、浄血、適度な運動ががん対策の第一歩になり、しかも、すべての要因が血液の汚れにつながっていくと考えられるため、浄血がことのほかがんの予防には重要となる、と強調したのです。

肉、卵、砂糖などのような酸性食品の取りすぎは血液のアシドーシスを起し、糖尿病、痛風、ガンその他の慢性諸病の原因となるから、これまでのような動物性食品への過大評価は止めなければならぬ。

ガン細胞は血液が病的（アシドーシスその他の質的変化）になった場合、赤血球から白血球へ細胞新生し、その白血球からガン細胞へ変る。

との千島博士の言葉が、がんと血液の汚れの関係性を端的に示していますが、逆から見れば、がんは、血液の汚れを教えてくれる貴重な存在と考えることもできます。

つまり、からだ全体を維持する装置が働いてがん細胞があらわれてくるのであり、がん細胞もそのときの体には必要なものといえます。それゆえに、手術でがんの病巣を切除したとしても、血液の悪化という原因が解決されていなければ、同じ病気が体の他の部位に発生するということになりかねません。浄血説や腸造血説の支持者のなかには、東洋医学的食事療法を勧める方々が多く、マクロビオティックを創始した桜沢如一氏もそのお一人です。

がんは食事で治す

このような千島博士のがんとの向き合い方をさらに発展させ、臨床的に実践し、実際に成果をあげたのが森下敬一博士でした。

森下博士は、がんの患者さんの血液は、カビ、バクテリア、ウイルス、排気ガスなどの炭素系公害物質や化学物質などに汚染され、血球の生態像も大変悪くなっており、そのいちばんの原因は、血液を製造する腸内が汚れていることと指摘します。

腸内を腐敗させる動物性蛋白質（肉類、牛乳、卵）や化学調味料などの摂取、そして、消化能力を超えるような食べ過ぎが重なれば、消化器官の処理能力が衰え、腸内に停滞した便が腐敗します。その結果として発生した有害な腐敗産物が防衛能力の弱った腸壁をすり抜け、血流に乗って全身を巡り、各臓器にダメージを与える、と森下博士は説明しています。

防衛能力の弱った腸壁の一例として、かつてモン●ント社が世界で売りまくった除草剤グリ●サート（ラウン●アップ）によるリーキーガット症候群（腸管漏出症候群）が広く知られています。

この疾患は、腸内の毒素により、腸管粘膜の防衛機能が攻撃されたことが原因で発症し、腸内の細菌が血流に侵入しやすくなってしまうのです。直接口に入る食べ物だけではなく、農薬や公園で広く散布される除草剤にこのような毒性があることに我国の置かれた環境汚染の深刻さが窺われます。

森下博士は、がんを防ぐ食事療法の要点として、以下の項目を挙げています。（『ガンは食事で治す』森下敬一著より）

一．肉食は悪玉菌の一種であるウェルシュ菌を増やす。この菌は、肉に含まれるアミノ酸を分解し、アミン、スカトール、アンモニア、硫化水素などの毒素を発生させる。中でもアミンは胃腸内で亜硝酸と結びついて強力な発ガン物質「ニトロソアミン」を作る。

「腐る」の府とは五臓六腑の腑であり、腑とは臓器の内部が空洞になっている器官、つまりその代表は「腸」となる。「腸」である「腑」に「肉」が入った状態が「腐る」ということになる。東洋では、古来、肉と腸の関係が知られていたのではないか。

二．肉同様、卵のタンパク質も腸の中でスムーズに処理されず、胃腸に負担をかけるばかりではなく、弱った腸壁をすり抜けて血液の中に入りやすく、ガンやアレルギー体質が作り出される。

しかもニワトリたちの体力を消耗させないように、狭い鶏舎にぎっしりつめこみ、不自然な人工飼料を餌として与え、昼夜の識別ができないように、太陽の光にも当てず、夜間も照明を付けるなどのただただ産卵率を高めるための飼育法がとられている。不自然な飼育法のせいで不健康なニワトリがたくさんいるうえに、餌の人工飼料にも抗生物質などの合成物質が入れられている。


三．牛乳のタンパク質「カゼイン」は粒子が小さいため、腸の機能が弱まっているときは血液の中に入り、人間のタンパク質とは異なるカゼインが、アレルギー反応を起こす。牛乳は、体内で起きる物質代謝の過程で生じる過酸化水素を分解するカタラーゼの活性を減少させることが明らかとなっている。体内で過酸化水素が過剰になると細胞の核と結びついて病的なウィルスが生まれ、炎症が起こりやすくなりガン腫が作られやすくなる。実際、ガンの患者さんたちは例外なく血液のカタラーゼ活性が低下している。

卵同様、日本で市販されている牛乳の質は非常に悪い。高温多湿の日本の国土では良い牧草が育たない。日本の乳牛は軟弱で、病気にかかりやすく、そのため抗生物質を大量に与え、加えてお乳がよく出るようにホルモン剤を注射している業者もいる。

農薬に汚染された草を食み、抗生物質の入った人工飼料を与えられている、これが日本の乳牛だ。


四．ガンを消すためには、肉食をやめて本来の「穀類を主食にした食事」にもどすことが重要、その理由は、穀類は人間の生理機能を健全に働かせるために必要な栄養分を総合的に含んでいるからだ。

しかし、すぐれた穀類というのは、未精白のものに限る。つまり、白米ではなく玄米、白パンではなく黒パン（玄米パン、玄麦パンなど）でなければならない。その理由は、胚芽や糠の部分に有効な成分が含まれているからだ。

江戸時代、それまで玄米を食べていた一般庶民が「白米」を食べるようになった途端、「江戸わずらい（脚気）」にかかって死ぬ人が続出したという当時の記録がある。「米」偏に「白」と書いて「粕」つまり「カス」と読むように、白米はお米が本来持っている豊富な栄養成分を取り去ったカスに他ならない。

五．「三白の害」と呼ぶ食品があるが、その一つが「白米」、あとの二つは、「白砂糖」、そして真っ白い合成化学物質「化学調味料」と「化学塩」である。

白砂糖は人間の体をひ弱にし、自然治癒力を弱める。白砂糖の消費量が増えるとガン患者も増えるという研究結果も発表されている（長堀注：ブドウ糖は直接的にガンの栄養となる）。

六．即席めんの発売以来、加工食品、レトルト食品や冷凍食品がたくさん登場したが、これらの食品には、着色料などの食品添加物がどっさり入っている。

たとえば昭和三〇年代後半から工場で大量生産されるようになったハンバーグには保存料、結着剤、発色剤、香料、酸味料などのあらゆる添加物が加えられた。その中には発ガン物質が多く、その後使用禁止されたものもあるが、そのまま使用されているものも少なくない。

合成化学物質には毒性がはっきり証明されているものもあれば、よくわからないまま使用されているものもたくさんある。それらの相乗作用（複合汚染）となるとどんなことになるのか、考えるも恐ろしいほどだ。

このように見てくると、農業では農薬や化学肥料、畜産では抗生物質やホルモン剤、そして加工食品には食品添加物と、私たちの生活は、素性の分からない合成化学物質にすっかり包囲されてしまったように感じられます。

アメリカにおいては、かつて大統領候補にもなったマクガバン上院議員が委員長となり、がんと成人病について世界的な調査を行いまとめたマクガバン・レポートが有名ですが、このレポートではがんの原因について、〝がんおよび成人病の原因は九〇パーセント以上食事である。アメリカ人は動物性蛋白質と動物性脂肪をとりすぎている。また、加工食品の弊害もある。加工食品には植物性繊維がなく、そしてミネラルとビタミンが不足している。また、アメリカ人は砂糖をとりすぎている。糖尿病患者を調べると、加工食品をとりすぎており、それに含まれている砂糖のとりすぎも原因だ。つまりがんを含む成人病の原因は、現代アメリカの食生活にある。〟と報告しています。マクガバン・レポートの見解は、自然に反した食生活が血液の病的変化を起こしがんを生じる、として食事の3S主義を勧める千島博士の説と相通じるものがあるようです。

この提言以降、ライフスタイルについての啓蒙が進んだアメリカでは、現在がん患者は長期減少傾向にあり、いまだにがんが増え続ける日本とは大きく様相が異なります。正確な情報を手に入れにくいこの日本において、私たちはこのような現実をしっかりとわきまえておく必要があると考えます。

エドガー・ケイシーのがん予防法

二〇世紀はじめに活躍したエドガー・ケイシーも、がんと血液浄化について、たいへん興味深いリーディングを残しています。

ケイシーは、以下の四点の理由を挙げ、がんについて、端的に血液の劣化が原因と述べています。この点については、千島博士、森下博士の考えと深く共鳴する提言といえるでしょう（『エドガー・ケイシー療法のすべて・がん』光田秀著より）。

1　血液中の酸とアルカリのバランスが崩れること
2　酸素供給能力が劣化して落ちること
3　老廃物の除去能力がなくなり老廃物が増えること
4　凝固能力が劣化し、免疫細胞が働きづらくなること

食の乱れにより、有害物質の摂取が増えれば、当然老廃物も溜まり、血液が汚れ、がんが増えることになるとの指摘は、千島学説と全く同じです。

ケイシーは、レタス、ニンジン、セロリ、そしてきれいな水でしか育てることのできないクレソンが血液をきれいにすると述べています。さらに、血液の浄化方法として、ひまし油パックや腸内洗浄による毒素の排泄を紹介しています。そして、千島博士と同様に、絶食療法も毒素の排泄につながると述べています。

白鳥哲監督が制作したエドガー・ケイシーの業績を追跡した映画「リーディング」に登場された日本のドクター

たちも、ケイシーによる血液浄化が実際に効果を現していることを繰り返し伝えています。

これほどまでに環境が乱れた現在の日本において、ケイシーが見直されてきていることに、私は、天の大いなる計画をみる思いがします。日本が今、未曾有の汚染にさらされている状況は、宇宙の壮大な計画の一環であるのかもしれません。なぜなら、ここまで追い詰められなければ、恐らくは、少なからぬ人は、千島博士の提言やエドガー・ケイシーによる福音を一顧だにしなかったであろうからです。

最近、食養生、呼吸法の重要性を提唱するドクターが増えていますが、宇宙の意志に適った動きといえるでしょう。

解決のヒントは先人がすでに日本人に示してくれています。あとの選択は私たち次第です。この絶望的な状況から立ち上がっていくことこそが、日本人に課せられた使命であるに違いありません。

この世に起こることは全て宇宙の采配、どれもが必然であり、見事なほどに完璧です。私は心より宇宙を称えたいと思います。

コラム

すべては宇宙の采配

一九四九年、青森県岩木町（現弘前市）に生まれた木村秋則氏は、二二歳で農業を始めます。しかし、一九七八年からリンゴの無農薬栽培に挑戦するものの、失敗を繰り返して無収入となり、極貧生活を強いられることになります。

加えて既存団体から激しい中傷を受け、地域社会でも孤立し、実家からも縁を切られるなか、木村氏を支えたのは、婿入りした先の木村家のご両親、奥様、娘さんたちご家族でした。

しかし、いよいよ追い込まれ、死を決意した木村氏は夜、家族がねぷた祭りに出かけるのを待ち、首にかけるロープを手にして岩木山へと分け入っていきます。

そこで自然と共生しながら実をつけたリンゴ（じつはクリだった）の木を目にした木村氏は、木にばかり目をとられていたことに気づき、自然栽培のヒントが、木の周りの土壌にあることを知るのです。

その後も辛酸を嘗めるような日々が続いたものの、この日以来、状況は徐々に変わっていきます。そしてついに約一〇年後、凄絶《せいぜつ》な努力が実を結び、世界で初めて無肥料・無農薬でリンゴの栽培に成功したのです。

残念ながら、苦労を共にした義理のお母さんは、六〇の若さでがんで亡くなります。しかし、臨終の間際、新しい品種のリンゴを届けることができたのです。
この過酷な体験から、木村氏は次のように考えるようになるのです。

わたしは「大事なことは、目に見えるものや、地上に出ているものだけではないんだ」ということに気がつきました。

地中には、表に出ている作物の、少なくとも2倍以上の長さの根が張っています。土のなかには2倍以上の世界があるのです。

目に見える地上部だけを見て右往左往し、必死になってりんご作りをしているとき、わたしにはそれがわかりませんでした。

しかし、土の大切さに気づいて気を配るようになってから、りんごの栽培はぐんぐんと前に進み始めました。

目に見えていることだけ見ていても、本当のこと、真実はわからないのです。
それは無農薬・無肥料の自然栽培に限ったことではありません。
人間もそうです。
大事なことは、目に見えない部分にあります。

（『すべては宇宙の采配』木村秋則著より）

さらに木村氏は、隠れている真実を追求する者だけがものごとを成し遂げられるのだ、その過程で味わう桁外れの失敗、噛みしめた挫折の量が成功のもとだ、見ることのできない地下部との格闘でかいた汗は、裏切ることなく地上部に現れてくる、とも説いています。このような考え方は、人生のあらゆる局面で必要とされる重要な真理であるに違いありません。

木村氏の努力は二〇〇六年にNHK番組「プロフェッショナル 仕事の流儀」で紹介され、二〇〇八年には書籍『奇跡のリンゴ――「絶対不可能」を覆した農家・木村秋則の記録』(幻冬舎)が出版され、一大センセーションを巻き起こしました。

しかし、枯葉剤をもとに除草剤を開発しその製造販売で知られるモン●ント社から、木村氏は自然栽培を広めないよう脅かされることになるのです。

モン●ント社の社是は、「私たちが世界の飢餓を救う」といいます。しかし、同社が作ってきたのは、マンハッタン計画の核燃料、PCB、ベトナム戦争で使用された枯葉剤(代表はエージェント・オレンジ剤、ダイオキシンなどを含む)などすべてが大量破壊兵器でした。人口が減れば飢餓はなくなる、それが社是の真に目指すところだったでしょうか。

ところが、その後、自然栽培を巡る人々の運命は大きく転換していきます。

隆盛を誇っていた同社は、除草剤の発がん性が裁判で認められ巨額の補償を支払うことになり、世界的医薬品メーカーB社に買収されてしまいました。

その一方、木村氏の志は広がり、今やお隣の韓国から年に数千人単位で研修に来るようになっています。

それにもかかわらず、自然栽培にかける木村氏の情熱は日本政府には届くことはなく、この国における食の破壊は進むばかりです。

現在、安全性が確かめられていない遺伝子組み換えの大豆やトウモロコシなどがどんどん輸入されています。しかも加工食品などになってしまえば、使用しているかどうかわからなくなるばかりか、規制緩和に伴い、表示義務がない場合もあります。

なぜ、政府も企業も、国民の健康を守ろうとしてくれないのでしょう。

高野誠鮮氏は、「毒入りのものを国民に食べさせたら、その国はもう終わる」と講演で警告を発しています。

このような国の重大な危機に際し、木村氏は、自らの危険を顧みず、勇気と愛をもって行動してくれているのです。

物質主義、経済至上主義が限界をむかえた今、新たな未来の社会システムを考える上で、木村氏のお話には、多くの重要なヒントが示されています。

日本では、自然栽培は、岡田茂吉氏、福岡正信氏に始まり、木村秋則氏、そして高野誠鮮氏と受け継がれてきましたが、その自然栽培のカギとなるのは土の中の微生物です。微生物は、医学の世界では悪者にされがちですが、じつはとんでもないパワーを持っています。

なにより生物は、腸内の微生物がいなければ、食べたものを消化吸収し、体を作りあげることなどできないのです。草しか食べない象が、立派な骨格を維持できるのも、腸内細菌が、常温核融合に匹敵するような原子転換という驚くべき反応を生体内で起こし、カリウムをカルシウムに変換しているからです。

その腸内細菌が世界でも類を見ないほど豊かなのが私たち日本人です。腸内細菌は解毒においても大きな役割を果たしています。

かつて、地球に宇宙から多量の放射線が降り注ぎ、火山爆発などによる有毒ガスが溢れていた時代、その環境を整えてくれたのは、過酷な環境でも生き抜いていける極限環境微生物たちでした。強力な放射線に耐え、有毒な有機溶媒をも利用できるような微生物が、この高温多湿の日本の土壌にはたくさん残っており、私たちの腸内細菌にも大きな影響を与えているのです。

これだけ危険な農薬や食品添加物に侵された日本人を、どれだけ腸内細菌が救ってくれていることでしょうか。

日月神示は、語ります。

今までは神国と外国と分かれていたが、いよいよ一つに交《ま》ぜ交ぜにいたして、クルクル掻《か》き回して練り直して、世界一つにして自ら上下《うえした》できて、一つの王で治めるのじゃぞ。人民はお土でこねて、神の息入れてつくったものであるから、もう、どうにも人間の力ではできんようになったら、お地《つち》に呼びかけよ。お地に纏《まつ》ろえよ。お地は親であるから、親の懐に帰ってこいよ。嬉し嬉しの元の気甦《よみがえ》るぞ。

（光の巻　第五帖）

お土は神の肉体ぞ。
臣民の肉体もお土からできているのぞ。
このこと分かったら、お土の尊いことよく分かるであろうがな。

（富士の巻　第十二帖）

意識を持つ土壌や腸内の細菌たちは、まさに神の意志を、我々の身体で、そして地上で顕現してくれる存在なのです。

我々は、地にある土、そして土とつながる肚（はら）の微生物に常に意識を向け、感謝しなければなりません。

食べ物の消化物が腸の絨毛に付着し、それが血管に流れ込むのを確認していた千島博士は、生命の根元である血液を造る腸の絨毛は、植物の根毛に該当することを理解していました。

植物の根と腸の絨毛は共通点が多いことは確かであり、両者をより強く結びつけるのは、微生物たちです。つまり、腸は、微生物を通じて土と共鳴しているのです。

肉月に土と書いて「肚　はら」と読むのも私たちの祖先がこの秘密を感じ取っていたからに違いありません。

土は、微生物や腸を通じて人間の健康に直結します。グレンと地球をひっくり返す「神一厘」の仕組において、土や微生物がとても重要になってくることでしょう。

ジャーナリストの堤未果氏も、今危機にある農業が、微生物により蘇りつつある現状を多くの取材を通じて報告されています（『ルポ　食が壊れる』）。堤氏によれば、日本の土壌中の微生物の豊かさは、今でも断然世界一といいます。

この国に神々により施されてきたという「水も漏らさぬ仕組」の一つは、微生物たちであるに違いありません。その微生物たちが放射能を無害化して二度の原爆被害を軽減し、今、福島の環境の復興に大きく寄与しているのです。

微生物は、神の意志をこの世に顕現する存在です。肚という漢字が示すように、土の微生物は、そのまま腸内細菌につながります。豊穣な土壌が、人間の健康を守るのです。

「お土は神の肉体ぞ」

この一言には、身震いを覚えます。そして、

「お土に呼びかけよ」

この語りかけは、まさに宇宙からの呼びかけであり、大号令なのです。

今、この呼びかけに沿った動きが確かに起こりつつあることに私は興奮を禁じ得ません。この流れはぜひ加速させなければなりません。

松下幸之助氏の「宇宙根源の力」、稲盛氏の「宇宙の意志」、天風氏の「宇宙霊」、これらと連携した人々が起こす大きなうねりが、この先、地球を大きく変えていくことになるでしょう。

もう何人も、この宇宙の意志には逆らえません。

第六章

大戦後の日本に何が起こったのか？

アジア独立の陰で

戦後教育を受けた私たちは、先の世界大戦で日本は軍国主義を振りかざし、アジアを侵略しようとした邪悪な国家であり、しかも、国際法に反し、宣戦布告もしないで真珠湾に攻撃を仕掛けた卑怯な国だ、原爆を落とされなければその行為は止められなかった、と教えられ、疑うことなく信じてきました。

しかし、戦後長い年月を経るに従い、ヘレン・ミアーズ氏のようにGHQの占領政策にかかわった人物たちからの告発本の出版が相次ぎ、アメリカの極東政策の隠された一面が次第に明らかになってきています。

ミアーズ氏らは、ルーズベルト大統領らは、アメリカの太平洋侵略の障壁となる日本を破滅に導くため、経済封鎖により燃料補給路を絶って追い込み、日本が自衛のため、開戦せざるを得ない状況にしたのだ、という見解を示しています。また、アメリカの目的は、日本が国の一部として、あるいは委任統治領として支配するアジアの島と領土を占領することにあったと結論付けています。

日本人の行いを糾弾するため開かれた極東軍事裁判においては、七人の被告が絞首刑となる一方、連合国側により行われた都市の無差別爆撃や原子爆弾による民間人の大量虐殺は、これらが明らかな国際法違反であるにもかかわらず、一切不問とされました。

日本が違反したとされる「人道に対する罪」や「平和に対する罪」という概念自体それまでなかったものであり、あろうことか、この時期に日本を裁いた連合国側のオランダやイギリスは再び植民地化すべく、インドネシアやビルマ（現ミャンマー）に攻め込んでいるのです。

しかし、これらの国では、日本軍が教育し育て上げた義勇軍と残留日本兵が協力し、旧宗主国を打ち破って独立を果たしました。

戦争終結後、無法な蛮国「大日本帝国」が消滅したのであれば、世界に平和が訪れるはずでした。ところが、そうはならず、朝鮮、ベトナム、そして中東へと戦火はどんどん広がっていきました。その陰にいつもちらつくのは、ミアーズ氏が指摘するように、日本に基地を有しているアメリカだったのです。

だまし討ちの卑怯者、と日本がいまだに非難され続ける真珠湾の奇襲攻撃も、日本政府が意図したことではありませんでした。宣戦布告書は作成されていたのです。しかし、ワシントン日本大使館の一等書記官が、〝不得手な〟タイプライターを用いたために（送別パーティに出席していたから、との説もある）アメリカ政府に手渡されるのが遅れたのです。

日本のシンドラーと呼ばれた外交官こと杉原《すぎはら》千畝《ちうね》氏は、本省の命に背いたとの咎で解雇されていますが、国に深刻な不利益を与えたはずのこの一等書記官は、いったいどんな処遇を受けたのでしょうか。

驚いたことに、彼はこれほどの重大なミスを犯したにもかかわらず、戦後に行われた天皇陛下・マッカーサー会見の通訳を務め、最終的には、時の吉田茂首相の命で外務省事務次官に昇進、栄華の階段を昇りつめているのです。

結果的には、「宣戦布告をせずに」連合艦隊が真珠湾攻撃を「奇襲」したことが、米国に参戦の口実を与えました。しかしながら、その日が日曜日だったにも拘わらず、なぜか主力のアメリカ空母は演習でいなかったのです。

戦前、国内の俊英を集めた「秋丸機関」が「英米合作経済抗戦力調査」という報告書をまとめあげています。これに基づき、負けない戦争をするために、陸軍内部では米国との戦争は絶対に避けるべし、との方針が固まっていました。そして、

・短い持久期間で、最大軍事供給力を英国に対して発揮し、英国の力を削ぎ、いったん英米と講和に持ち込む
・次に備え、アジア圏に生産力を増強し得る広域経済圏の充実を図る

との作戦が練り上げられました。石油供給を絶たれた我が国には、その戦略しか道はなかったとも言えます。

この作戦遂行のためには、日本は脇目も振らず南方圏、そしてインド洋、インドなどを抑えるべしと陸軍は決断、実行に移しました。

南方資源地帯の獲得を目指した日本の第一弾作戦は、初期において、

・イギリス植民地の香港・シンガポール・ラングーン占領
・アメリカの植民地マニラ占領
・オランダの植民地ジャワ占領

と予想以上の成功を収めていきます。

この作戦の実行において、マレー半島とシンガポールを防衛するイギリス、インド、オーストラリア連合軍八万七〇〇〇に対し、日本軍は兵士三万五〇〇〇人のほかに、食料や武器を大型輸送船一八隻で運び、これに二一隻の護衛艦艇をつけるという手厚い編制で出撃し、マレー半島攻略に成功したのです。

成功の裏には、日本軍の戦略と共に、アジア民衆が、長年にわたる欧米列強による植民地支配からの解放軍と

して日本軍を歓迎し、広範な支援を送った、という事実があります。

戦争自体美化されることではありませんし、日本が負けるのは歴史の必然であったのかもしれません。

ただ、日本は、陸軍を中心としてアジアの侵略を企図し、無謀な戦争に飛び込んでいったというこれまでの常識を、もう一度別の観点から見直してみる必要があるのではないでしょうか。

タイの元首相プラモート氏は、かつて以下のような文書を記しています。


日本のおかげでアジア諸国はすべて独立した。

日本というお母さんは、難産して母体をそこなったが、生まれた子供はすくすく育っている。

今日、東南アジア諸国民が、米英と対等に話が出来るのは、いったい誰のおかげであるのか、それは身を殺して仁をなした日本というお母さんがあったためである。

十二月八日は、我々にこの重大な思想を示してくれたお母さんが、一身を賭して重大なる決心をされた日である。

我々はこの日を忘れてはならない。


インドネシアでは、インドネシアの人々が、自ら軍隊を持てるようにと願い、日本軍は現地の青年たちに軍事的な教育・指導を施しました。

そして、日本が育てたインドネシア国民軍は、現地に残留しこの戦争に参加した数千人の日本兵とともに、八〇万の犠牲者をだしながらもオランダやイギリスとの独立戦争に勝ったのです。
独立後来日したスカルノ大統領は、独立戦争で戦死した日本人の英雄、市来龍夫、吉住留五郎両名の顕彰文を、涙を流しながら直筆で記し、記念碑を建てています。

東南アジアだけではなく、第四章で言及した満州国においても日本人による人道的行為が今に伝わります。ハルビン陸軍特務機関長であった樋口季一郎中将は、ドイツからソ連経由で満州に逃げてきたユダヤ人難民の受け入れを即断しているのです。

この行為に対して、日独防共協定を結んでいたドイツのリッベントロップ外相からオットー駐日大使を通じて、日本政府に「ドイツ国家と総統の理想に対する妨害行為だ。日独国交に及ぼす影響少なからん」と、樋口中将の処分を要求する公式の抗議書が日本政府へ届けられました。外務省・陸軍省・関東軍内でも、樋口中将の暴走に対する批判が上がりました。

個人の判断でユダヤ人を逃がした杉原千畝氏は、終戦直後に外務次官名で退職通告を受けています。杉原氏と同様に個人で受け入れを決断した樋口中将も、関東軍司令部から出頭命令を受けることとなります。ところが、呼び出された満州国参謀本部において、樋口中将は、参謀長の東條英機中将にこう主張したのです。

「ドイツのユダヤ人迫害という国策は、人道上の敵であり、日本満州の両国がこれに協力すれば人倫の道に外れることになります。ヒトラーのお先棒をかついで弱い者いじめをすることを正しいと思われますか。」

東條中将は、樋口中将の主張に耳を傾け、懲罰を科しませんでした。その上で、樋口中将の決断に理解を示し、ドイツの抗議を「当然なる人道上の配慮によって行ったものだ」と一蹴したのです。樋口中将は参謀本部第二部（情報部）長に栄転して、事件は沈静化しました（『至誠の日本インテリジェンス』岡部伸著より）。

日本陸軍、そして日本政府が、ナチスの人種思想に同調せず、このようにユダヤ人を救ったという事実は、日本人として忘れてはならないでしょう。

樋口中将の功績は、ユダヤ人救済にとどまりません。終戦後、侵攻してきたソ連軍に対し八月一九日まで千島列島の最北端で激戦を交えているのです。このときもまた独断による行動でした。しかし、必死の覚悟で日本を守った樋口中将の行動がなければ、北海道の一部は占領されていたといわれます。

戦後に開かれた極東国際軍事裁判では、絞首刑の判決を受けた七名のうち、広田弘毅首相以外の六名は、東條英機首相以下全員が陸軍の軍人でした。海軍軍人は一人も含まれていません。

盧溝橋事件以来、陸軍過激派が日中戦争を泥沼に落としていったことは確かでしょう。しかし、いまだに不意打ちの卑怯者との非難を浴び、米軍に〝大損害〟を与えたはずの真珠湾「奇襲」攻撃を指揮したのは、海軍であったはずです。それにもかかわらず、海軍は誰も絞首刑にならなかった、この陸軍とのあまりにも大きな違いはなぜもたらされたのでしょうか。

陸軍軍人であった樋口中将が残した人道主義と愛国心に基づいた功績も、戦後広く語り継がれることはありませんでした。

しかし、歴史の再検証が進む中、二〇二二年一〇月一一日、樋口中将の命日に、出身地である淡路島伊弉諾《いざなぎ》神宮の境内に銅像が建立されています。樋口中将の英雄的行為が、この先も語り継がれることを願うばかりです。

亡国の際《きわ》にあるこの国を救う「神一厘の仕組み」は果たして発動されるのか、そのためには、日本人が自虐史観から離れ、冷静に自らの姿を見つめて矜持を取り戻し、集合意識を高めることがその一歩になるのではないか、と私は考えます。

そして戦後が始まった

戦後の混乱期の真只中であった一九四九年七月五日、世にいう「下山事件」が起きています。国鉄初代総裁であった下山定則氏が出勤途中に行方不明となり、翌日未明に常磐線綾瀬駅付近で轢断死体となって発見された事件です。

鑑定にあたったのは、当時東京大学法医学教室教授であった古畑種基《ふるはたたねもと》博士でした。遺体の轢断面に生活反応がないことなどから、古畑博士は下山氏の死因を「他殺」と断定します。警察も、下山氏の服が脱がされた状態で遺体を覆っていたり、遺体の一部には油がベットリと付着しているなど、自殺とするには不審な点があまりに多いことを認識していました。

にもかかわらず、この事件は、最終的に「自殺」として処理されてしまうのです。

そして、国鉄職員の整理に反対していた下山総裁亡き後に起こった出来事が、職員の大量首切りの断行でした。

学生時代に私は、授業で紹介された古畑博士の著書『法医学入門』を読んでいました。

この本には、下山鑑定を「他殺」と判断するに至った根拠とその後の経緯が、古畑博士自身の言葉により詳細に解説されていましたが、当時の私は、日本の戦後処理がどのように進められたかなどは知るよしもなく、なぜこれを警察が自殺としたのか、その理由に思いを巡らせることもありませんでした。

しかし、その後に読んだ松本清張氏の『日本の黒い霧』を通じ、四〇年の時を経て、下山事件の影で暗躍した勢力、つまり戦後日本の支配構造をあらためて知ることになったのです。

この短編集は、もともとは一九六〇年、文藝春秋に連載された作品を集めたものです。その後、二〇〇四年に新装版として復刻されたのですが、なんと二〇二〇年に第二三刷が発行されています。つまり、六〇年も前に執筆されたノン・フィクションが、いまだに売れ続けているわけです。驚くしかありません。

この作品の冒頭に掲載されている短編が、この「下山事件」についての推察でした。その詳細は省きますが、膨大な資料を丹念に読み込んだ上で、清張氏は殺害場所、殺害方法を絞り込んでいくのです。事件を鋭く分析していく清張氏独特の手法は、上質な推理小説を読むようで実にエキサイティングでした。次第にGHQの謀略が明らかになっていくのですが、その非情で傲慢な振る舞いに、私は激しい感情が湧いてくるのを抑えることができませんでした。

GHQが日本に対して行ってきたことは日本人として知っておくべきとの強い思いは、拙著『いざ、霊性の時代へ』を執筆する大きなモチベーションの一つにもなりました。日本の支配構造の中心は、近年、米国から近くの国に移ったとも言われますが、その力は現代においても何ら変わりなく、さらに悪化しているようにさえ感じます。

松本清張氏は、「帝銀事件」も取り上げています。

犯人の落ち着きはらった態度、毒物の致死量や効果の発現時間を知り抜いたかのような行動、そして素人とは縁遠い駒込型ピペットを所持していたことなどから、警察の捜査対象は、当然のように軍の医療関係者に絞られていきます。

そして、かの石井中将が率いた旧七三一部隊関係者もその対象に含まれていくのです。

ちなみに、石井中将については、ソ連が戦犯の一人として起訴を要求していたにもかかわらず、アメリカは庇い続けました。そして、まもなく勃発する朝鮮戦争では、旧七三一部隊の関与が疑われる細菌兵器が実戦で用いられることになるのです。

「帝銀事件」の捜査は、適切な方向へと向かって極めて緻密に進められていたはずでした。しかし途中から急激に方針が転換され、北海道から拉致されてきた市井の画家、平沢貞通にすべてをかぶせて「解決」してしまうのです。

平沢に手形詐欺の前科があったことから、当初は批判的であった世論も沈静化していきます。しかし、詐欺と稀に見る大量殺人はその本質が異なることは明らかです。

平沢に毒物の知識や使用経験があったとは到底思えず、毒物の詳細もその入手経路も明らかでないにもかかわらず、最高裁でも彼の死刑判決が覆ることはありませんでした。

清張氏は、この点につき、「ＧＨＱが旧陸軍の特殊研究を参考にしていたある種の組織を日本側の捜査から表面に出るのを防衛したためであった」と推定していますが、その言葉の裏に旧七三一部隊があることは明らかです。

戦後七五年以上を経た現在に至るまで、日本は、このＧＨＱの呪縛から解放されることはなく、その網の目は表に出ないままに日本社会をさらに強く締め上げているようです。そして、新型コロナウイルス感染騒動を越え、今や私たちは、自由な判断力を失いつつあり、まったく身動きが取れなくなってしまったかのように感じられます。

このような状況があるからこそ、この作品は古びることなく、この進退窮まった時代に、その存在意義をさらに増し、今も売れ続けているのでしょう。

「真実」は決して色褪せることはありません。清張氏の慧眼とその勇気にはただ敬服するばかりです。

現在の一見絶望的にも見える状況から我が国が脱する第一歩は、この国を厚く覆う黒い霧をまず知ることではないかと思います。

どんな霧も、未来永劫太陽の光を遮り続けることはできません。厚い霧の向こうに青い空がひろがっていることを信じ、今は自分にできることをしていくしかありません。

一大事件をつなぐもの

二〇〇一年九月一一日、アメリカで起きた同時多発テロ事件では、ハイジャックされた四機の飛行機のうち二機がニューヨークの世界貿易センタービル（ＷＴＣ）に、一機が首都ワシントン郊外の国防総省に次々と激突しました。もう一機はペンシルベニア州に墜落し、ＷＴＣでは日本人二四人を含む三〇〇〇人が犠牲になったとされます。東西冷戦終結後、唯一の超大国であった米国の中枢が攻撃されたこの事件は、世界を震撼させ市民を恐怖に陥れました。

しかし、事故から一一年後の二〇一二年九月二六日には、週刊朝日電子版に「9・11　いまなお消えない9つの謎」というタイトルの記事が掲載されています。

そして、「ブッシュ政権は、２００1年9月11日に大規模なテロ事件が起きると知りつつ放置したか、もしくは事件の計画そのものに関与していたと考えたほうが無理がないのです。」との論評とともに、その後、日本においても広く知られることになる以下の九つの疑問を提示しています。

(1) ワールド・トレード・センター（ＷＴＣ）はなぜ崩壊したのか？

・崩壊の様子を見た多くの建築専門家が「あらかじめ爆弾が仕掛けられていたのではないか」と指摘していた。

(2) 旅客機が衝突していない第7ビルはなぜ崩壊したのか？

(3) ビル崩壊の現場を十分な検証もせず片付けたのはなぜなのか？
(4) 米国防総省（ペンタゴン）ビルにできた穴は、なぜ衝突したとされる旅客機の大きさより小さいのか？
・後の公表された激突の瞬間を映した監視カメラの映像にも機体は映っていない。
(5) 米軍の緊急発進はなぜ遅れたのか？
・当日、米連邦航空局から米軍に緊急発進の要請が出されたが、実際に戦闘機がニューヨーク上空に到着したのは二機目の飛行機がＷＴＣに激突した数分後だった。
(6) 刑事捜査もせず、なぜ戦争に突き進んだのか？
(7) ビンラディンはなぜ9・11事件の容疑で指名手配されていないのか？
・米連邦捜査局（ＦＢＩ）の「もっとも重要な10人の指名手配犯人」にオサマ・ビンラディンも含まれているが、その容疑は１９９８年米国大使館爆破に関与だけで9・11への言及はない。
(8) 容疑者の人違いはなぜ起こったのか？
・ＦＢＩは19人の実行犯の顔写真を公開したが後に何人かは人違いだったことがわかった、しかし、その後も最初に使ったのと同じリストを使い続けた。
(9) 度重なる警告はなぜ無視されたのか？
・２００1年6月にドイツの情報機関が、また事件の1か月前にはイスラエルの情報機関がアメリカでの大規模なテロ計画を察知しＦＢＩと中央情報局（ＣＩＡ）に報告するも無視された。

以上を指摘したうえで、記事は、「米国は、約40年間続いた冷戦に代わる構造を再構築するために、新たな戦争を望んでいた。そのきっかけとして、9・11が起きたのではないでしょうか。」と述べ、ジャーナリズムには事件を表面的に報じるだけではなく本質を問う解説記事が求められる、と結んでいます（構成　堀井正明氏と佐藤秀男氏）。

当時は、まさかそんなこと、で済まされたのかもしれません。しかし、新型コロナウイルス禍を体験した今、私たちの受け取り方も違ってきているのではないでしょうか。堀井氏たちの指摘は、間違いなくこの事件の本質を突いていると考えられます。

思い起こせばあの日、ペンタゴンに旅客機が突っ込んだばかりというのに、なぜ、ペンタゴンの周囲に搭乗者や客の荷物が散乱してないのか、現地からの生中継を見ながら不思議に感じました。

しかし、その後に続いたビル崩壊などの衝撃的な映像に、思考は停止していきました。

この後、この記事でも予想していた通り、アメリカは二〇年にわたるアフガン戦争に、国を挙げて突入していくことになります。

ＪＡＬ一二三便事故の後に何が起こったのか

ある大事故をきっかけに、国の政策が根本的に変わっていく、じつは日本もかつて同じような苦い経験をしています。あのＪＡＬ一二三便の事故です。

この後、日本の経済は大きく減速していくことになりますが、そのきっかけとなったのが、いわゆる「プラザ合意」でした。

事故直後の九月、ニューヨークにある五つ星の豪華な「プラザホテル」で五カ国蔵相会議（Ｇ５）が開催されています。この会議でドル高是正のために締結されたのが「プラザ合意」でした。

これにより、一ドル二四〇円台前後だった為替レートが、一年後には一五〇円台になるという急激な円高が始まったのです。そして、日本の製造業は壊滅的打撃を被り、世界の工場を中国に持って行かれました。

じつは、同年の一月にも同じ先進五カ国蔵相・中央銀行総裁会議、さらには六月にも東京で先進十カ国蔵相会議が開かれています。

財政赤字と貿易赤字という双子の赤字に悩む米国経済を、他の先進国がどう支援するか、が一番の課題でした。日本の立場からすれば、自らの不利益になる円高誘導案などのめるはずがありません。しかも、電子機器、工業製品を柱とする貿易立国であった日本は、現在からは想像できない程の経済力を蓄えていました。そして、アジア共通通貨圏構想を計画していた日本は、将来的にはＦＲＢ（米国連邦準備銀行）からの離脱すら画策していたのです。

しかし、このような〝暴挙〟をアメリカが許すはずがありません。

一二三便の事故直後、この年三回目の世界蔵相会議が開かれることとなり、ついにプラザ合意が締結されました。世界蔵相会議が年に三回開かれるという異常事態の中で、日本は、アメリカの赤字解消のための為替操作を容認したのです。

当時の中曽根康弘首相・竹下登蔵相・澄田《すみた》智《さとし》日銀総裁らによって決断された「プラザ合意」により、日銀を含む日本の投資家にアメリカの貿易赤字の資金援助を行なうよう働きかけがなされることとなりました。端的に言えば、日本が輸出で稼いだドルを米財務省証券（米国債）に投資させたのです。

日本はそれまでの抵抗をやめ、降参するかのようにこの屈辱的な取り決めに同意したのです。

売上高に占める輸出割合の高い製造業は、急激な円高に対応するため、生産の拠点を中国などに移していきます。移転に伴い、先端技術が海外に流出するという事態がもたらされ、競争力を失った日本の企業の業績は次第に悪化し、シャープ、サンヨーといった基幹企業の倒産を引き起こしていったのです。

それればかりではありません。一二三便の事故では、Windowsよりも優秀と言われた国産ＯＳ「トロン」の技術者の命が多数失われ、その後、ビル・ゲイツのマイクロソフトが世界を席巻していったこともよく知られた事実です。

この事故も、時を経てさまざまな事実が明らかとなるにつれ、見方が変わってきています。ことに、同僚の死に大きな衝撃をうけた元ＣＡ青山透子氏の渾身の著書はベストセラーとなり、多くの人に読まれました。

事件当夜、事故機との交信の記録から、事故現場は内陸部と推定されるが、場所は不明、と報道されていました。しかし、この狭い日本において、誰も目撃していないなどということがあるのか、と私は不思議に感じていました。

青山氏の著書により、御巣鷹《おすたか》に向かう日航機の後を自衛隊機が追尾しているのを地元の子供たちが目撃し、文集に残していることを知り、私は衝撃を受けました。当夜、目撃者が報道機関に通報するも、真っ当な対応がなされなかったといいます。なぜすぐに取材に向かおうとしなかったのでしょうか。

また、当時救援活動に加わっていた医師から後々聞いた話によれば、事故の翌朝、現地に到着した後も活動がなかなか始まらず長く待機させられることとなり、医師たちからは強い不満の声があがっていたといいます。なぜ早く救援活動が始まらなかったのでしょうか。

一二三便は墜落したわけではありません。横田基地への着陸を断られた後、さらに群馬県の御巣鷹山まで飛行を続けているのです。現場の調査からは、水平飛行を保とうとしながら激突したと推測されており、直後には少なからぬ生存者がいたとの証言があります。早くから救援活動が始まっていたのであれば、さらに多くの命が救われていたはずです。

また、検視には、私の母校である群馬大学医学部法医学教室の医師たちも参加していますが、ジェット燃料の火災では通常見られない黒焦げとなった遺体も多数見受けられたといいます。

このように、多くの謎を残す一二三便墜落事故ですが、アフガン戦争にアメリカを引っ張り込むことになる九一一と同様に、結果的に巨額の資金がある国に集まることにつながっていったのです。

123→911→567、三つの数字に象徴される事故や事件が、世界の情勢を大きく変えたという事実は、たまたまの偶然なのかもしれませんが、私には同じ企てのもとに引き起こされた一連の出来事のように思えてなりません。一二三便のときも、そして現在世界を震撼させている新型コロナウイルス感染（五六七）騒動においても、その影に見え隠れしているのは、ビル・ゲイツの一派です。もしそうだとすれば、彼らは実に見事なステップで世界からの簒奪《さんだつ》を進めていることになります。（なお、三一一東日本大震災についてもさまざまな疑惑が指摘されています。『3・11東日本大震災の真相』上部一馬著など）。

実際に、新型コロナウイルス感染騒動により多くの中小企業や個人商店、飲食業が苦しむなか、巨額の利益を上げている大企業も少なくなく、株価は上昇しているのです。

彼らの思惑が成就したとき、それはそのまま世界市民の絶望につながりかねません。しかしながら、与えることをせず、奪うことしか知らぬものは、市民から搾り取ったあとは、自分たちで奪い合いをはじめることでしょう。彼らも最後には自滅するしかないのです。

今はまさに瀬戸際、いや、もう瀬戸際を越えつつあるのかもしれませんが、それでも、状況を変えるには、私たち一人一人の気づき、覚醒が、この世界にとってこの上もなく重要となります。そのためには、洗脳、恐怖、不安から離れ、今起きていることを冷静に俯瞰してみることです。そうすればさまざまな気づきが得られるはずです。冒頭でも述べましたように、どのような事態が生じようとも、すべては成長や進化の糧となる試練に他なりません。

彼らのやってきたことは、恐怖で洗脳する、その一点で全て同じです。しかも、彼らがしでかしてきた騒動は、全てが杜撰《ずさん》で穴だらけなのです。そのことにまず気づくことです。

気づいたその先にはなにがあるのでしょうか、じつは宇宙には私たちが気づき、目覚める時を待っている存在がいるのです。

第七章

宇宙維新
この星は光と闇の統合へと向かう

UFO情報開示の流れは止まらない

日本においては、UFO問題を語ることはいまだにタブー視されています。しかし、現在、世界においてはUFOに関する情報開示がどんどん進んでいます。

UFO、科学問題研究家として知られる竹本良氏によれば、UFOが頻繁に現れるようになったのは、核実験などをやり始めた一九四〇年代からといいます。

アインシュタインとオッペンハイマーは、UFOが核実験の場所に現れることを知っており、一九四七年に起きたロズウェル事件（墜落したUFOが米軍によって回収されたとされる事件）の一カ月前に書かれた論文には、EBE（Extra-terrestrial Biological Entity）という表現を使い、アインシュタインが地球外知的生命体について言及しています。そればかりではなく、米軍あるいは軍部は、UFOが宇宙人による飛行機であることを認めているとも記していたのです（『宇宙人UFO軍事機密の【レベルMAX】』高野誠鮮、飛鳥昭雄、竹本良著）。

驚いたことに、UFOはかなり以前から国際機関の研究対象となっていたわけです。すでにEUの議会でも、異星人は討議の対象になっており、イギリスがEUを離脱するにあたり、EU（欧州委員会）委員長ジャン＝クロード・ユンケル氏が議会で行った発言を、竹本氏は紹介しています（二〇一六年六月二八日）。

「英国の投票はわれわれの羽を切り裂いてしまった。でもわれわれは飛び続けるのだ。未来に向けての飛行を

やめてはいけない。地平線が待っているではないか。ヨーロッパと惑星全体の地平線に向かって飛んでいるのだ。遠くから観察しているものたちが心配していることを知らなくてはならない。私は(他の複数の惑星の)沢山の指導者に会い、聴いて、じっくりと耳を傾けた。彼らはとても心配している。というのもEUが進む道について尋ねてきたからだ。つまりヨーロッパ人ともっと向こうからわれわれを観察しているものたちを安心させなくてはならないのだ。」（竹本良訳）

傍点をふった部分の原文（フランス語）は Il faut savoir que ceux qui nous observent de loin sont inquiets. である。〈遠くからわれわれを観察しているものたち〉と表現している。また、plusieurs des dirigeants (d'autres plane'tes) とここでは露骨に〈(他の複数の惑星の) 沢山の指導者〉と表現されている。

さまざまな宇宙人のリーダーがやってきて、ＥＵが分裂することを懸念している、だからＥＵは分裂してはいけない、ユンケル委員長のこの発言に対し、周囲もヤジなどを飛ばすこともなく、真剣に聞いていたのです。

我が国においても、一九八六年に起きた日航ジャンボ機による巨大ＵＦＯ遭遇事件が新聞紙上を賑わしたことがありました。竹本氏が情報公開で調べたところによれば、この事件の隠蔽を指示したのはロナルド・レーガン元大統領であり、報告を行った寺内謙寿機長は、その後地上勤務とされています。私の患者だった大手航空会社の元パイロット氏が教えてくれたところによれば、実際にＵＦＯを目撃した乗務員は一人や二人ではないとのことです。しかし、ＪＡＮＡＰ１４６（陸海空三軍布告協定）では、民間パイロットも含め、無断漏洩は、科料もしくは懲役とされてしまうのです。

このような状況もあり、ＵＦＯは、いまだに存在しないことになっています。ＵＦＯや宇宙人などは、頭のおかしな人が考えるオカルト、というのが世間一般の常識です。

しかし、戦争や環境汚染でまもなく滅びてしまうかもしれないこの地球人類が、この広大無辺の宇宙の中でたった一つの文明を築いたなんて、笑うしかありません。同じように感じる人も間違いなく増えており、集合意識の変化を反映するように、情報開示の流れが加速しています。

二〇二三年九月一二日、メキシコ議会の公聴会で「人類ではない」生物の遺体と想定されるもの二体が公開されました。メキシコのジャーナリスト、ハイメ・マウサン氏が、二〇一七年にペルーで発見したとして持ち込んだもので、メキシコ国立大学（ＵＮＡＭ）で行われた炭素年代測定から約一〇〇〇年前のものであることが示されたと述べています。ペルー側の調査により地球由来と判断されたとの報道がなされていますが、一国の議会で取り上げられたこと自体に潮流の変化を感じます。今後、現在「遺体」を所有しているメキシコでのさらなる研究の進展が注目されます。

また、同年九月一四日には、米航空宇宙局（ＮＡＳＡ）が、「未確認飛行物体（ＵＦＯ）」を含む未確認航空現象（ＵＡＰ）を専門的に研究するチームを新設することを明らかにしています。ＮＡＳＡのネルソン長官は、「我々は（地球外の）生命の痕跡を過去も現在も探し求めている」と表明し地球外に知的生命体がいると思うかと問われ、「個人的な見解はイエスだ」と述べています。

いかに日本の政府が隠そうとしようとも、情報開示の流れは勢いを増すばかりのようです。

そもそも、アメリカの空軍士官学校（アカデミー）で使われている教科書『宇宙科学入門』には「三種類の異なったエイリアンが、もうすでに地球にやって来ている」と記されていると高野誠鮮氏は語ります。

しかも、UFOというのは、実に不愉快だが今から五万年以上前からこの地球にやって来ている、とのコメントも記されているといいます。五万年前といえば有史以前です。もしそうであるなら、彼らは、地球人などよりはるかに進んだ存在であることは間違いありません。すでに地球人を操っているか、もしくは遠くから見守っている存在であるのでしょう。

高野氏が、地元の石川県に開設したコスモアイル羽咋には、FOIA（情報自由化法）により、CIA、FBI、NSA（国家安全保障局）の文書が展示されているのですが、NRO（国家偵察局）の文書は関連する数枚しかなく、NROからの情報は一切公開されていません。UFO問題は、高度な政治・軍事問題に属し、機密性が高いからなのだそうです。このような情報の核心に迫ることは、自らの命を危険にさらす一方、UFOを信じる人はおまぬけな人だという心理戦略も進んでいます。

UFOを巡る状況はなかなか厄介であり、うかつに踏み込むことは危険なようですが、高野氏は、この先ペリーの黒船のような巨大船が空から多数やってくる可能性を指摘します。もしそうなれば、黒船による開国ならぬ、「UFOによる開星維新」です。現在の地球の閉塞した状況はガラッと変わることでしょう。

宇宙維新と明治維新

表向き地球文明を支配するアメリカ〝幕府〟にとって、じつは、ＵＦＯこそが体制を転覆させかねない「黒船」になるのです。

あの幕末の時代のように、圧倒的な科学力を持つＵＦＯの存在が公になってしまうと、国に分かれて争っている場合ではないことに皆が気づきます。すると、「世界の警察」を自負するアメリカ幕府は存在意義を失うこととなり、世界維新政府が一気に誕生する可能性があります。

つまり、ＵＦＯが宇宙維新の幕を開けるわけです。

ただし、彼ら宇宙人は、地球人をただ救いに来るわけではありません。

あくまでも、陰ながら助け舟を出しつつ私たちの進化を見守っている存在であり、私たち地球人の意識の成長がある程度進まないと、彼らは姿を現して直接手を差し伸べることは決してありません。

もしも、このまま堕落していくようなら、過去のいくつかの文明のように、人類は滅んでいく運命をたどることになるのでしょう。

私たちが意識を高めなければ宇宙の存在とは交流はできません。しかし、人類が意識の波動を高め、宇宙の存在とのつながりを深め、協力しあうことができれば、この先に予想される大難も小難に変わる可能性があります。

おそらくは、そこに人類の未来を拓くカギがあるのでしょう。どんな未来を選ぶのかは、私たち一人一人の意識にかかっているといえます。

この先、もしも宇宙人との遭遇があるのだとしたら、その時、人類はどのように異星人と対峙していけばよいのでしょうか。

国同士で戦争などしている場合ではない、と人類が気づく可能性もあるわけですが、反面、相当な混乱も予想されます。

そんな時、未曾有のパニックを乗り越えて、人類が開星による地球維新を実現させるにはどうしたらよいのか？じつは、そのカギは日本が握る、日本を見習えとの意見書が米国で出されていると高野氏は語っています。

一九六八年に「ＮＳＡ（国家安全保障局）」が「人類の生き残りとＵＦＯ問題について」というタイトルの資料をすでに作成しているそうですが、その結論は、何とも驚いたことに、「人類が生き残っていくためには、明治維新の時期の日本人を見習うべきである。日本人が行った当時のやり方を模倣するしかない。」というものだったというのです。

人類が生き残るカギは、日本人の和合する生き方である、ＵＦＯは黒船、現在は幕末、日本ほど素晴らしい前例をもっている民族はいない、と評しているというのですから驚きます。

宗教は、世界的には深刻な対立を生んでいますが、神仏和合させたのは日本人だけです。異教を受け入れて融合させ、神仏を敵に回すことなく味方にするような日本人の生き方こそが今の世界を救うためには必要、ということなのでしょう。

歴史を振り返れば、ペリーの黒船来航が明治維新につながり、日本の国体が一新されました。巨大な黒船が徳川幕府を終焉へと導いたともいえるわけですが、その際、日本人のＤＮＡに刻み込まれた国譲り精神が発揮されたのか、日本人は、世界でも類を見ない無血開城を実現させました。

その結果、悲惨な戊辰戦争は起こってしまったものの、江戸を大きな戦乱に巻き込むことなく明治政府が速やかに樹立され、外国勢力による蹂躙《じゅうりん》を免れたのです。首都を戦乱に巻き込むことなく政権を委譲したという史実が世界史的に珍しいことなら、前最高責任者が処刑されずに、その家系とともに存続した革命は明治維新だけです。その姿がこの報告書を作成した米国人の頭にしっかりと焼き付いているのでしょう。

ですから、かつての日本が黒船の来航によって鎖国を解き、世界に向けて開国し歴史を変えたように、近未来の地球もまた、地球外の高度な生命体の来訪をきっかけに地球規模による大変革を起こしていかなければならないのです。

巨大宇宙船が出現し、宇宙維新に世界中が直面したとき、私たち日本人がリーダーとなり、明るく希望に満ちた未来を見据え、宇宙維新が速やかに進行していくよう導いていかなければなりません。今、私たちにはその覚悟が求められています。

高野氏は、仏教では、悪とされる存在も含め、全て同じ宇宙観の中に含まれる、もし悪いことをしている存在がいても、闘い争うのではなく説き伏せることだ、改心させることはできる、と語ります。

極悪とされる存在も、人類に気づきを促す為、必要あってお役目を果たしている存在であり、争い、殲滅《せんめつ》を目指す相手ではない、このような東洋的な考え方が、地球維新を遂行するためには不可欠になってくるのです。

二元から一元へ

西欧では、同じキリスト教でもカトリックとプロテスタントがいがみ合い、中東では、同じイスラム教であるはずのスンニ派とシーア派が殺し合いをしています。しかし、かつて神道と仏教を一緒にした経験があり、科学と哲学など異なる分野のものを一つに融合させるのが上手い日本人であれば、今問題となっているさまざまな対立に解決へのヒントを示せるはずです。それぞれの良いところを取り入れて融合した新しい思想、哲学を人類全体に提案できるのではないでしょうか。

その時、自らの心の内に存在する善と悪を含め、あらゆるところで光と闇が統合され、二元から一元へという新たな摂理で地球は動いていくことになるのです。

東洋思想の象徴である陰陽論では、宇宙の森羅万象、見えるもの見えないものすべてを包含する大元の存在を「太極」と呼びます。

絶対的虚無ともいわれる「太極」は、相対立する「陽」と「陰」の二つの気を生じ、万物の生成消滅や進化は、この二気の消長により起こると考えられています。

「陰極まりて陽に転ず」との言葉が示すように、自然の流れも、生命の営みも、二気が相まって引き起こされ、流動的でリズミカルであると同時に、周期的で対立的でもあります。

このような「太極」の周期的な活動により、エネルギーや物質が生じ、意識が生まれ、生命が誕生したのです。

相対する二つの価値観の捉え方については、西洋においても、ヘーゲルが「弁証法」を提唱しその重要性を説いています。

「弁証法」とは、ある命題（テーゼ）と対立関係にある命題（アンチテーゼ）を統合し、より高い次元の命題（ジンテーゼ）を導き出す思考法です。

相対立する二つの命題を統合する過程をアウフヘーベン(aufheben：ドイツ語で「捨てる」と「持ち上げる、高める」という意味がある）と称しますが、対立する価値観が、新たな進化した価値観を生み出すという思想は、東洋の「陰陽論」に相通じるものがあります。

まもなく地球が次元上昇をする、アセンションを迎えるといわれています。

アセンションは多岐にわたり、さまざまな分野で起こっていくのでしょうが、物質主義、唯物論的科学が極まったこの地球において、相対する精神主義、唯心論的哲学のエネルギーが高まっていることもアセンションの一つの兆しといえるでしょう。「闇が広がれば光も広がる」と説く「陰陽論」に沿う流れであり、「弁証法」的に言えば、相反する考えが統合され、より高い次元へと向かう発展を導くことになるのです。

私たち人類も、この地球上で陰陽、善悪織り交ぜさまざまな体験を繰り返し、悠久なる旅を続けてきました。しかし、その旅もアセンションという節目をきっかけに、史上稀にみる大転換点を迎えようとしています。

この分岐点を超え、新たな考え方に基づく社会を創生するためには、対立する二元の価値観を一元に統合する行動がぜひとも必要になります。その時には私たち日本人の感性が重要になってくることを自覚しておかなければなりません。

善と悪

二〇一九年三月、女優樹木希林さんが遺された作品を展示した「遊びをせんとや生まれけむ展」が開催されました。

その時に供覧されていた希林さんのお言葉です。

西洋的な二元論の考え方に従えば、病気が〝悪〟で病気でない状態が〝善〟。でも、一つのものに表と裏があるように、物事には善の面もあれば、悪の面もあるとわたしは思うんです。そういう東洋的な考え方が自分の体の中に入ってきて、宇宙の大きなものに対して働きかけるような、「祈り」という行為に感応していく。それが総体的にひとりの人間となって生き生きしてくるんじゃないかという感覚なんです。どの場面にも善と悪があることを受け入れることから、本当の意味で人間がたくましくなっていく。病というものを駄目として、健康であることをいいとするだけなら、こんなつまらない人生はないだろうと。

物事には善の面もあれば、悪の面もある、このお言葉は人生の深い真理だと感じます。

病気にはなりたくないと誰でも思いますが、しかし、病気になって、当たり前の日常のありがたさに気づき、考え方や生き方が変わり、病気になってよかったと感謝するようになる方は決して少なくないのです。

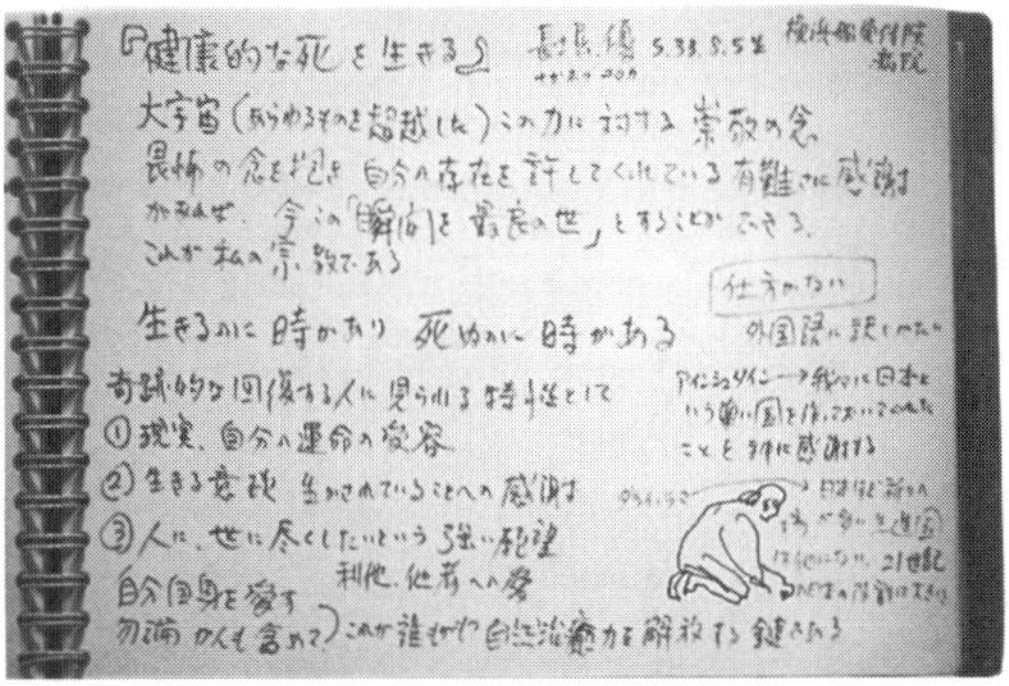

展覧会で掲示されていた希林さんのメモ。「健康的な死を生きる」の言葉とともに長堀優という名前が記されています。

樹木希林さんの展覧会のポスター

『＜樹木希林　遊びをせんとや生まれけむ展・完全版＞図録』
発行元：エフ　プロジェクト

生と死も同様です。私の処女作となる『見えない世界の科学が医療を変える』では、生死《しょうじ》一如《いちにょ》、つまり、生と死を切り離すことはできない、死を意識してこそ生が輝くのだ、と説く東洋哲学をとりあげています。

樹木希林さんは、末期のがんを患いつつも前向きにふるまい、その潔い生き様が話題となりましたが、じつは、希林さんは本書を目にし、しかも、その内容を書き留めてくれていたのです。この展覧会には、私の名とともに、その内容を記したメモが出展されていました。生死一如という教えは、希林さんにも生きるため力を与えてくれたのでしょうか。私は言葉にできないほどの感動を覚えました。

東洋の善悪不二《ぜんあくふに》という思想が教えるが如く、純粋な悪は存在しません。時に応じ、悪と善は入れ替わるのです。なにより、悪人がいてくれるからこそ、何が善いことかわかるのです。実に深い考えではありませんか。

世を騒がせているように見える人たちも、憎むどころではありません。地球に住む人々に大切なことを気付かせるという重要なお役目を果たしてくれている欠くべからざる存在なのです。

迫りくる経済の大変動に備える

一万年以上も大きな争いもなく続いたといわれる縄文時代は、利他と調和の精神に溢れ、自然と共生した社会であったとされます。人々は平和に穏やかに暮らすことができたのでしょうが、その反面、文明の進化は極めてゆっくりでした。

しかし、三〇〇〇年ほど前から、様相が変わり始め、次第に所有という観念が広まるにつれ、金や土地、モノをめぐり富めるものとそうでないものが生まれ始め、支配と被支配という関係が強まっていくことになります。

そして、自由意志を行使し始めた人類は、自らが求めるままに利他から利己へ、精神主義から物質主義へと大きく価値観をシフトさせていったのです。

人類の意識変容に沿うかの如く、産業革命以降の科学技術や工業生産は日覚ましい発展を遂げ、ついに人類は宇宙へと飛び出すまでに至りました。医療分野においても、遺伝子操作や万能細胞研究により生命の根源をコントロールしようとする研究が進み、AI研究の急速な進化はシンギュラリティ（technological singularity 技術的特異点）の到来、つまり人間の脳と同レベルの人工知能が誕生する時がいよいよ間近であることを感じさせます。

これらの革新的な技術の進化により、人々の暮らしは便利になってきたことは確かです。しかし、私たちは幸せを手に入れたといえるのでしょうか。

地球全体を眺めてみれば、先進諸国が豊かさを享受する一方で、借金にあえぐ国も増え、国家間の貧富の差が格段に広がっています。領土、資源をめぐる争いが絶えず、支配と被支配という関係も顕著となり、人々の心も穏やかではありません。しかし、金、モノ、土地は有限なのであり、これらをめぐる争いには必ず限界が訪れます。なぜなら、奪われる者たちがさらに貧しくなれば奪うものがなくなってしまうからです。そうなると、今度は、奪ってきたものたちの間で争いが起こるでしょう。世界の紛争や医療、エネルギー、食糧などを支配し、富がごくわずかなものの手に集まる弱肉強食の仕組みは間もなく終焉を迎えざるを得ません。限りのある物質をめぐる争いなど、長く続くはずがないのです。

我が国に目を転じてみても、開発という名の自然破壊を続ける人々のふるまいに復讐するかのように、自然災害が年々激しくなる一方です。人々の間には言い知れぬ不安が蔓延し、その風潮を象徴するかのように、人命を軽視する犯罪が連日のように起こっています。

また、農薬や人工肥料、そして食品添加物、安全性の不確かな遺伝子組み換え食品などに対する安全基準が諸外国に比べて極端に緩く、新たな遺伝子ワクチンが安全性も有効性も不確かなままに、臨床試験という大義名分のもとに一般の人に投与され、死亡例や副作用（副反応と称されている）が報告されているにもかかわらず、中止もされず使用され続けています。

しかし、国民に毒を与えるような、天の道に反するような体制が長く続くわけはありません。じつは、大きな地殻変動が迫りつつあるのです。

ＢＲＩＣＳ経済圏（二〇〇〇年代以降に著しい経発展を遂げた四カ国「Brazil, Russia, India, China」を中心とした多国間の経済圏）の急激な発展とともに、世界の基軸通貨としてのドルの地位が揺らいできています。ドルが支配してきた自由主義経済終焉の兆しが見え始め、NATO体制も揺るぎ始めてきたようですが、もしこの先経済体制が崩壊すれば、残念ながらこの日本もただでは済みません。破滅的な経済混乱が予想されます。

しかし、これはピンチではありません。考え方によっては、大きなチャンスになるのです。これまでの歴史においても、大変動のときこそ、日本人は本領を発揮し、日本の底力を世界に示してきました。これから訪れるであろう混沌は、日本人の生き方、考え方を広める絶好の機会になるはずです。

弱肉強食を信条とし、金と力に任せて、世界に覇権を広げてきた勢力は、自らの力が弱くなったときには、生きる術を知りません。この地球にとって重要な役割を演じてきた彼らは、その時表舞台から退場していくことになるのです。

しかし、この日本は違います。

有史以来、日本は、地震や津波、火山の噴火、台風の直撃、そして戦争などにより、家族や友人、土地や財産など全てを失うという過酷な体験を繰り返してきました。

江戸時代天明三年に起こった浅間山の噴火では、なんとか生き残った人たちが、絶望に襲われつつも、新たな夫婦、新たな親子関係を結び、生き抜いてきたことが知られます。東日本大震災でもパニックに陥らず助け合いを忘れない日本人の精神性が、世界の賞賛を浴びました。

日本人は、大自然の過酷な洗礼の前でも決してへこたれることなく、その度に力強く立ち上がってきたのです。何度も未曾有の過酷な災害に遭いながら、その際に大きな力を発揮したのが、相互扶助の精神でした。人とのつながり、助け合いが、日本人を復活に導いてきたのです。

迫りくる経済変動は、世の中の豊かさの定義が新しいものに移行するプロセスにもなることでしょう。

多くの人が、愛と感謝を持って、良好な人間関係を築いていくことができれば、何が起ころうとも互いに助け合い、揺らぐことのない豊かさを得ることになるはずです。誰かに愛されていたり、仕事に追い回されることなく、自由になる時間があることも豊かさの指標であるはずです。千島学説の章でも触れましたが、共感性、対等性、一体感という価値観を共有し、信頼関係が深まり心が一つになれば、集団としての力が向上し、一人一人に幸せがもたらされるのです。

これからは「豊かさ＝お金」という考え方を手放し、豊かさの概念を根底から覆し、お金に執着しない意識を養っていく必要があるのです。豊かさの定義が変われば、自分の周りには、さまざまな豊かさが満ち溢れていることに気づけるのです。日本人ならこの転換ができるはずです。

金は要らぬのだぞ。金要るのは今しばらくぞ。
命は国に捧げても金は自分のものと頑張っている臣民、気の毒できるぞ。
何もかも天地へ引き上げぞと知らせてあること、近付いてきたぞ。
金敵《かねかたき》の世来たぞ。

（下つ巻　第三十二帖）

日月神示に示されるように、私たち日本人は、経済至上主義の限界を認識するとともに、価値観を大きくシフトさせ、互敬主義、思いやり、相互扶助に基づいた社会の実現に向けて努力をしていかなければなりません。

市場万能主義が行きわたり、もはやこの世にお金で買えないものはないともいわれますが、そんなことはありません。お金で買えないものは確かにあるのです。道徳も間違いなくその一つです。

渋沢栄一氏が著書『論語と算盤』を通じ、経済活動における道徳の必要性を提言したことはよく知られますが、ハーバード大学のマイケル・サンデル教授も、すべてが売り物になることで、不平等と腐敗という問題が生じると語ります。

西洋は科学技術を発展させ、世界に恩恵を与えてきましたが、その技術が我欲に振り回された結果が現代の地球の諸問題を引き起こしてしまったといえます。技術そのものには善悪の心はありません。技術を真に世界平和に役立てるためには、人の徳が不可欠なのです。

幕末の偉人、佐久間象山は、「東洋道徳、西洋芸（技術）」という言葉を残しています。この道徳こそは、経済至上主義の現在、人類が大切にしなければならないものの一つであり、私たち日本人が、身を以て世界に示していかなければならない精神なのです。

「武士道と云ふは死ぬ事と見付けたり」

との葉隠の一節を持ち出すまでもなく、過酷な自然災害に曝され続けてきた日本人は、武士に限らず、いつも人の死と向き合わされてきました。

そのため、他の国よりは、有事の際にパニックになりにくい下地があるのでしょう。死を意識する中で、天から与えられた自らの貴重で儚い命をどう活かすのか、真剣に考えてきた民族とも言えます。その厳しい環境のもとで日本人は鍛えられ、相互扶助、利他の精神を育み、道徳に基づいた行動を大切にしてきたのです。

もし、明日、巨大な彗星が地球をかすめ、その引力で起こされた大津波でこの命が尽きようとも、やるべきことは変わりません。

「たとえ明日、世界が終わりになろうとも、私はリンゴの木を植える。」

宗教改革の主役となったマルチン・ルターが言ったとされる有名な言葉です。

魂を磨くことは肉体を持ったこの短い一生の間しかできないことです。ルターは、どれほど過酷な境遇が与えられても、与えられた生命が尽きる最後の瞬間まで成長を目指すべし、と説いているのです。このような覚悟をもった前向きな生き方が今、この混沌の極みともいえるこの地球で求められています。

日蓮聖人も、災害は人心の乱れがおこすと説いておられます。であれば、人の意識が落ち着けば大難も小難になるはずです。

もし地球人の集合意識が、「宇宙の意志」に沿うものになれば、事態は良き方向に流れます。たとえ地球に迫ろうとしている彗星があっても、その軌道に影響を与えるのではないでしょうか。

高野誠鮮氏は、神仏を味方につける生き方をしようと講演で呼びかけられましたが、このお言葉はそのまま、稲盛和夫氏の語る「宇宙の意志」に沿う生き方に通じます。


「この宇宙にはすべてのものを慈しみ、よい方向へと育てていこうという『宇宙の意志』がある」

「この宇宙と同じような善き思いを抱き、実行したときには、必ずその人の運命はよい方向へと変化していく」

「神仏の願い」「宇宙の意志」こそは、この宇宙に充満するすべてのものを慈しみ、優しく育てていく愛の力そのものです。

じつは、今の日本人は、世界的に見ても、恵まれた環境にいるのに、当の日本人が、一番その状態に気づいていません。なんともったいないことか、まずは自らが満たされた状態にあることに気づくことです。

大事なことは、「今ここにすべてある。恵まれているんだ、ありがたい」という感謝の念とともに自分の願いを広げていくことだと思います。

自分を満たしてない人が、誰かを満たすことなどできません。

まず自分が幸せであることに気づき、宇宙の愛の意識と一体となったとき、全宇宙が自分の行動に波長を合わせ、応援し始めるのです。

自分を愛していない人は誰かを変えることも救うこともできません。しかし、自分で自分を救うことが周りに良い影響を与えていくのです。

そのためには、自分が満たされていることに気づくこと、そして、この一瞬に生かされていることに感謝し、その思いを行動で示すことです。

岩戸開き

日月神示には、有名な次の一節があります。


あら楽し、あなさやけ、元津御神《もとつみかみ》の御光の輝く御世ぞ近付けり。

岩戸開けたり、野も山も草の片葉《かきは》も言止《ことや》めて、大御光に寄り集う。誠の御世ぞ、楽しけれ。

今一苦労二苦労、とことん苦労あるけれど、楽しき苦労ぞ、目出度けれ。

申《さる》、酉《とり》過ぎて戌《いぬ》の年、亥《い》の年、子《ね》の年 目出度《めでた》けれ。

一二三の裏の御用する身魂《みたま》も今に引き寄せるから、その覚悟せよ。

覚悟よいか。待ちに待ちにし秋来たぞ。


（夜明けの巻　第十二帖）


この申、酉、戌、亥の年回りがいつになるのかが研究家の間で話題にされてきました。

じつは、日月神示には「子の年真中にして前後十年が正念場」との一節もあります。この真中の「子の年」を、二〇二〇年の子の年と考えれば、前後十年の流れがはっきりしてきます。なぜかといえば、二〇二〇年の「十年前」はあの日本人の意識を変えた東日本大震災が起きた二〇一一年となるからです。

つまり、日月神示の「前後十年が正念場」とは、二〇一一年以降、生き方や考え方を変え始めた日本人が、二〇二〇年の「子の年」を真中の折り返し点として、「十年後」の二〇三〇年に向け日本を建て直していく、と解釈することができるのです。

この二〇三〇年に向け、高野誠鮮氏は、たいへん示唆に富む話をされています。ミロクは、五六七と表記されますが、五五五 ＋ 六六六＋ 七七七に仏教の聖数とされる三三（本書では何度も登場していますが）を加えると二〇三一になるため、この年がとても重要になるというのです。さきほどの「子の年真中にして前後一〇年が正念場」の仕上げの年でもあります。おそらくは、世の建て替えがうまく進んでいるか、頓挫しているのか、その頃には明らかになっているということなのでしょう。

じつは、この二〇三二年を超えた二〇三二年も「子の年」になります。

「子の年真中にして前後十年が正念場」の子の年が、二〇二〇年になるのであれば、日月神示が「目出度けれ」と祝福している子の年は、二〇三二年の「子の年」となるに違いありません。五六七という数秘により導かれる二〇三一年の翌年にあたる二〇三二年は、日本にとっては大きな意味をもつ年になってくることでしょう。しかも、日月神示は、この「子の年」を目出度い、と祝福しているのです。なんとも心強いことに、二〇三一年から二〇三二年にかけての世直しの成功を予言しているのではないでしょうか。

この先二〇三一年に向け、世の中は慌ただしく、さらに騒然としていくことでしょう。しかし、日蓮聖人は、「大悪は大善の来るべき瑞相なり」との言葉を残しています。今、どれほどの事が起ころうとも、良くも悪くも全ての出来事は「大善」のためなのです。

これからは、日本人の忍耐強さ、協調性が試される時期になることでしょう。

しかし、耐える強さが大切なのは、あくまでも明るい未来あってこそのことです。今日からは、未来への希望を胸に、この強さを前に進む強さに変えていかなくてはなりません。

明るい未来の夢を頭に描いて前に進む、これは今の日本に住む私たち一人一人に求められている使命といえます。それでこそ望ましい未来が実現できるのです。

遥かな昔より、太平洋に広がるムー文明とつながる言葉と文化を受け継いできたこの日本に住む私たちには、かつての自然と調和した生活を取り戻し、世界に広げる責務があります。

エゴと欲が蔓延し、環境破壊と紛争により、破滅へと突き進むように見えるこの世界に、平和と調和に基づいた価値観を提供し、未来への一縷の望みをつなげるのは、私たち日本人なのです。

奪われてしまった民族の魂と誇り、神話を、歴史をこの手にもう一度取り返せるのか、誇りと自信を胸に、前に進んでいくことが出来るのか、それはひとえに我々一人一人の思い、すなわち、どれだけこの国をかけがえのないものに思えるのか、にかかっているのです。

地の世界は大国常立大神様《おおくにとこたちのおおかみ》、御先祖様なり。
天の御先祖様、この世の始まりなり。
お手伝いが、弥栄の誠の元の生き神様なり。
仕上げ見事成就いたさすぞ。御安心いたされよ。

天も晴れるぞ。地も輝くぞ。

天地、一となって、誠の天と成り成り、誠の地と成り成り、三千世界、一度に開く光の御世ぞ、楽しけれ。

あなさやけ、あな清々し、あな面白や。

いよいよ何もかも引き寄せるから、その覚悟よいか。覚悟せよ。


（梅の巻　第十七帖）


「神仏の願い」「宇宙の意志」に沿い、「大難を小難にするために」日々、希望と覚悟をもって過ごすことが、地球の未来を拓くことにつながります。まだ間に合うはずです。「日月神示」が太鼓判を押してくれていますから。

かつて宇宙と交流し文明を築いたであろう人類は、一度絶った宇宙との関係性を取り戻し、今原点に回帰しようとしています。

しかし、壮大な歴史のサイクルは円ではなくらせん運動であり、原点回帰とはいえ、同じ場所に戻るのではありません。一巡りする間に人類は、光と闇の葛藤の狭間で魂を鍛え抜かれ、格段の進化を遂げているのです。

すべては必然であり、後戻りすることはありません。

さあ、将来に向け、希望を胸に勇気をもって立ち上がり、自ら信じるところを伝えていきましょう。自らの志が宇宙の御心に沿うものであるなら、恐れるものなどなにもないのです。

光と闇が統合されて、宇宙維新が訪れ、地球に新しい理念に基づいた社会が誕生するのは、もう間もなくです。

人類は、「無明」の時代を終え、いよいよ宇宙と協調する「覚醒」の時代を迎えるのです。

おわりに

未来に向かって

絶対的な虚無から、相対立する「陽」と「陰」という二つの気が生まれ、万物の生成消滅はこの二気の消長により起こると陰陽論は教えます。

つまり、陰陽論では、見えるものも見えないものもすべて含め、宇宙にあるすべての存在は、「陽」と「陰」という二つの気のバランスによって生成されたと説かれているのです。この二つの気は、ホツマツタヱにおいては左右逆回りの渦により、またカタカムナにおいては、現象界であるカタと潜象界であるカムにより表現されています。

太古の時代に生きていた祖先たちは、そのような宇宙の摂理を理解し、宇宙の存在と協調しながら、文明を築き上げてきたのです。

人類は、一時期この宇宙の摂理と離れ、物質、経済至上主義を信条として突き進んできました。

しかし、宇宙の真理の記憶は、人類から失われたわけではありませんでした。太古の先覚者たちは、自らの生きた証である深い智慧と、その鮮烈なエネルギーをこの地球にしっかりと刻み付けていたのです。

歴史を探ることは自らの民族の姿を発見することであり、同時に、この地球がこの先どのような方向に動いていくのかを見通すことでもあります。

今回私は、全国を巡る旅を通じ、宇宙と和しながら真理の探究に身を捧げたであろう先人たちが残した息吹に触れ、闇に埋もれたこの国の古い歴史に思いを巡らせることができました。

そして、この国の隠された一面を探るうちに、私たちが現在直面する難局は、誰が起こしたわけでもなく、陰陽の壮大なリズムで動くこの宇宙に在る者が経験すべき、必然の出来事であったことに気がついたのです。

一度物質文明の極致に達しなければならなかったこの地球の文明は、この先、陰陽の移り変わりのままに、唯物的価値観偏重の流れから、見えない世界とのバランスをとる方向に向いていくことは間違いありません。地球における大変動は宇宙からも大きな応援をうけています。一度絶ち切ったようにみえる宇宙の善なる存在との絆も間もなく回復されることでしょう。

見えない世界とのバランスをとる動きは、医療の世界においても、その兆しが顕れはじめています。新たな医療の展開の必要性を感じる人たちの間では、千島学説に基づく食養生はもちろん、これまでオカルトと揶揄《やゆ》されてきた見えない波動の調整を目的とした音響療法、波動療法が急速に広がりつつあります。

この音響療法、波動療法とは、具体的にはどのようなものなのでしょう。

例えばトカゲを考えてみましょう。

トカゲは尻尾を切ってもまた生えてきます。とても不思議な現象ですが、じつは、ロシアで開発されたキルリアン写真によれば、切られたトカゲの尻尾がエーテル体で残っていることがわかりました。

つまり、切られた尻尾の位置に残るエーテル体の「鋳型」が放つ音や振動に呼ばれるように、幹細胞が集まってくるというのです。

ロバート・O・ベッカー氏（ニューヨーク州立大学及び同州医療センター、ルイジアナ州立大医療センター正教授・医学博士）は『クロス・カレント　電磁波・複合被曝の恐怖』という著書の中で、トカゲの失われた足に治癒のための神経結合が形成され、マイナスの治癒電流が流れる、その治癒電流は、通常の体細胞を幹細胞に戻し、そこから筋、血管、骨、神経などが再生されていく、と述べています。

ベッカー博士はさらに、治癒、再生のメカニズムは、これらの臓器ごとの固有周波数による電気的刺激であり、電気による正しい刺激を病んだ部位に当てれば治癒は可能（電気療法）と論じているのです。

臓器ごとの固有周波数とはまさに波動、音を意味します。音である固有周波数がマイナスの治癒電流を引き起こし、エーテル体の「鋳型」に沿った再生のスイッチを入れるのです。かつて私が研究に携わった脾臓の再生にも類似のメカニズムが働いていることでしょう。鋳型であるエーテル体が歪めば、体も歪むが、音響によりエーテル体が戻れば、トカゲの尻尾のように、体もそれに合わせて矯正されていく、これが音響療法の基本的な理論です。

音と身体の関係に世界で初めて目をつけたのは、英国人医師、サー・ピーター・ガイ・マナーズ博士でした。

一九三〇年代、オックスフォード大学を特別に三年で卒業したマナーズ博士は、「原因もわからずに薬を投与したり患部を切り取ったりするような医療は、医療とはいえない」と考え、一度在学中にオックスフォード大学をやめると言い出します。

その申し出を聞いた学長は、首席であったマナーズ博士を退学させるのはもったいないと考え、特別に卒業試験を行います。その試験に見事合格したマナーズ博士は、卒業を認められることになったのです。

その後、ソルボンヌ大学、ハイデルベルク大学で学んだマナーズ博士は、「音だけで病気が治るはずだ！」と主張し、実際にその思いを行動にうつしていきます。

「音響図形」や「サイマティクス」など、音だけで二次元、三次元の物質を造り出す研究が既になされていたこともあり、マナーズ博士は、これらの研究を人体に応用しました。そして、九三歳で亡くなるまで、数千に及ぶ臓器固有の音を発見したのです。それればかりではなく、音響の干渉や共鳴により、身体を元気にしたり、臓器や体の不調を改善する音をも見出しています。

先ほど引用した陰陽論の教えと同様に、聖書にも「始めに言葉ありき」との一節があります。この一節は、全宇宙の大元は振動する音から発し、森羅万象すべてが音から成り立っていることを説いているのでしょう。

その前提から考えると、物質は音から派生する存在に過ぎず、物質の違いは、「音」＝「振動」の密度だけとなってきます。すべてが音であるならば、音により老化や病気などの不調を「元に戻す」原理が見えてくるのです。

東洋の五行思想では、「怒りが肝臓を傷める」などのように、臓器、感情、色、音などを五つにわけ、それぞれを密に関連づけて考え、身体のバランスの調整を図ってきました。

じつは、音で三次元の立体図形を作り上げる「サイマティクス」や、マナーズ博士の音響療法も、その全てはたかだか五つの音の組み合わせからなっています。

東洋と西洋の波動療法が、「五」という数で、一致するのは偶然ではないはずです。そこに、この波動療法を貫く宇宙の真理があるに違いありません。波動や音響が秘める未知の力は、想念のエネルギーとともに、古代に巨石を整える際にも使われたことでしょう。

ベッカー博士の著書を翻訳した船瀬俊介氏によれば、「万能細胞」↕「体細胞」の可逆性を立証したベッカー理論に、森下敬一博士も深い理解を示していたと言います。この「可逆性」がなければ「治癒」や「再生」どころか、生命の営み自体あり得ません。現代の医学界は、「細胞可塑性」という用語を用いて、千島博士が示した「血球可逆性」説に迫りつつあるのです。私はこの驚くべき時代の情勢に、大いなる宇宙の意志を感じています。

当院敷地内に設営したアロマケア外来用のドーム

マナーズインターナショナル（株）代表の平田彩友瑠氏や、トントゥシステム社顧問の田中凡巳《つねみ》医学博士は、マナーズ博士から直々に指導を受け、その手法を詳細に伝えられた方々です。マナーズ博士は、施術において最も大切なものは愛、と教えられたといいます。お二人は、その教えを日々実践されているのです。

これからの医療はどうなるかと問われた時、私はいつも、

「治療から予防へ」

「病気の治療ではなく、未病状態における波動の調整へ」と進化していくはず、と答えてきました。

今、私が勤務する病院の別棟では、アロマケア外来、水素療法などを開始していますが、今後さらに波動療法へと発展させることを目指しています。

令和五年五月、新型コロナウイルス感染症が五類に引き下げられた時期に、保険診療に頼る病院運営に限界を感じた私は、自由診療の選択肢を大きく広げる決断をしました。そして、自由診療により予防医療への可能性を広げようと院内スタッフに呼び掛けたところ、ベンチャー企業による健診オプションなど、多岐に渡りたくさんの貴重なアイデアが寄せられました。コロナ禍を頑張り抜いたこの時期に、スタッフの活力が高まり、全職員一丸となって士気高く、新たな試みの実行に向けて連携してくれたことはとてもありがたいことでした。新型コロナウイルス感染症がなければ、このような機運が盛り上がってくることはなかったでしょう。まさに雨降って地固まる、です。

逼迫する医療経済の面からも、予防医療へのシフトと波動療法の進化が必須であり、この流れは今後加速していくことでしょう。根本的な治療のできない医療にたくさんのお金をかける時代はもう終わりにしなくてはなりません。

その選択をするのは、私たち一人一人の感性に他なりません。そして、未来を拓くのは、愛に根差した志や、信念に基づいた勇気ある私たちの行動なのです。

私は、この時代にこの日本という国に生まれ合わせた巡りあわせに、大いなる歓びと感謝を感じています。この先、地球が愛と調和と光に溢れた星に生まれ変わりますよう、心からの願いを込めて本書の結びとさせていただきます。お読みいただき誠にありがとうございました。

令和五年一〇月吉日

参考文献

＊本書中引用文について、古い文献などに関しては、適宜ルビなどを追記しています。

はじめに

・月刊誌『致知』稲盛和夫追悼号
・『運命を拓く　天風瞑想録』中村天風（講談社）
・『現代語版　日月神示　一二三』岡本天明、奥山斎補訂（文芸社）

第一章

・『日本語の美しい音の使い方』堤江実（三五館）
・『ペトログリフが明かす超古代文明の起源』武内一忠（玄武書房）
・『失われたムー大陸』ジェームズ・チャーチワード（大陸書房）

第二章

・『日本超古代文明のすべて』佐治芳彦、高橋良典、鈴木旭ら（日本文芸社）
・『神々のピラミッド「黒又山」の謎』鈴木旭（学習研究社）

・『日本超古代文明の謎』鈴木旭（日本文芸社）
・『日本超古代宗教の謎』佐治芳彦（日本文芸社）
・『日本国史　世界最古の国の新しい物語』田中英道（育鵬社）
・『日本とユダヤの古代史&世界史』田中英道、茂木誠（ワニブックス）
・『出雲と大和のあけぼの』斎木雲州（大元出版）

第三章

・『ホツマツタヱ発見物語　『古事記』の原著！』松本善之助、池田満編（展望社）
・『縄文人のこころを旅する　ホツマツタヱが書き直す日本古代史』池田満（展望社）
・『古代文献『ホツマタエ』が語る　知られざる古代日本』鳥居礼（フォレスト出版）
・『やさしいホツマツタヱ』いときょう（ホツマ出版）
・『古代史ホツマツタヱの旅　第1巻〜第5巻』いときょう（ホツマ出版株式会社）
・『ホツマツタヱによる古代史の謎解き』いときょう、長堀優（青林堂）
・『カタカムナ　言霊の超法則』吉野信子（徳間書店）
・『完訳　カタカムナ』天野成美（明窓出版）
・『カタカムナが解き明かす宇宙の秘密』天野成美（ＨＡＪＩＭＥ出版）
・『ホツマ・カタカムナ・先代旧事本紀　古史古伝で解く「太古日本の聖なる科学」』エイヴリ・モロー、宮﨑貞行監訳（ヒカルランド）

第四章

- 『成吉思汗は義経也』小谷部全一郎（冨山房）
- 『満州と源九郎義経』小谷部全一郎（原生閣書店）
- 『成吉思汗の秘密』高木彬光（光文社）
- 『源義経と成吉思汗の謎』佐々木勝三、大町北造、横田正二（勁文社）
- 『東北・蝦夷の魂』高橋克彦（現代書館）
- 『ボルテ・チノ　日本の心　1号～9号』（義経と静の会）
- 『義経北紀行フォーラムin奥州』抄録　令和三年十月十六日（義経夢の会）
- 『東日流外三郡誌』（東日流中山史跡保存会編　資料提供　和田喜八郎）
- 『蒙古史　上下』ドーソン　田中萃一郎訳補（岩波書店）
- 『シーボルト「日本」』フィリップ・フランツ・フォン・シーボルト　中井晶夫訳（雄松堂書店）
- 『義経はジンギスカンになった！』丘英夫（アーバンプロ出版センター）

第五章

- 『念写とＤｒ．福来』山本健造（飛騨福来心理学研究所）
- 『透視も念写も事実である』寺沢龍（草思社）
- 『千里眼事件』長山靖生（平凡社）
- 『月の裏側の念写の数理的検討』後藤以紀（日本心霊科学協会）

・『血液と健康の知恵』千島喜久男（地湧社）
・『細胞の起源』オルガ・レペシンスカヤ（岩崎書店）
・『ガンは食事で治す』森下敬一（ベストセラーズ）
・『隠された造血の秘密』酒向猛（Eco・クリエイティブ）
・『生命の自覚』忰山紀一（マガジンランド）
・『幹細胞純化』高久史麿監修、三輪哲義（メディカルレビュー社）
・『「ガン呪縛」を解く』稲田芳弘（Eco・クリエイティブ）
・『STAP細胞の正体』船瀬俊介（花伝社）
・『内科―100年の歩み（血液）1．血液領域の100年　I．造血・造血幹細胞　：日本内科学会雑誌　創立100周年記念号
第91巻　第7号　平成14年』三浦恭定
・『「食べない」生き方』森美智代（サンマーク出版）
・『霊性を高める少食法』森美智代（徳間書店）
・『エドガー・ケイシー療法のすべて2　がん（予防法および臓器別治療法）』光田秀（ヒカルランド）
・『ルポ食が壊れる』堤未果（文藝春秋）
・『すべては宇宙の采配』木村秋則（東邦出版）

第六章

・『アメリカの鏡・日本』ヘレン・ミアーズ（角川学芸出版）
・『あるユダヤ人の懺悔　日本人に謝りたい』モルデカイ・モーゼ（沢口企画）

・『日米開戦　陸軍の勝算』林千勝（祥伝社）
・『至誠の日本インテリジェンス』岡部伸（ワニブックス）
・『日本の黒い霧』松本清張（文藝春秋）
・『日航１２３便　墜落の新事実　目撃証言から真相に迫る』青山透子（河出書房新社）
・『日航１２３便墜落　遺物は真相を語る』青山透子（河出書房新社）
・『３・11東日本大震災の真相』上部一馬（レインボーワールド）

第七章

・『宇宙人ＵＦＯ軍事機密の【レベルＭＡＸ】』高野誠鮮、飛鳥昭雄、竹本良（ヒカルランド）
・『ディスクロージャーへ、宇宙維新がはじまる！』高野誠鮮、ジョン・デソーザ（ヴォイス）
・月刊誌『致知』　２０２３年８月号〜11月号（致知出版社）
・『論語と算盤』渋沢栄一（忠誠堂）

おわりに

・『クロス・カレント　電磁波・複合被曝の恐怖』ロバート・Ｏ・ベッカー（ヒカルランド）

この本をお読みくださいましたすべての皆様へ

私達の前途には、広大な奉仕の野がひろがっている。

私達は心躍る確信をもって、前方へ期待の目を向ける。

もし、霊的真理に気付く人達がみんな団結して、唯物的なこの世界にたちこめる真黒な霧を、追い払おうと努力すれば、大事業が達成されることになる。

だから不動の確信をもって前進されよ。

皆さんの傍には、善意と協力と奉仕の一切の力が置かれている。


（『シルバー・バーチ霊言集』より）

※シルバー・バーチとは、イギリスの新聞王ハンネン・スワッハーのホームサークルで、『サイキックニューズ』の編集者、モーリス・バーバネルの身体を支配して、霊界から交信してきた霊。でくのぼう出版の創業者である山波言太郎（桑原啓善）氏が、バーバネルの交信記録を我が国に初めて紹介された。
そして、その桑原氏を、主治医として看取ることになった奇しき縁に感謝の祈りをこめて。

長堀　優（ながほり　ゆたか）

一般外科・消化器外科医として、がんや救急医療の現場での体験を重ねるにつれ、次第に身体を超えた命の存在を確信する。そして、人間を含む全ての存在が、目に見えない世界に裏打ちされ、繋がり共鳴しあっていることを感じるようになる。

見えない世界を意識し、豊かな自然、多様性の共存、皆の幸せを願う縄文の心こそが日本人の精神性のルーツであり、物質主義が極まり存亡の危機を迎えた現代社会に求められているのではないか、そして、DNAの奥底に今なお息づく縄文の心を思い出し、日本人が本来の姿に気づき自信を持って前に進むこと、そこに世界の将来がかかっているのではないか、との考えに基づき行動を続けている。

日本臨床外科学会評議員、日本消化器外科学会指導医、日本ホメオパシー協会顧問。

著書：『見えない世界の科学が医療を変える』『日本の目覚めは世界の夜明け』『日本の約束（矢作直樹、濁川孝志 共著）』『いざ、霊性の時代へ』『タマシイはひたすらびっくり体験とわくわくアイデアだけを求めてあなたにやって来た！（池川明 共著）』『ホツマツタヱによる古代史の謎解き（いときょう 共著）』他

日本の秘史を巡る旅
——宇宙維新への扉は日本人が開く——

二〇二四年 三月三一日 初版 第一刷 発行
二〇二四年 八月二七日 第三刷 発行

著 者 長堀 優
装 幀 熊谷淑徳
発行者 山波言太郎総合文化財団
発行所 でくのぼう出版
神奈川県鎌倉市由比ガ浜 四—四—一一
TEL 〇四六七—二五—七七〇七
ホームページ https://yamanami-zaidan.jp/dekunobou
発売元 星雲社（共同出版社・流通責任出版社）
東京都文京区水道 一—三—三〇
TEL 〇三—三八六八—三二七五
印刷所 シナノ パブリッシング プレス

ISBN978-4-434-33796-3